国家教育部人文社会科学研究课题规划项目（09YJA79009）成果

中国遗产旅游可持续发展模式创新与体制改革

邹统钎等 著

Sustainable Heritage Tourism Development and Administrative System Reform in China

旅游教育出版社
·北京·

策　　划：赖春梅
责任编辑：张　娟

图书在版编目(CIP)数据

中国遗产旅游可持续发展模式创新与体制改革 / 邹统钎等著. --北京：旅游教育出版社，2013.8
ISBN 978-7-5637-2656-1

Ⅰ.①中… Ⅱ.①邹… Ⅲ.①文化遗产—旅游业—可持续性发展—研究—中国 Ⅳ.①F592.3

中国版本图书馆CIP数据核字(2013)第121412号

中国遗产旅游可持续发展模式创新与体制改革

邹统钎等 著

出版单位	旅游教育出版社
地　　址	北京市朝阳区定福庄南里1号
邮　　编	100024
发行电话	(010)65778403　65728372　65767462(传真)
本社网址	www.tepcb.com
E-mail	tepfx@163.com
印刷单位	北京中科印刷有限公司
经销单位	新华书店
开　　本	710mm×1000mm　1/16
印　　张	13.5
字　　数	178千字
版　　次	2013年8月第1版
印　　次	2013年8月第1次印刷
定　　价	46.00元

(图书如有装订差错请与发行部联系)

目 录
contents

导言：问题的提出 …………………………………………………………… I

第一章　国外遗产旅游可持续发展理论与实践 ……………………………… 1
　　一、国外遗产旅游管理理论研究 ……………………………………… 2
　　二、国外遗产旅游管理机制实践 ……………………………………… 10

第二章　中国遗产旅游发展模式与管理体制历史演变 …………………… 23
　　一、遗产旅游管理对象 ………………………………………………… 24
　　二、遗产旅游管理体制历史进程 ……………………………………… 26
　　三、风景名胜区管理体制历史演变 …………………………………… 32
　　四、森林公园管理体制历史演变 ……………………………………… 41
　　五、自然保护区管理体制历史演变 …………………………………… 55
　　六、文物保护单位管理体制历史演变 ………………………………… 68

第三章　中国遗产旅游资源管理绩效评价 ………………………………… 81
　　一、自然遗产资源管理绩效评价——基于 GAP 分析 ……………… 82
　　二、文化遗产资源管理绩效评价——基于 GAP 分析 ……………… 93

第四章 中国遗产旅游可持续发展体制改革 103
一、遗产旅游可持续发展的内涵与原则 104
二、遗产旅游管理体制症结 106
三、遗产旅游管理体制改革的国际经验 112
四、遗产旅游可持续发展模式创新与体制改革 116

第五章 遗产旅游保护与利用协调机制构建 129
一、遗产旅游保护与开发的目标——多重目标的共存 130
二、遗产地利益相关者——多个主体的参与 132
三、遗产地协调的核心——多主体的合作，多目标的共生 134
四、遗产地协调的技术方法 136

第六章 自然遗产旅游可持续发展模式创新与管理体制改革
——以长白山为例 139
一、长白山自然保护区概况 140
二、长白山遗产地资源保护与旅游开发协调机制 143
三、总结与讨论 170

第七章 文化遗产旅游可持续发展模式创新与管理体制改革
——以八达岭长城为例 173
一、八达岭长城概况 174
二、八达岭长城资源保护与旅游开发协调机制 179
三、八达岭长城管理绩效评价 183
四、总结与讨论 189

参考文献 191

后　记 204

导言：问题的提出

2012年7月1日晚上10时30分，从俄罗斯圣彼得堡传来喜讯，经过第36届世界遗产委员会投票表决，认定中国"澄江化石地"是地球生命演化的杰出范例，符合世界自然遗产标准，正式列入世界自然遗产名录。至此，中国的世界遗产总数达到了43个。

我国数量众多的世界级、国家级、省级、市县级遗产资源承载了我国厚重的历史，具有珍稀的环境、文化、社会和经济价值。我国自然文化遗产通常被分为八大类：自然保护区、风景名胜区、森林公园、旅游景区、水利风景区、地质公园、自然状态下不可移动的文物、历史文化名城。截至2011年年底，全国已建立各种类型、不同级别的自然保护区2 588个，森林公园2 747处，国家水利风景区475处，国家级及世界级地质公园218处，4A级以上旅游景区1 005处，省级以上风景名胜区906处，全国重点文物保护单位2 351处，历史文化名城118个。由此可见我国遗产资源分类之繁细，数量之庞大。

自然遗产与文化遗产是人类的生存依托与精神家园。长期沉淀形成的有独特价值、稀缺、不可模仿、难以替代的遗产旅游资源是旅游业可持续发展的战略基础，科学高效地管理遗产旅游资源是中国实现世界旅游强国的必要前提。

一、遗产资源开发引起的诸多问题

20世纪90年代中后期，遗产景区企业上市、旅游景区经营权转让等开始出现，之后形成了多种遗产旅游资源开发模式，如"杭州模式"、"黄山模式"（徐嵩龄，2002）、"丽江模式"（林幼斌，2004）、"焦作现象"（刘锋，2003）、"碧峰峡模式"（刘理科、刘思敏，2001）、"六枝梭戛生态博物馆模式"（余清、吴必虎，2001）等。但遗产旅游资源在得以开发的同时造成的遗产资源破坏也引起了广泛的争论,人们对遗产旅游资源地索道、天梯、飞行特技等的建设褒贬不一,遗产资源开发引起的诸多问题逐渐凸显,资源破坏的步伐始终没有停止。

例如浙江丽水缙云县仙都景区内的明代石刻遭到影视剧组破坏,用近似于山体的灰色涂料对景区内的国家级文物石刻"铁城"两字进行了喷涂覆盖,而剧组负责人表示:"拍摄期间当地没有任何机构向我们提及这块石刻是国家文物。"

海南国际旅游岛相关遗产资源的开发一直被热议,众多专家认为五星级酒店数量的急剧膨胀、大量低价值的房产项目,已经造成了五指山等自然资源的破坏,长此以往,海南这块天生丽质的净土很有可能会被无节制的开发所破坏。

二、遗产地居民所付出的巨大代价

目前,国内众多遗产地的开发利用忽视了当地社区对遗产资源的依赖,强制搬迁和外来资源的注入严重侵害了当地居民的利益及利用自身资源的权力,减少了贫困居民的生产资本和发展机会,这种资源开发限制被称为"机会成本",坚信自己历来有权使用该地区资源的原住地居民,可能受此影响一贫如洗。所以,为了旅游业而建立的遗产保护区,反而将其机会成本强加给了生活在保护区的居民,而付出机会成本代价的当地居民却往往没有得到来自任何受益方的补偿。当社区居民丧失了支配赖以生存的资源的权利时,很有可能会集中力量,做出危害保护区、与保护区管理目标相对抗的行为。

三、遗产地管理与经营的诸多争议

争议的焦点首先是:遗产管理是保护第一、开发第二还是开发当紧。前期很多学者坚持遗产管理应该保护第一,开发利用第二(仇保兴,2002),但目前越来越多的学者认为开发就是有效的保护,开发可以提升遗产地的价值(施惟达,2009;别金花,2008;毛历辛,2004;阮仪三,2003),国际规则也倾向于此(张朝枝,2011)。合理的遗产旅游开发应坚持共同参与(苏明明,2012;孙业红,2011;王延彬,2009;赵燕菁,2001;邓明艳,2004)与分级分区原则(苏扬,2006;孟华,2005;黄翔、李家清、曾群,2004;王崑、徐淑梅、石福臣,2004)。我国遗产旅游景区运作模式有:国有国营、国有民营和多种所有制（张国超，2011；钟泓，2004）。虽然都认为旅游资源开发与保护两者要兼顾，但现实往往是建设、文物、林业等部门重保护，旅游部门与地方政府重开发。

其次，在遗产旅游应该采取企业化经营还是事业化管理上，众多学者也产生分歧。有学者指出企业化经营虽然增加了经济实力，但不一定增加保护资源的投入，而且资源保护的标准"降格"了，带来"以企代政"的危险性（彭继宽，2009；郑易生，2002；李小波，2002）。也有学者认为事业化管理存在诸多弊端（木永跃，2010；李树民等，2001），提出改革现有遗产管理体制，将资源推向市场，可以实现要素资源的合理流动（魏小安，2000；彭德成，2003），并认为上市有利于遗产旅游发展（魏小安等，2003）。对于遗产旅游管理体制改革的主张有：两权分离说（苟自钧，2002），四权分离说（王兴斌，2002），国家公园管理体制说（郑玉歆，2002；毛历辛，2004；徐嵩龄，2003）与分类管理说（苏扬，2006；杨锐，2003；徐嵩龄，2004）。谢凝高、徐嵩龄等保护派批评现行开发模式导致错位超载开发、人工化、商业化与城市化，主张采取国家公园管理模式，实行分区管理。魏小安、张凌云等开发派学者认为文化与自然遗产是经济资源，必须遵照市场方式，让市场推动遗产的开发与经营（李昕，2009；徐嵩龄，2003）。

四、国家政策导向凸显发展路径转变

针对我国国土资源和空间的开发格局，国家"十二五"规划纲要实施主体功能区战略，形成高效、协调、可持续的国土空间开发格局，分为城市化地区、农产品地区、重点生态功能区三大区，进一步将重点生态功能区分为限制开发和禁止开发两类，并进一步提出以下三大政策导向。

（1）实施分类管理的区域政策：基本形成适应主体功能区要求的法律法规和政策，完善利益补偿机制。中央财政要逐年加大对重点生态功能区特别是中西部重点生态功能区的转移支付力度，增强基本公共服务和生态环境保护能力，省级财政要完善对下转移支付政策。实行按主体功能区安排与按领域安排相结合的政府投资政策，按主体功能区安排的投资主要用于支持重点生态功能区的发展，按领域安排的投资要符合各区域的主体功能定位和发展方向。

（2）实行各有侧重的绩效评价：在强化对各类地区提供基本公共服务、

增强可持续发展能力等方面评价的基础上，按照不同区域的主体功能定位，实行差别化的评价考核。对限制开发的重点生态功能区实行生态保护优先的绩效评价，不考核地区生产总值、工业等指标。对禁止开发的重点生态功能区，要全面评价其自然文化资源原真性和完整性保护的情况。

(3) 建立健全衔接协调机制：研究制定各类主体功能区开发强度、环境容量等约束性指标并分解落实。完善覆盖全国、统一协调、更新及时的国土空间动态监测管理系统，开展主体功能区建设的跟踪评估。

从以上的政策导向来看，自然文化遗产资源已被高度重视，并部署了监督体制和协调机制，为本研究的进一步讨论提供了很好的政策支撑，同时很好地证实了本研究的政策意义。

显然，众多问题都指向一个焦点，我国的遗产旅游资源管理体制。

自然和文化遗产现已成为中国最重要的旅游资源，遗产旅游业的出现，既是中国遗产事业发展的重要机遇，又是对中国现今遗产管理体制的重大挑战。目前，从我国遗产管理中出现的诸多问题来看，我国遗产事业的使命远没有完成，既没有保护好，也没有展示好。为了完成遗产事业的使命，同时适应遗产旅游业的发展，改革中国传统上由原有的风景区管理模式演变而来并且带有沉重的计划经济烙印，又由多部门分管的、事业性的遗产管理体制不仅是必然的，而且非常迫切。

目前，我国遗产旅游管理体制还处于属地管理阶段，存在很多弊病。属地分权管理是我国财政不足时期为了调动地方积极性的一种必然选择，但将遗产资源交由区县管理最重要的弊病是：较低级别的地、县政府承担了不适应自身能力的全国性责任，他们不可能站在全国的立场上考虑问题，也不可能关注遗产资源的长远保护目标，而只能从局部的利益和地方政绩出发，过度利用遗产资源以赚取更多收益，然后将不适宜的经济收益纳入地方财政收入。其导致了遗产旅游过度开发问题：如平遥古城坍塌、乔家大院转让、水洗孔庙、黄山旅游上市等，与此同时，也有许多遗产旅游资源得不到有效利用。

遗产资源管理权下放至地、市、县政府，大多是以政府文件的形式，而没有伴随着正式的法律法规。其流弊主要体现在权利、责任、义务规定的缺失以及监管、惩罚的缺失，这种操作的总损失是国家权力的丧失和保护与利用公共资源的公共权利的缺失，如此不规范的操作，必然会给放权后的管理工作带来许多问题。

遗产资源是我国旅游产业的主要依托，由于遗产的不可再生性，建立遗产事业与旅游产业和谐发展机制关系到旅游产业的兴衰与后代福祉，因此本课题具有十分重要的现实意义。

本课题旨在通过对国外遗产旅游管理理论以及实践进行系统归纳总结，同时通过政策过程方法研究1949年以来我国各类遗产旅游资源管理体制的历史沿革，进而采用GAP分析（缺口分析）技术反映我国行政区内遗产资源的保护状况、管理及投资水平，确定我国遗产旅游资源管理的重点及脆弱地区，进而提出改革我国遗产旅游管理体制、系统化创新遗产旅游管理模式的观点，并分别利用文化和自然遗产资源的经营管理案例初步论证前文观点。

本课题旨在通过对遗产旅游理论以及实践进行系统归纳总结，提出遗产旅游开发管理的评价准则，提供一种理性认识可持续发展的手段。在实际应用中，借助本研究成果，遗产管理部门可对现有遗产管理体制进行评价，找出弊端所在，并能通过研究成果对照管理方式进行修正，从而逐渐实现遗产旅游的真正可持续发展。

第一章
国外遗产旅游可持续发展理论与实践

一、国外遗产旅游管理理论研究
二、国外遗产旅游管理机制实践

一、国外遗产旅游管理理论研究

（一）遗产旅游管理指导思想和理念

国外研究将可持续发展作为指导遗产旅游发展的重要理念。遗产类旅游资源具有独特性、脆弱性及不可再生性，其开发与保护的核心问题是可持续性。可持续旅游是"经济上能生存但不损坏未来旅游所依赖的资源（自然环境与社会结构）的旅游"（Swarbrooke，1999），强调旅游开发既要满足当代人的需要又不危害未来的发展机会［世界环境与发展委员会（World Commission on Environment and Development，WCED），1987］。法伊奥和加罗德（Garrod，Fyall，2000）利用可持续概念分析遗产旅游管理相关问题，并探讨了遗产旅游迟迟未与可持续旅游联系起来的原因，遗产旅游管理者意识形态的权威和由来已久的特殊惯例可能导致了可持续性理念未能在遗产旅游中得到很好利用，并进一步通过德尔菲法得出遗产旅游的基本要素与可持续发展的基本原则的统一性。

波特（Porter，2004）指出传统遗产资源价值评定方法的缺陷——不以遗产的本质价值为基础，提出了旅游成本和个体评估方法（method of travel costs and contingent valuation），使政策制定者和管理人员从经济、社会和文化三个角度来保持旅游资源的可持续发展。可见，可持续遗产旅游资源开发与管理是一个整体的、未来导向的、社会公平的全球尺度的过程。

大卫·比尔·韦弗（David B. Weaver，2011）创造性地将当代旅游业发展留下的"遗产"归类为遗产旅游，并按照区位、规模和原创性将其分为四类。第一是代表旅游记忆的节庆活动；第二是展示性的博物馆；第三是代表旅游节点的旅游设施和饭店；第四是旅游带的旅游廊道。并以拉斯韦加斯和黄金海岸作为案例地进行了阐释，创新性地扩大了遗产资源囊括的范围和深度。艾维依陀尔·比兰（Avital Biran）等（2011）等发现，黑色旅游体验已经逐渐由一种特殊的旅游形式转化为遗产旅游，人们前往黑色旅游地的动机和认知都逐渐转到遗产层面，遗产资源的范围在逐步扩大。亚尼夫·波利亚（Yaniv Poria）等（2003）认为人们去遗产地旅游并不都是受遗产资源所吸引，应将遗产地旅游者重新分类和定义，根据旅游者的个体特征、遗产地属性、游客意识和感知等因素将遗产地旅游者区别开来，更有利于遗产地的营销和管理。

（二）遗产旅游管理面临的挑战

文化遗产的保存和保护遭到城市建设改造的挑战，相当一部分文化遗产在城市改造中被不同程度的破坏。艾瑞特·阿米特·科恩（Irit Amit-Cohen，2005）揭示了特拉维夫快速的城市发展带来的城市创新和遗产护旧间的矛盾困境，论述了文化建筑遗产保护与城市发展中的旧城区城市功能变化应如何协调发展。阿尔苏·科察巴（Arzu Kocaba，2006）揭示了伊斯坦布尔的世界遗产资源由于无效的保护计划而遭到严重的破坏。佛罗里安·斯坦伯格（Florian Steinberg）以开罗（Cairo，埃及）、突尼斯（Tunis，突尼斯）、萨那（Sana'a，也门）、德里（Delhi，印度）、北京、哈瓦那（Havana，古巴）等9个世界遗产城市为例，从政治、文化、社会、经济和城市化等角度论述了发展中国家对城市遗产的保护情况（王惠，2007）。另外，全球气候变暖和全球化对遗产旅游资源带来的挑战也成为国外旅游研究的热点。例如，全球气候变暖对冰雪、河水、景观、湿地等自然遗产旅游资源的影响（Holmes 等，2000；Scott 等，2003）；文化旅游资源脆弱性与风险管理，以及全球化对非物质文化遗产旅游的影响（Barry Cunliffe，2004）。部分学者发现了遗产旅游在利用其他产业资源进行开发时所遇到的困境，菲利浦（Philip，2006）总结了工业城市转型期发展工业遗产旅游需要具备的六大属性，并分析了工业遗产旅游发展过程中遇到的困难。

孝光·隆光（Takamitsu Jimura，2011）分析日本一处遗产地成为世界遗产地之后对遗产地和社区居民的影响，居民自豪感增强，收益增加，但同时也削弱了社区团结，导致遗产地与其他地区居民的分化，且遗产资源保护水平反而降低。进而分析造成这些影响的可能原因，第一是旅游业发展的规模和步伐；第二是世界遗产地对于国内旅游者吸引力的变化；第三是当地人对遗产地资源和地位的态度。

(三)遗产旅游管理战略目标

国外遗产旅游研究和管理标准一致将真实性作为遗产旅游管理的目标和遗产资源的评价标准之一。遗产的使命是尽可能地保持其原真性(Fischer,1999),而遗产的经济获益能力和公共使用权在决策过程中只是次级考虑(Croft,1994)。加罗德·布莱恩(Garrod Brain,2000)采用德尔菲法调研发现,遗产旅游管理的核心目标中:保护最重要,可进入性居其次,教育与财务并列第三,地方社区的发展应排在最后。旅游对遗产真实性的伤害在国外很早就引起注意(Alison J.M,1999)。发展遗产旅游的过程中,文化事件和吸引物的原真性常常被刻意展示和扭曲以迎合"客人"和"主人"的需求(Alexandros Apostolakis,2003)(陈勇,2005)。

(四)遗产旅游管理战略制定依据

利益相关者之间的相互影响与作用机制分析是国外对遗产旅游与遗产管理研究中的重要领域,为实际管理中理顺关系、协调利益关系提供了理论依据。

丹尼尔·斯宾塞(Daniel M. Spencer)等(2012)检测了一个遗产地由于社区支持和参与而带来的经济增长,包括2100万美元的营业利润,62.9万美元的个人收入,以及14.1万美元的税收。内森·贝内特(Nathan Bennett)等(2012)建构了一个反映土著民族保护区协调旅游发展和社区利益的综合资产衡量指标体系,从宏观上根据自然、经济、政治、社会、文化资产方面建立协调社区各方利益的综合评价模型。洛伦洛林·纳迪娅·尼古拉斯(Lorraine Nadia Nicholas)等(2009)利用结构方程模型定量化证明了社区积极参与对遗产地管理效率的直接影响,社区归属感、对环境的态度和介入遗产地管理程度三大因素直接影响了社区居民对遗产地管理系统的感知以及支持程度。哈立德(Khalid,2010)引出"遗产廊道"概念,将一个历史街区的城市发展和文化遗产结合起来,直接组合相关利益者,构建统一的管理目标,共同为地区的可持续发展努力,并在街区保护和修复、遗产解说方面做了相关规定,将以上目标与城市的经济发展紧密结合。

李俊烈（Timothy Jeonglyeol Lee）等（2010）阐述了遗产地政府管理的重要作用。通过分析在韩国一个遗产地管理中，各级政府、企业、社区居民之间的冲突和相互影响，造成了遗产地管理规划与管理实践效果上的差距，论述了经过中央政府、省政府和地方政府的层层过滤之后，景区管理规划与管理实践的错位导致了社区的不满和企业投资欲望的降低。卡迈勒·奥尔丁·尼金马（Kamal Aldin Niknami，2005）总结了我国同样面临的考古遗产地保护与开发问题，提出要建立基于政府治理的有效管理系统。王怡等（2012）从政治经济学和政府治理视角论述了政府在遗产保护和旅游发展中的角色发挥及其潜在的长远影响，并利用中国杭州西湖这一著名世界遗产地作为案例，说明政府的战略选择对于遗产旅游发展的重要作用。

一些学者运用不同方法对利益主体参与遗产旅游地规划管理的理论和实践进行研究。伊格曼（Igman）用矩阵法列出对遗产地开发保护有贡献潜力的关键利益主体，采用德尔菲（Delphi）法打分，认为最关键的利益主体是遗产地管理者、旅游经营者和社区居民。亚尼夫·珀利亚（Yaniv Poria）等（2003）从需求的角度入手，对把遗产旅游定义为"在遗产地的旅游"提出了质疑，认为游客是否把遗产看作自己的遗产将影响其行为模式，并提出这将有助于研究游客行为和管理遗产旅游地。查玛尔（Jamal）和格兹（Getz）将协作的组织间关系理论应用于社区旅游规划中，提出促进利益主体协作的建议，里奇（Ritchie）研究了加拿大班夫国家公园弓形谷的远景勾画过程，讨论了利益主体参与的程序和方法，指出共同决策过程的历史性意义。格雷梅（Yuksel）等（1999）运用开放式访谈的方法调查了在土耳其世界遗产帕穆克卡莱（Pamukkale）保护与发展规划的实施中受到影响的相关群体，明确利益主体调查可对规划的实施和修编提供有益的反馈信息（王咏等，2007）。

黄嘉惠（Chia-Hui Huang）等（2012）利用经济学方法检验了成功申请成为世界遗产地是否能够带来更多的游客，以中国澳门为例，结果表明成为世界遗产地长期来说并没有显著影响，而且增加的游客更多是亚洲人。

克里斯蒂娜（Christina）等（2005）分析了联合国教科文组织和挪威政府的一个遗产地管理计划，总结此计划致力于五个目标：第一，建立遗产地和旅游运营团队的沟通渠道；第二，为遗产地保护和管理增加资金来源；第三，使当地社区介入决策制定过程；第四，使当地社区介入遗产地旅游产业中;第五,逐步扩展与遗产地相关利益者合作的范围和深度。遗产地管理实践中,当地社区的地位越来越重要,遗产地管理越来越注重与遗产旅游业的合作共赢。

(五)遗产旅游管理体系

遗产旅游管理实践中,国际保护组织,如世界遗产委员会、国际古迹遗址理事会(ICOMOS)、世界自然保护联盟以及人与生物圈计划、英国国民信托组织等机构与保护公约已构成有效的遗产资源保护体系,各国也有自己的保护模式,如美加的国家公园体系、澳大利亚的自然保护区体系等。美国国家公园体系由内政部国家公园管理局统一管理,管理局实行垂直领导,与地方政府没有任何关系,体现了国家级的统一管理体制和公益性(Rettie, 1995)。西欧国家的文化遗产管理制度在经历了在遗产管理管理费用增加(Benhamo, 1998; Mossetto, 1997),公共财政难以承受;遗产单位管理效率不足(Boorsma, 1998; Benhamo, 1998);公众服务使命的弱化(Peacoc, 1998)等问题之后,进行了"去国家化"改革,提出了①产权售让(divestiture);②文化单位自治(autonomisation);③代理人(agent);④契约模式(contracting out);⑤志愿者模式(volunteer);⑥经费的多源化(diversified fund)等六种模式(Peter B. Boorsma, 1998; Schuster, 1998)。

意大利模式是"由公共部门负责保护古迹,私人和企业来经营管理和利用这些古迹,以便在保护好的基础上充分发挥其作用,在一定程度上带动当地就业,并带动当地旅游、饮食等相关行业的发展,将立足于公共财政的遗产保护,转变为基于私人意愿的遗产经营"(Mossetto, 1997)。荷兰则采取"公有+私营"混合型(public-private hybrids)模式(Schuster, 1998)。英国由过去的行政管理(administration)发展为重视经营(management),重视制订运营规划(corporation plan),重视市场营销(marketing);遗产单位受到的资助应当与它为公众提供服务的量和质(服务内容,受众多少等)挂钩(Jennifer Harrison, 1995)。日本实行"综合管理型",即根据自然公园级别的不同,设立不同的管理机构,将"中央集权型"行政管理体系与"地方自治型"行政管理体系结合使用。澳大利亚对世界遗产大堡礁的旅游管理工具包括一系列完整严密的计划，主要有分区计划、地点计划、管理计划和25年战略计划。这些计划从空间上覆盖了整个遗产区域，并对敏感地带和关键地点给予更细致和特别的管理；在时间上，除重视日常管理外，还注重战略管理，使大堡礁的保护和资源利用具有可持续性，而非看重眼前利益。埃丽卡·塔凯瑞（Erika J. Techera，2011）意识到建立一套国家和地方的法律和政策保障体系对于保护文化遗产的重要性，并以斐济岛作为案例，为其他岛屿式目的地提供了借鉴。

可见，这些国家的遗产管理体系，没有将政府和市场两种方式绝对对立起来，而是灵活处理各相关利益者的关系，从空间、时间、类别上进行区别管理，建立适合国情的遗产保护管理模式。

（六）遗产旅游管理的悖论

在遗产旅游管理中，一直存在着两个悖论：遗产管理与旅游开发之间的矛盾，为遗产付费与公平的享受权之间的矛盾。

悖论一：遗产管理与旅游开发之间的关系一直困扰着遗产管理者，究竟是遗产地的"旅游化"会导致文化价值的商业化和变质（Daniel，1996；Urry，1990），而文化价值的恶化又反过来影响旅游价值，形成一个"恶性循环"（Antonio Paolo Russo，2002），还是"双赢"：遗产旅游帮助人们找到文化的根，并形成身份认同，同时旅游成为保护和维护遗产地的资金来源之一（Donert，Light，1996；McCarthy，1994）。鲍伯·麦克彻（Bob McKercher）等（2005）分析了文化遗产管理和旅游之间难以协调的因素，包括二者本身的不兼容；政府权责上的对等；不同层次利益相关者的多样化；遗产地资产的多样化；不同类型的消费强度等，并提出二者关系的几个阶段：否认——不切实际的期望——平行存在——冲突——被迫的共同管理——伙伴关系——交叉目的。安东尼奥（Antonio，2002）总结了遗产地旅游发展的怪圈，认为一个遗产地随着旅游需求的增加，旅游区域会扩大，每个节点的停留时间会减少，这样就导致拥挤成本和信息不对称现象的增加，从而影响了旅游供给的质量，导致旅游者更改旅游目的地的恶果。所以遗产地必须找到怪圈的突破点，从硬性干预和软性干预结合的措施，做好分区规划。

悖论二：遗产收费与社会的享用权之间的矛盾，是遗产管理者无法调和的（Curtis，1998；Glaister，1998；Leask，Goulding，1996）。遗产旅游的巨大成功导致了一个两难的境地，持续增加的访问率已经成为世界遗产地的主要威胁。而门票的收取不仅为控制游客数量提供了可能，也为管理旅游影响和遗产保护提供了资金支持。但从遗产的使命来看，如果游客因为遗产景区门票太贵而无法欣赏遗产资源，那么遗产资源到底是谁的资源，又是为谁而保护？加罗德和法伊奥（Garrod & Fyall，2000）采用德尔菲法调查了与遗产景区长期管理相关的三个主要限制因素：遗产的根本使命、遗产景区如何定价、遗产管理者对遗产景区和公共机构在为管理和保护遗产提供资金支持中作用的认知。

（七）遗产旅游管理技术

旅游承载力指数、最低安全标准（SMS）、游憩机会频谱（ROS）、游客影响管理（VIM）、可接受改变的限度（LAC）、无痕行动（leave no trace）、遗产廊道（heritage corridors）、生态博物馆与生态足迹分析（EFA）等技术与理念目前均已在遗产旅游资源管理中得到普及（杨开忠，2000；杨锐，2003；杨桂华，2005）。数字技术，遥感和 GIS 技术在文化遗产资源保护中的应用也引起了学者的关注（Yen PingYeo，Daniel，G·Dorner，Chern Li Liew，2007），虚拟 3D 技术近期也被运用到文化遗产资源的重现中，通过收集资源的空间信息及其他综合数据，利用 ISEE 系统软件进行 3D 真实还原模型的构建，重现原始环境（Laura，Marcello，2011）；以及三大世界组织世界自然保护联盟（IUCN）、国际古迹遗址理事会（ICOMOS）、联合国教科文组织（UNESCO）通行的 WCPA 管理效率评估框架。

艾莉丝·迈耶（E'lise Meyer）等（2007）基于 Web 信息管理系统，利用文化遗产地的相关数据建立一个 VRE 虚拟研究系统，让人类学家们免于学习 GIS 软件的困扰，充分利用遗产地各类数据进行检测和研究，以利于遗产地更好地被管理，且此系统具有很高的普适性。阿塔纳西奥斯·斯蒂莱蒂尔斯（Athanasios D. Styliadis）等（2009）为了更有效地利用文化遗产地保护和管理数据，利用元数据建立遗产地 3D 虚拟模型，利用 3S 技术，运用 GIS 相关软件，对遗产地信息进行收集、编码、解码、扫描、传感等管理过程，并进行信息共享，更大程度上发挥了文化遗产的数据价值，建立了一套个性化的遗产地虚拟化管理情景，大大提高了管理效率。法比安·霍布莱亚（Fabien Hoblea）等（2011）提倡地质科学中的相关研究应该与地质遗迹、地质旅游的管理实践紧密结合，进行"合成研究"，并提出利用一定的检测工具和实验实现地质遗迹的教育和地质旅游目标，进一步展示了两个重要工具：地质影像检测系统和多功能追踪共享信息系统。丹尼尔·古滕塔格（Daniel A. Guttentag，2010）引出"虚拟技术（Virtual reality）"概念，指出这项技术对旅游业的规划和管理、市场营销、娱乐、教育、可进入性和遗产保护方面的巨大作用，尤其是通过虚拟旅游的方式对濒危区遗产资源的保护。

蒙特萨拉特（Montse rrat，2011）根据一处洞穴遗产地的自然资源特征、地形数据、人类活动特点，并将这些地质特征分为自然遗产、文化遗产和旅游者活动造成的影响三大类，然后利用 GIS 软件集成到一张遗产地图中。随后系统建立了四个指标体系，综合反映遗产地各类特征。GHC 反映的是地形遗产保护状况；TA 反映人类总体活动带来的影响状况；CH 反映文化遗产特征；GTU 反映了旅游者活动带来的地形影响。结果表明，洞穴对游客开放对洞穴遗产地的地貌特征产生了重要影响。遗产地图和这四类指标为加强洞穴遗产的保护和管理提供了重要的定量工具和指标。

此外，世界旅游组织还针对气候变化对各类遗产资源的影响设计了专门的管理计划，并可以实现实时更新，成为一个世界遗产地在气候变化下能做出灵活应对的有效管理工具。具体在地区和地方层面制订了相应的特殊行动计划，以保证适应气候变化的战略实现，同时世界旅游组织还建议关注专业监控技术，远程的如使用卫星技术、非破坏性技术、生物感应以评估材料生物特性的破坏，使用仿真技术以预测气候变化对文化遗产材料状态的影响。

中国遗产旅游可持续发展模式创新与体制改革

二、国外遗产旅游管理机制实践

（一）管理模式

国外遗产资源的管理模式可分为产权售让模式、经营权转让模式、委托代理模式、契约管理模式四种。委托代理模式普遍存在于所有行政管理的运行中，它与其他几种模式可共同实施，很少依靠某一模式单独实施。在这一综合配套、联合实施的"混合模式"中，各项举措实际上并行不悖，相互支持。

1. 产权售让模式

产权售让模式涉及遗产所有权的变动，一般出现在政府需要将遗产资源国有化或私有化的改革中。法国1975年在《景观保护法》的基础上，颁布了一部新的法律，设立了一个专门的公共机构负责购置景观所在地的私人地产，并负责海岸及面积超过10平方公里的湖泊沿岸的自然景观的保护。这部法律使这一机构以公共利益的名义，将许多原有的私产划归到了国家的名下，使国家成为这些景观的所有者。在以后的地方分权运动中，政府又将一部分遗产所有权出售给私人。

2. 经营权转让模式

经营权转让模式是指文化单位的所有权不变，但其管理者多以非营利股份公司、基金会、协会等形式出现，既享有公共机构的法律地位，又享有作为私人机构的法律地位。它依然依靠政府资助并享受税赋优惠，又接受非政府的投入和自身经营收益。它的经营具有独立性，不仅表现在藏品收藏和展示策划上，而且表现在财务审计、人事管理上。更为重要的是，它能与政府分享对该文化单位的长期规划的决策权。美国的国家博物馆由史密森学会基金会管理，由美国副总统、最高法院院长等组成董事会，负责管理和筹集经费。美国在自然文化遗产管理体系上的经营权仅限于副业——提供与消耗性地利用遗产核心资源无关的后勤服务及旅游纪念品，同时经营者在经营规模、经营质量、价格水平等方面必须接受管理者的监督，要求在国家公园体系内全面实行特许经营制度。这种经营权转让模式做到了管理者与经营者分离，避免了重经济效益，轻资源保护的倾向，并有利于筹集管理经费和提高服务水平。

3. 委托代理模式

在文化遗产管理体系中，委托代理模式普遍存在于中央政府与地方政府、地方政府与遗产单位的关系中，为了预防和惩治代理人的不道德行为，委托人需要设计一套对代理人激励和监督的政策。一方面，政府赋予遗产单位更多的自由支配权力，如经费由政府或部分由政府资助，职工为政府雇员，负责自身的财政预算，并有权招聘和解雇职工；另一方面，政府会在法律法规上规范遗产单位的管理行为，避免出现道德风险。如意大利通过中央向地方派驻代表和司法裁决来解决利益冲突和信息不对称的问题，但中央政府和派驻代表之间也存在委托代理关系中的"代理失范"问题。

4. 契约管理模式

契约管理模式是指通过各种职责、制度、规程等来规定和约束政府与私人、民间社会组织的关系。法国政府以契约或合同方式明确民间组织协会在文化遗产保护中的权利、责任和义务，同时给予他们以遗产政策的参与权。

（二）管理主体

1. 条块分立的职能部门模式

条块分立的职能部门模式是指遗产保护区的决策权分散于中央（地方）政府的许多部门，各部门不仅有权对本部门范围内的区域或地区层次的事物进行决策，而且还单独实施区域政策项目，但各部门间缺乏必要的沟通与协调，造成区域政策项目重复，浪费公共资源。另外，遗产保护区面对众多区域决策主体，而各政府部门的区域政策制定、实施与监督和评价程序不完全相同，遗产保护区各部门的开发机构争取区域政策资源的成本很大，因而遗产保护区与地方政府的矛盾和冲突时有发生甚至加剧。我国大部分遗产保护区的管理机构设置都采用这种模式。

我国遗产保护区管理的行政体系,不是根据"遗产价值"这一共性,而是根据遗产的"资产属性"这一共性分配管理职能,导致遗产资源分属多部门管理。自然遗产属国家环保总局或国家林业局管理,一些"遗产地",如风景名胜区、历史名城(名镇、名村)由建设部管理,传统意义上的不可移动的文物由国家文物局管理,非物质文化遗产由文化部管理,以遗产为资源的旅游事务由国家旅游局管理。目前,由林业和环保部门建立和负责的自然保护区占所有保护区数量的87%,国家林业局主管我国生物多样性最丰富的森林、湿地和陆生野生动物保护区,另外还有农业、国土资源、海洋、水利、建设、中药、科研、教育和旅游等十几个部门分别建立了一定数量的保护区,这些主管部门对其主管的保护区有管理和执法权力。保护区管理部门和机构繁多,部门之间冲突和隔离严重。例如,林业部门主管全国林区内野生植物和林区外珍贵野生树木的监督管理工作,农业部门主管全国其他野生植物的监督管理工作,建设部门负责对全国野生植物环境保护工作的协调和监督,环境保护部门负责全国自然保护区和野生植物的综合管理工作。但是,针对一个特定的保护区而言,保护区有相应的主管部门,而保护区内不同的资源,又有相应的主管部门,这些主管部门可能会与保护区的主管部门不同。例如林业部门主管的保护区内河流中的鱼类,按照《野生动物保护法》规定,应由农业部门的渔业局主管。目前,我国还没有明确的法律和机制能有效地协调这些矛盾。

2. 垂直分立的职能部门模式

垂直分立的职能部门模式在遗产保护区的政策决策权分散于中央与地方政府的许多部门,设置上类似于条块分立的职能模式。与我国现行的自然和文化遗产保护行政管理体系相似的还有日本,保护工作也由中央和地方两级管理,分别由相对独立的、平行的政府职能部门的行政体系承担。所不同的是,日本对自然和文化遗产保护的不同内容、不同层次的保护管理都只设立一个行政管理部门,其他相关部门在自身职责范围内协助或监督该主管部门工作,如日本的国家公园系统(国家公园、准国家公园、府县自然公园)由国家环境署主管,自然保护委员会协管,县政府、市政府以及国家公园内各类土地所有者密切合作。这样就从体系上避免了在行政管理过程中因存在两个或多个主管部门而造成的互相扯皮、推诿、职责不清的状况。中央政府负责全国自然和文化遗产最重要的部分（包括资金、立法、机构），而更广大的地区由地方政府通过地方立法确立保护。

3. 单一专门的职能部门模式

单一专门的职能部门模式是指遗产保护区政策由特定的中央（地方）政府机构来制定实施的制度模式。这一模式的专门职能部门可能有其自己的预算（像一般的中央政府中的部委一样），也可能只监督其他机构的资源分配并起草法律，委派科研任务，向政府和私人团体提供咨询等。

采用这种模式的典型的国家是美国，其通过国家公园体系和州立公园体系两套体系基本实现了根据资源的价值和公益性的差别对自然文化遗产资源的分级管理。国家公园体系是联邦政府的非营利机构，专注于自然文化遗产的保护与管理，基本开支由联邦政府拨款解决。国家公园的运行经费列入联邦政府财政预算（一般占到公园运营资金的70%以上），职工收入与经营效益脱钩，因此杜绝了公园管理者的不当牟利行为，最重要的是，实现了"一区一法"。很多国家公园都有独立立法，还有很多独立的法规条例，但都以联邦法律为依据。二十多部联邦法律，几十部规则、标准和执行命令保证了美国各旅游地作为国家遗产在联邦公共支出中的财政地位，也避免了旅游景区当地与林业局等部门和地方政府之间的矛盾，使垂直管理带来的权利空间得到了有效的约束。

虽然各国遗产保护区的管理机构在结构安排上各有不同，但是具有一个共同点。首先，遗产保护区的管理机构是在遗产保护区范围实施的区域政策框架内的各种保护和发展项目的特殊机构，它尽可能将所有遗产管理事务统为一体，这是其不同于其他政府部门的显著特点（表1-1）。如在美国，所有的自然和文化遗产保护区都由"国家公园处"(National Park Service) 管理，在英国所有的遗产由"国家遗产局"（Department of National Heritage）管理，1997年改名为"文化、教育、传媒局"（DCSM），法国的遗产事务由文化部管理，澳大利亚和加拿大的遗产事务则与环境问题一起由"遗产和环境部"（Ministry of Heritage and Environment）管理。这类机构在地区层次上发挥作用，往往独立于中央政府其他机构或者在多部门之间起着协调作用。之所以需要这种组织结构，是由于遗产保护区的区域管理机构实施的项目是为了解决遗产保护区的社会经济问题，要取得成功，必须得到地方公众广泛支持并需要各种地方利益集团的参与。其次，遗产保护区管理机构的活动涉及保护区的许多领域，包括基础设施建设、产业结构调整、资源开发和环境保护、社会服务等，因而也是遗产保护区的协调机构，其最终目标是提高遗产保护区的生活质量并平衡利益在不同区域间的分配。

表1-1 各国遗产保护区的管理组织机构

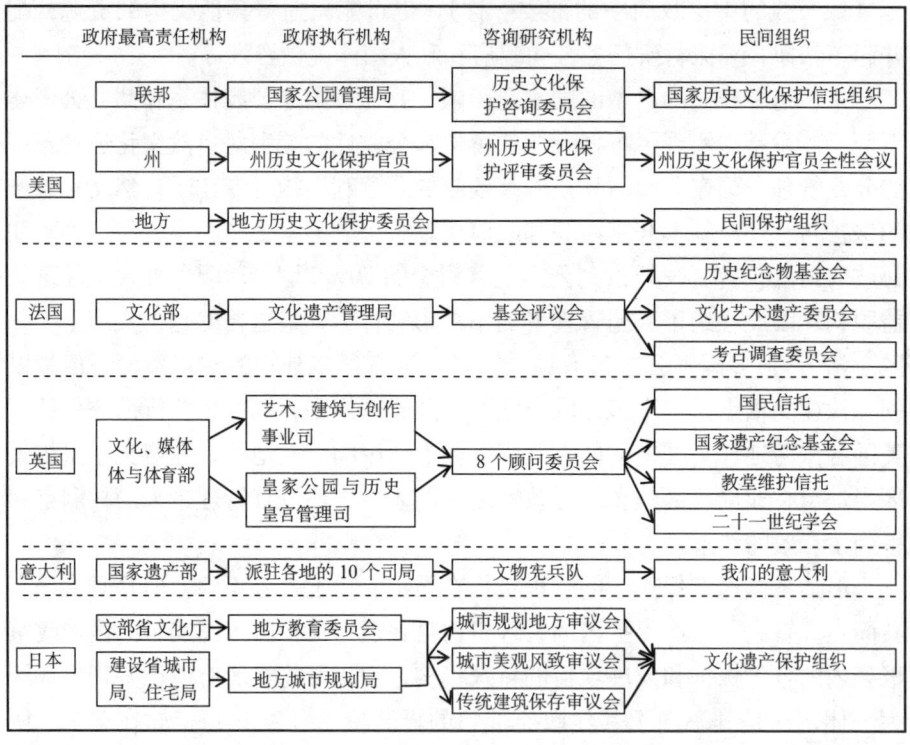

（三）经营机制

遗产保护区在世界各国都被当作不以营利为目的、满足社会物质和文化需要的社会公共产品，发挥着科研、教育、游览、启智、生态环境和动植物多样性保护，激发爱国热情，增进国际友好等多种功能，而且风景名胜资源具有唯一性、不可再生性和不可替代性，所以遗产保护区一直以来属于政府规制的对象。

政府规制涉及社会、政治、经济、法律等活动的各个方面。由于遗产保护区内存在资源保护项目和经营性项目两种性质不同的旅游产品，从而使其呈现出明显的营利性和非营利混合产业结构特征。与此相对应，遗产保护区的政府规制也包括了两个方面的内容：一是经济规制，以推进公平供给和普遍服务；二是社会规制，主要是对保护区遗产资源的开发和保护的规制，包括保护区规划，旨在通过禁止、限定特定行为，保障消费者的安全、健康、卫生以及实现环境保护。同时，由于政府规制是以社会福利最大化为准则，在遗产保护区也存在第三类规制——资助性规制。政府会要求企业承担某些责任或义务，当其达到了某些条件的要求或改变了某些特定的行为方式时，便有资格获得援助或特殊利益，例如政府为了奖励对环保做出贡献的企业实行税收豁免权和贷款补贴。

1. 一体化垄断模式

这种模式中，国家作为遗产保护区资源（包括土地资源及遗产旅游资源）的所有者具有很强的集权垄断势力，国家不仅垄断经营保护区内诸如饭店、旅行社、车队、索道、旅游纪念品等经营性项目，同时还向公众提供诸如风景欣赏、科学考察、启智、教育等非营利性项目。资源保护和养护项目是不以营利为目的的公共品供给，其独特的资源作为旅游吸引物虽然能够获取一定的收入，但总体上来说仍是支出大于收入，政府规制机构对垄断经营者（国家事业单位）进行价格规制，以避免垄断高价和低质服务。此模式需要有强大的中央财政拨付，实行收支两条线的投入性预算（input budget），即拿多少钱，干多少事，既不能超支，也不能存留，因而削弱了对支出效益的追求。遗产管理事业长期经历着开发与保护矛盾的困扰，在改善管理中经常受制于财政资金不足。20世纪80年代以前，我国众多风景区的经营管理模式基本如此。长期以来，风景名胜区一直是作为纯社会公益事业来对待的，它们的保护、管理和开发由政府包办，其全部经费由政府承担，工作人员属政府或事业编制，景点免费或低费向公众开放。

2. 垂直分离模式

这种模式中，政府仅向公众提供非营利性项目（例如科普教育的解说），通过制订进入合同允许其他经营者参与运作竞争性领域的经营性服务项目，并由其负责提供遗产保护区的餐饮、住宿、交通等服务，政府对合同被规制者的经营规模、经营质量、价格水平等方面都有严格的监管。此模式易于建立排他性制度，将外部性内部化，如住宿、餐饮等服务项目，需要开发差异化产品以满足不同人群需要，同时又易于建立排他性收费制度，使消费者能够为其享受到的不同外部性支付不同的费用。

美国、日本等国采取管理合同、租赁合同、特许经营合同等不同形式的合同吸引和鼓励私人参与国家风景名胜区经营性项目的运作，不但较好地缓解了政府的预算约束，而且将私人部门的管理经验带入景区经营管理中，取得了很大的成功，成为其他国家学习的典范。美国政府在1965年颁布实施的《国家公园管理局特许事业决议法案》，要求在国家公园体系内全面实行特许经营制度，即公园的餐饮、住宿等旅游服务设施及旅游纪念品的经营必须以公开招标的形式征求经营者，同时公园获得的经营收入除上缴国家公园管理局的部分外其余只能用于改善公园管理。这样不但做到了管理者和经营者分离，避免了重经济效益轻资源保护的倾向，还有利于筹集管理经费，提高服务效率和服务水平。

对于遗产经营收入的收支两条线管理，美国正在进行的以提高管理效率为目的的改革是"反其道而行之"：在200多个国家公园体系单位取消收支两条线，80%的经营收入自行留用于遗产保护。但由于两个原因，这样并没有产生在中国普遍出现的滥用资源、不当开发问题：一是门票和承包收入占运行管理经费的比例很低，财政经费仍然是大头；二是管理部门自身不能直接经营，而是按照特许经营法由中标法人经营，管理部门只能获得固定的承包费，且这个费用和门票收入只能用于反哺保护，不能用于提高员工收入。这样，没有部门权力利益化，就没有滥用资源的动机。

3. 混合模式

混合模式可以视作一体化垄断机构与垂直分离机构的综合或变形。政府可以如第一种模式那样同时提供经营性产品或非营利性服务，但同时也可如第二种模式那样允许其他经营者参与经营性项目的运营。

澳大利亚和西欧等土地私有制国家，许多遗产保护区建立在私人土地上，因此，国家公园可以归私人企业或者非营利机构所有，但政府规制机构可能会限制具有市场力量的热门景点所收取的价格，还可能做出重要的环境权衡和规制对企业征税，即对经营遗产的企业征收一项资源租金税。由州政府下属的国家公园管理局所控制的限制开发的自然保护区所得到的政府补贴是有限的，但是管理当局可以把特许权出售或者拍卖给私人企业，也可以把热门景点的收入对其他公园进行交叉补贴。

遗产保护区内诸如门票、饭店、旅行社、车队、索道等经营性项目的非国有化在国外之所以能够获得成功，其重要的前提条件是在非国有化之前就建立了一套针对经营性项目的规章制度且市场是充分竞争的。如果政府在制定规制体制改革方案时，对竞争和规制政策的一些基本问题缺乏必要的考虑，原有的垄断性市场结构未进行重组，企业的垄断地位没有发生变化，非国有化也无法刺激企业提高经济效益。所以，产权的变化不一定是效率改进的必要条件，一个竞争性的环境对企业行为和市场绩效尤为重要。

（四）非营利机制

1. 非营利组织（NPO）

成熟的市场经济制度国家，非营利组织的出现主要出于以下四个方面原因：依托公共资源；提供公共服务；保障人们的基本生存条件（对边缘人群、贫困人群、困难人群实施社会救助）；着眼于消弭市场信息的不对称性。

遗产保护区非营利组织的作用主要表现在：

第一，填补了政府与企业之间，政府管制与市场机制之间的管理空白，并成为它们之间沟通的渠道和桥梁。非营利组织实际上分担了政府相当大的责任，因而有利于遗产保护区保持一个精干的、少官僚主义习气的"小政府"。

第二，遗产保护区的非营利组织大多是由具有社会责任感、知识能力和利他精神的志愿人员构成，他们致力于完成保护区的社会使命——保护遗产和服务社会，提供的多为公益性服务，因此，经营成本低，经营绩效好，它能弥补市场不足，有利于在市场追求效率的同时，保持社会公平、和谐和稳定。

第三，非营利组织是解决遗产保护区社区就业的一个重要渠道。美国非营利组织共筹集6700多亿美元用于支付工作人员工资及提供各种服务的费用，平均每12个就业人员中就有1人为非营利组织工作。

2. 社会广泛参与

世界自然保护联盟（IUCN）保护区项目负责人大卫·谢泼德（David Sheppard）在论述世界自然遗产21世纪战略时谈到，我们不应再将保护区视为保护工作的"孤岛"，而要发展保护区的工作网络。遗产资源的保护不仅仅是保护区限制发展区的原住民的事情，也是遗产保护区边缘可发展区社会各阶层和其他广大公众的共同事业。

遗产保护区应建立社会参与的专门机制或中介组织，广泛吸收和组织社会科学、自然科学等诸多相关学科的专家和科研人员，参与遗产保护区资源调查、保护监督、文化内涵开发、科普宣传等项目。引入市场竞争机制，转换经营模式，拓宽旅游服务市场，吸引企业、个人、外资参与遗产保护区的基础设施和旅游服务项目的投资、建设和经营。

从实践经验来看，社会广泛参与保护的前提是对遗产资源保护理念的认同，只有在全社会一致认同基础之上才能协同参与。包括保护区内外的原住民、非政府组织、周边社区公众、企业经济组织、民间社团和志愿者在内的社会各个阶层的参与，实际上是遗产资源保护"统一战线"真正的基础。目前，我国遗产保护区的规划面积大多在数百平方千米以上，有的甚至达到上万平方千米，不依靠广泛的社会力量参与，保护的目标是难以实现的。

（五）法规体系

遗产管理是一项政策性、专业性和社会性都很强的工作，需要健全的法律作为依据和保障。随着国际范围的对遗产保护认识的加深，各国针对遗产管理的法律法规体系也不断深化和完善。

意大利在遗产管理方面最为重视法律法规的制定与执行。通过法律，国家不但获得了对所有考古活动的绝对垄断权，同时也获得了国家对所有重要遗产的绝对监护权，从而从根本上杜绝了利用法律漏洞侵吞国家遗产的行为。

法国是世界上第一个制定遗产保护法的国家，1913年12月31日颁布的《保护历史古迹法》是第一部保护遗产的现代法律。

各国的立法体系也根据管理体制有相应的差异。法国的遗产保护立法体系采用国家与地方充分结合的方式；英国保护立法体系的核心是国家立法，地方政府主要是执行、解释国家立法，并通过制定地方的法规性文件进行有限的补充；日本的保护立法体系也采用国家立法和地方立法相结合的方式，国家立法主要确定由中央政府负责的国家级重要遗产的保护，而更广大地区的遗产的保护则要依靠地方立法确立；美国的保护立法体系采用联邦立法、州和地方立法相结合的方式。联邦层面的立法主要是保护联邦政府拥有的和国家登录的文化遗产，并确立联邦与州和地方政府在保护方面的合作关系。州和地方登录的更大量的文化遗产的保护依赖地方立法，各个州可以按照自己的习惯和地方特色制定地方的保护法规。

国际保护遗产的经验表明，遗产保护法律先行，而且法律保护体系和监督体系要同样完善（表1-2）。

表1-2　各国针对历史文化遗产管理的法律法规①

国家	法文种类	代表
美国	文物及考古资源保护法	《联邦文物法》（1906）、《考古资源保护法》（1979）、《美国原住民墓葬与赔偿法》（1990）
	国家公园、历史建筑及历史街区保护法	《国家公园系统组织法》（1916）、《历史遗址与古迹法》（1935）、《国家史迹保护法》（1966）、《国家环境政策法》（1969）
	民俗文化保护法	《民俗保护法案》（1976）
法国	历史建筑与古迹遗址保护法	《保护历史古迹法》（1913）、《城市规划法》（1973）
	自然景观保护法	《景观保护法》（1930）、《国家公园法》（1960）
	地下文物保护法	《考古发掘法》（1941）
英国	小型有形文化遗产保护法	《珍宝法》（1997）、《博物馆与画廊法案》（1992）
	古代遗址、考古区域保护法	《古代遗址与考古地域法》（1979）、《国家遗产法案》（1983）、《城乡规划法》（1990）、《规划（指定建筑与保护区）法》（1987）、《规划政策指南：规划与历史环境》（1994）、《规划政策指南：考古与规划》（1990）
意大利	有形文化遗产保护法	《艺术与历史文化遗产保护法》（1939）
	自然遗产保护法	《自然景观保护法》（1939）
	综合性法律法规	《联合法》（1999）

---

① 顾军，苑利. 文化遗产报告——世界文化遗产保护运动的理论与实践 [M]. 北京：社会科学文献出版社，2005.

续表

国家	法文种类	代表
日本	小型文物保护法	《古器旧物保存法》(1871)、《遗失物法》(1899)、《国宝保存法》(1929)、《重要美术品保存法》(1933)
	历史建筑保护法	《古社寺保存法》(1897)
	名胜古迹及天然纪念物保护法	《古迹名胜天然纪念物保护法》(1919)
	综合法律法规	《文化财保护法》(1950、1954、1975、1996 多次修订)

（六）资金筹集机制

资金是遗产管理成功的重要保障，给保护对象提供资金保障也是各国法律的重要内容之一。资金保障的内容往往不仅包括资金投入的对象，还有明确的提供资金的机构，甚至还涉及具体的金额与比例等，非常详细。

英国保护资金最重要的来源是国家和地方政府提供的财政专用拨款和贷款。款项的使用方法及数额多少根据古迹、登录建筑、保护区的重要性决定，国家和地方政府分担的份额也根据重要程度而有所不同。

同时，英国利用发行彩票筹集保护资金，遗产彩券创建于1994年。按《国家彩券法》规定，彩券收益中的28%用做公益事业，资助自然遗产、建筑、街道、博物馆、档案馆、收藏品等遗产项目的保护。自基金成立以来，遗产项目得到了超过58亿美元的资助，已经成为英国目前最大的文化遗产投资。

日本遗产保护的资金来源主要有三个，即补助金、贷款和公用事业费。其中，补助金是最重要的来源，它是国家和地方政府提供的专门用于遗产保护的财政拨款，主要用于文物保护和文化艺术活动及其设施建设两个方面；同时，在税收方面也制定了优惠政策，对跟遗产相关的固定资产税、遗产税、城市规划税等实行免税。

1996年，意大利颁布法律，规定将彩票收入的8‰作为保护遗产的资金，当年就通过发行彩票获得了15亿欧元的保护经费收入。除了从博彩收入中获得资金之外，政府还充分发挥私人及企业在文物修复和利用方面的作用，其中包括一些博彩管理机构。意大利洛特玛蒂卡博彩公司在这方面功不可没。如此一来，意大利政府利用彩票资金启动了约200个遗产保护新项目；

随着意大利遗产保护的财政投入力度的加大以及优惠的税收政策，使得意大利的珍贵遗产得到了有效的保护，为人类遗产保护理论与实践的发展做出了重要的贡献。

美国支持遗产保护的公共财政制度侧重于通过税收优惠政策"鼓励和吸引更多的私人和地方的支持"。通过设定不同的抵扣、抵减额度，对文化遗产保护实施税收优惠政策，调动了社会各界参与文化遗产保护的积极性，起到了很好的政策导向作用。

在法国，各地的民间协会组织同时还负责筹款的任务，有些协会本身就是基金会。资金的管理、审批权虽然归协会所有，但由于基金管理委员会本身就是由财政部、内务部、文化部、观光厅等政府机关、民间团体及开发商等多方代表组成，这种独特的、民主的管理体制，也比较容易确保基金的正确使用。

在日本，无论政府还是民间都十分重视遗产的保护并在经济上积极给予支持。日本文化厅2011年用于遗产保护修缮和防灾设施的预算是118亿日元（约合1.55亿美元），用于遗产的完善、利用和传承的预算是334亿日元（约合4.4亿美元）。中央政府每年为每位无形文化遗产传承人——"人间国宝"提供200万日元（约合26 300美元）的资助，同时负担众多遗产宣传项目的推广、宣传费用。同时，用于遗产保护的预算和经费都是公开、透明的，文物修缮后将专门出书向大众详细介绍修缮及资金使用情况，大大提高了资金的有效利用率。

以上对比表明，遗产保护资金的来源主要是政府、非政府组织、社会团体、慈善机构和个人（志愿者）多方参与的运作机制，其中，财政拨款起主导作用。同时，政府制定了各类相关政策如减免税收、贷款、公用事业拨款等，并采用发行奖券等多种形式筹措遗产保护资金。

而且，各国将遗产按重要程度进行分级，依据级别不同，差异性地进行财政投入；按遗产的所有权分类，国有的由财政直接拨付经费保护，社会所有的，政府实施补贴和税收优惠政策，带动社会投入；同时通过发行彩票、设立民间遗产保护基金会等方式，拓宽遗产保护资金来源渠道（表1-3）。

表 1-3 各国遗产保护资金筹集及运转机制

国家	筹集方式	主要来源	管理机构	投入对象与运转
美国	1. 财政拨款； 2. 通过税收优惠吸引民间资金	个人和企业捐助	联邦政府、各基金会	通过立法保障资金到位，根据不同权属、不同保护等级和类型的保护对象决定
法国	1. 财政拨款； 2. 民间协会组织筹款； 3. 企业赞助	财政拨款	历史纪念物基金会、文化艺术遗产委员会、考古调查委员会	根据不同权属、不同保护等级和类型的保护对象决定
英国	1. 国家和地方政府提供的财政专用拨款和贷款； 2. 彩票收入； 3. 对破坏行为的罚金； 4. 非政府组织和个人捐助	财政专用拨款和贷款	地方政府；授权相关机构	根据古迹、登录建筑、保护区的重要性决定
意大利	1. 财政拨款； 2. 彩票收入； 3. 给予资助企业和个人税收优惠	财政拨款	国家管理；基金会管理	通过立法保障资金到位，根据保护对象的重要性和实际需要决定
日本	1. 财政拨款； 2. 贷款； 3. 公用事业费； 4. 社会团体、慈善机构及个人的捐助； 5. 发行"保护奖券"	财政拨款	由当地居民参加的财团	根据保护对象的重要性和实际需要由所在地居民决定

必须看到，美国、日本等国家在自然文化遗产管理中最可贵的经验是其管理理念：根据遗产资源的公益性质确定资源的功能（使命），然后建立与使命相应的管理模式、管理主体、经营机制、非营利机制、法规体系、资金筹集机制等，以保证管理手段、管理能力与管理目标相适应。这种核心理念不会因为国情、体制不同而不适用，也不会因为资源的基础条件存在差异而难以借鉴。我国在遗产旅游资源管理上的改革方向应是向管理成效卓著的国际成功模式靠拢，最重要的就是在改革中贯彻这一核心理念。在改革的具体部署和实施中，由于国情国力的区别，可以建立分阶段的目标以及采取适合我国国情国力的实现方式。

第二章
中国遗产旅游发展模式与管理体制历史演变

一、遗产旅游管理对象

二、遗产旅游管理体制历史进程

三、风景名胜区管理体制历史演变

四、森林公园管理体制历史演变

五、自然保护区管理体制历史演变

六、文物保护单位管理体制历史演变

中国遗产旅游可持续发展模式创新与体制改革

一、遗产旅游管理对象

"遗产"一词大约产生于20世纪70年代的欧洲,其本来含义在中西方没有很大区别,中国商务印书馆2001年第三版的《新华词典》解释为"法律上指公民死亡时遗留的个人合法财产",另一个很重要的方面是借指"历史上遗留下来的精神财富或物质财富"。

从20世纪80年代开始,"遗产"的含义逐步延伸,首先由其本来含义发展到"一般性"的遗产系统,国际社会对遗产的认识经历了一个很长的过程,由18世纪的城市建筑到20世纪50年代的城市历史保护区,因《保护世界文化和自然公约》的契机由文化遗产到自然遗产,由物质文化遗产到1972年的非物质文化遗产,在此基础上,形成了科学、全面的遗产概念,尤其是在美国、法国、澳大利亚、日本等国家,遗产保护范围、对象、内容也在不断扩大,只要是具有一定价值的,都可以被称为遗产。

在遗产研究方面,西方文献中通常使用"heritage""heritage sites""heritage attractions"等词,都是指遗产以及由此延伸出的遗产物、遗产地(张朝枝,2006)。

1972年11月16日,联合国教科文组织(UNESCO)第十七届会议通过的《保护世界文化与自然遗产公约》中分别对文化和自然遗产的概念做了界定,根据公约的界定,遗产概念可以分为以下两类:

文化遗产包括物质和非物质,或者有形和无形两种,物质类文化遗产包括可移动文物与不可移动文物(《中华人民共和国文物保护法》,2002),前者包括器物、文书、典籍、服饰、艺术品等;后者包括古迹、古建、遗址等;非物质文化遗产包括民间艺术、口头文学、语言、工艺、习俗、节庆礼仪等。

自然遗产是指自然界在演替和进化过程中形成的地质地貌、生态景观、生物群落与物种。其中具有代表性的被列为自然保护区、森林公园、地质公园等。

遗产资源的概念由此衍生。广义的遗产资源是指具有文化、科学、生态环境与观赏价值,应予保护、保存的不可再生的自然和历史遗迹,人们可以从地理、生物、园林、建筑、历史、文学、旅游等各个学科角度不断挖掘其价值。狭义的遗产资源是指依法确定的风景名胜区、自然保护区、重点文物保护单位、历史文化名城（镇、村）、森林公园、地质公园等，根据资源价值可分为国家级、省级、市县级（余洁，2012）。

本文所研究的遗产资源包括各级自然保护区、风景名胜区、森林公园、地质公园、水利风景区、自然状态下不可移动的文物和历史文化名城。截至2011年底，全国已建立各种类型、不同级别的自然保护区2 588个，森林公园2 747处，国家水利风景区475处，国家级及世界地质公园81处，4A级以上旅游景区1 005处，省级以上风景名胜区906处，全国重点文物保护单位2 351处，历史文化名城118个。由此可见我国遗产资源分类之繁细，数量之庞大（表2-1）。

表2-1 我国遗产资源体系

类型		数量	主管部门
自然遗产（自然和文化遗产）	自然保护区	共2 588个，总面积约14 944万公顷，占国土面积的14.9%。其中国家级319个，面积9 267.56万公顷	环保总局，林业局，海洋局等
	森林公园	共2 747处，总面积1 703.07万公顷。其中国家级746处，面积1 176.48万公顷	林业局
	水利风景区	国家水利风景区475处（共11批）	水利部
	地质公园	世界级22个，国家级139个（共4批）	国土资源部
	风景名胜区	省级以上906处。其中国家级698处，省级208处	建设部
文化遗产	历史文化名城	共118个（正式3批，增补7次）	文物局，建设部
	历史文化名镇（村）	历史文化名镇85个（共三批）；历史文化名村72个（共3批）	文物局，建设部
	文物保护单位	全国重点文物保护单位2 352个	文物局，文化部
	馆藏文物	共26 802 714套。其中一级品66 818套；二级品1 116 185套；三级品3 052 652套	文物局
非物质文化遗产		国家级共1 175项（共3批）	文化部

自然遗产与文化遗产是人类的生存依托与精神家园。长期沉淀形成的有独特价值、稀缺、不可模仿、难以替代的遗产旅游资源是旅游业可持续发展的战略基础，科学高效地管理遗产旅游资源是中国实现世界旅游强国的必要前提。

二、遗产旅游管理体制历史进程

新中国成立以来，我国的遗产旅游管理体制大概经历了3个阶段（表2-2）。改革开放以前，我国的遗产旅游管理不成体系，景区由国家所有，并由国家统一管理，景区管理体制还处于探索阶段；1979年，我国开始建立风景名胜区管理体系，1985年，中国加入《保护世界文化和自然遗产公约》，开始对遗产景区进行规范化的管理，我国进入遗产旅游管理体制起步阶段；20世纪90年代以来，各地遗产景区进行了多种经营模式的尝试，其中包括事业单位企业化经营、景区股票上市、特许经营等，遗产旅游管理体制逐步完善，进入到了快速发展阶段。

表2-2 我国遗产旅游管理体制历史进程

时间阶段	管理主体	经营模式	法律法规
20世纪50年代至1978年	国家政府部门	国有国营，行政化管理	《关于文物遗址及古墓葬调查、发掘暂行办法》1950 《关于保护文物建筑的指示》1950 《关于名胜古迹管理的职责、权利分担的规定》1951 《关于保护地方文物名胜古迹的管理办法》1951 《文物保护管理暂行条例》1951
1978年至20世纪90年代	各级地方政府+景区管理机构	事业化管理、企业化经营	《关于强化保护历史文物的通知》1980 《中华人民共和国文物保护法》1982 《中华人民共和国水下文物保护管理条例》1989 《中华人民共和国森林保护法》1984 《风景名胜区管理暂行条例》1985 《中华人民共和国环境保护法》1989
20世纪90年代至今	国家政府各部门+地方政府+景区管理机构	传统经营模式与企业经营模式并存；出现租赁经营、特许经营、上市公司经营模式	《中华人民共和国自然保护区条例》1994 《风景名胜区条例》2006 《中华人民共和国文物保护法》2007 《中华人民共和国文化保护实施条例》2003 《历史文化名城名镇保护条例》2008 《四川省世界遗产保护条例》2002 《福建省武夷山世界文化和自然遗产保护条例》2002

第二章 中国遗产旅游发展模式与管理体制历史演变

（一）20世纪50年代至1978年——统一化管理阶段

1. 管理主体和经营模式

1949年（新中国成立）至1978年（改革开放），我国著名的风景区、名山大川基本上隶属于省级政府管理，实行的是国有工业企业那种在政府部门直接指挥管理下的国有国营模式。如庐山、峨眉山、泰山、黄山等。这实际上是沿袭了苏联的模式，即一切自然与文化资源均归国家所有，完全由政府管理、政府接待、政府保护，其管理经费与员工开支全部由国家包揽，这一模式排斥任何形式的市场经营。这是高度集权的行政指令式计划经济模式在遗产管理中的表现。

2. 管理制度（法律法规）

新中国成立以后，我国的文物保护得到了极大的重视，文物保护越来越完善。先后出台了《关于文物遗址及古墓葬调查、发掘暂行办法》、《关于保护文物建筑的指示》、《关于名胜古迹管理的职责、权利分担的规定》、《关于保护地方文物名胜古迹的管理办法》、《文物保护管理暂行条例》等。在这个阶段，关于文物保护的法规、条例很多，但是却没能出台一部真正保护文化遗产的法律，而且关于自然遗产保护的法律、法规几乎为零。

（二）1978年至20世纪90年代——规范化管理阶段

1. 管理机构

1980年开始实行分灶吃饭的分权体制，这实际上是行政分权。我国从1979年开始建立风景名胜区管理体系，1985年，国务院颁布了《风景名胜区管理暂行条例》，其中第5条规定："风景名胜区依法设立人民政府，全面负责风景名胜区的保护、利用、规划、建设。风景名胜区没有设立人民政府的，应当设立管理机构，在所属人民政府领导下，主持风景名胜区的管理工作。设在风景名胜区内的所有单位，除各自业务上级主管部门领导外，都必须服从管理机构对风景名胜区内的统一规划和管理。"根据这项规定，各地方相继制定了一些地方性法规，并根据具体情况设立了景区管理机构。根据此项管理条例，景区管理体制主要有以下两种：①设立风景区人民政府，如张家界的武陵源区人民政府；②设立风景区管理委员会。

2. 经营模式

1978年改革开放以后，我国逐步开始由计划经济向市场经济转变，这一时期正处于我国经济体制转型的初期，遗产景区的经营模式主要有两种：一类是由政府直接管理的事业单位，政府领导往往兼任景区领导，我国的大部分世界遗产经营管理均属于这种方式。政府直管在实践中具体又要分为遗产所在地政府直管和上级政府直管两种情况。二类是实行事业单位企业管理。政府、景区管委会和旅游公司领导交叉任职。在我国世界遗产的管理中，黄山和峨眉山就采用了这种方式。

这种体制模式在我国旅游发展的前期，对旅游资源的开发和保护、旅游景区的建设和管理，以及旅游产业的发展，起到了重要的推动作用。但随着旅游产业的不断发展和国家改革开放的不断深入，这种国有国营的体制的弊端也越来越明显：资金不足不仅影响资源的开发建设进程，使景区开发建设严重滞后，阻碍了旅游产业和地方经济发展，而且也影响了对资源保护、生态环境建设的投入；规划管理水平不高，影响了资源的有效保护和合理利用，降低了旅游景区应有的品位；景区管理部门大锅饭的体制、机制，影响了旅游景区发展的活力和旅游服务质量的提高；政事不分，政府部门自身对其归口管理的事业单位实施监督，影响了监督的有效性、公正性，等等。

3. 管理制度（法律法规）

1978年改革开放以后，我国进一步加强了有关自然文化遗产的立法，1982年，出台了第一部关于文物保护的法律《中华人民共和国文物保护法》，接着又于1989年发布了《中华人民共和国水下文物保护管理条例》，对文物各个方面进行全面的保护；1984年，《中华人民共和国森林保护法》的出台第一次涉及了自然遗产保方面的内容，1985年出台的《风景名胜区管理暂行条例》是第一部专门针对旅游风景区的法规，1989年出台的《中华人民共和国环境保护法》也涉及了有关自然遗产保护的规定。但是，仍然没有出现专门针对自然遗产和文化遗产保护的法律法规。

（三）20世纪90年代至今——多样化管理阶段

1. 管理机构

根据《风景名胜区管理暂行条例》第四条的规定，城乡建设环境保护部（今住房和城乡建设部）主管全国风景名胜区工作，地方各级人民政府主管本地区的风景名胜区工作。根据《自然保护区管理条例》第八条，"国家对自然保护区管理实行综合管理和分部门管理相结合的管理体制"。其中，"国务院环境保护行政主管部门负责全国自然保护区的综合管理；国务院林业、农业、地质矿产、水利、海洋等有关行政主管部门在各自的职责范围内，主管有关的自然保护区"。根据《森林公园管理办法》第三条，林业部主管全国森林公园工作，县级以上人民政府林业主管部门主管本行政区域内的森林公园工作。

由此可知，我国的自然遗产划归住房和城乡建设部管理，文化遗产的管理则归国家文物局负责，而旅游、林业、环保甚至水利等很多部门在这些遗产地又享有各自的管理权。这样就出现了一种条条块块多重管理的局面。一方面，国家风景名胜区、国家保护区和历史文物遗迹等单位要受到上级主管部门的控制，即所谓条条管理。这些部门作为政府规制机构，行使行业规划、负责颁布行业法规和管理条例并负责监督执行等职责；另一方面，这些经营单位往往还要受到地方部门的控制，即块块管理。实际上，条条控制与块块管理并存是改革开放后中央不断向地方放权这种大趋势下的结果（图2-1）。

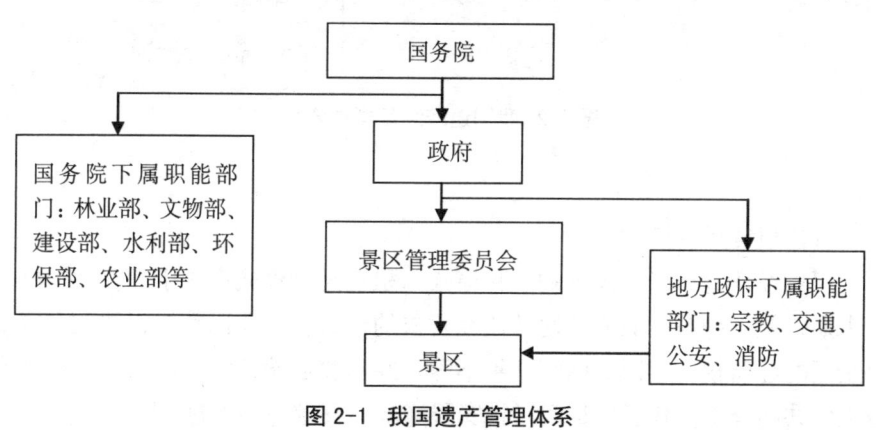

图2-1 我国遗产管理体系

2. 经营模式

20世纪90年代以来,随着市场经济体制的逐步确立,我国遗产旅游地的经营市场化程度不断提高,景区的所有权和经营权逐渐分离,景区的经营模式也不断创新、发展与完善。依据景区的经营主体是否为企业,或者说是否由独立的市场主体经营,可将景区的经营模式主要分为两大类:"企业经营型"和"非企业经营型"。其中企业经营型包括租赁经营模式、乡镇企业经营模式、上市公司经营模式、非上市股份公司经营模式;"非企业经营型"又包括职能部门经营模式、地方政府执行机构经营模式和事业单位经营模式(图2-2)。

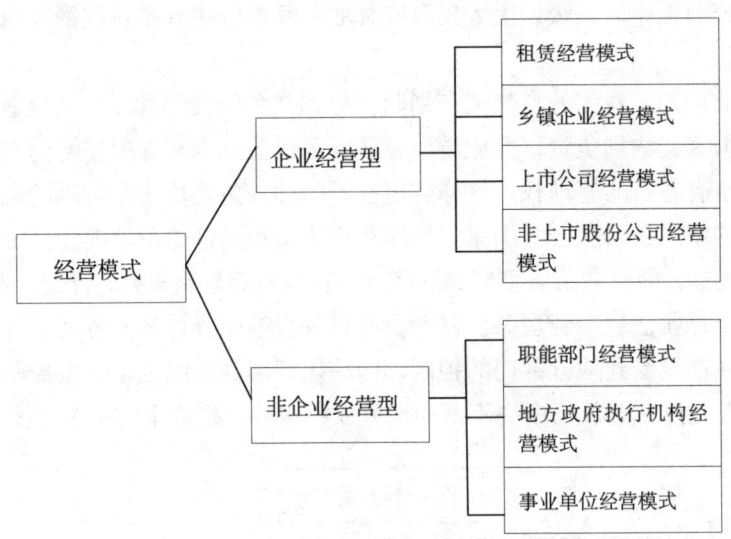

图2-2 我国遗产经营模式分类

(1) 租赁经营模式

租赁经营是市场化经营的一种模式,租赁经营模式产生于20世纪90年代末期,是一种典型的遗产地转让经营权的模式。企业以整体租赁的方式取得景区的经营权,年限30到70年不等,经营收益按约定比例由景区相关利益主体共同分享。代表地是四川雅安碧峰峡,安徽黔县宏村。

(2) 上市公司经营模式

上市公司经营模式产生于20世纪90年代，借鉴了企业改制中"所有权与经营权分离"、"股份公司上市筹资"等模式。是指旅游景区经营企业经过股份制改造上市以后，受景区管理机构的委托，代理经营包括景区门票在内的一切旅游业务，成为景区内唯一负责旅游经营的机构，对旅游景区实行垄断性经营的方式。采用这种模式进行经营的旅游景区，其所有权代表是景区管理机构，其经营权由景区管理机构委托给了景区上市公司。景区上市公司统一负责景区旅游资源的开发利用，而资源的保护工作由景区管理机构承担。这一模式是典型的景区管理权与经营权、开发权与保护权"四权"完全分离的景区经营模式。代表地是黄山和峨眉山。

(3) 非上市股份公司经营模式

这一模式的特点是景区实行企业化经营，其经营主体是未上市的股份制企业，它可以是国有股份制企业，也可以是国有与非国有参与的混合股份制企业。在这一模式中，景区的所有权与管理权分离，但遗产经营权与保护权统一。景区的所有权代表是地方政府派出的景区或旅游区管理委员会等机构，景区经营由政府委托给股份制企业；这个股份制的景区经营企业既负责景区遗产的开发，又负责遗产的保护。其代表性景区有山东青岛琅琊台景区、山东曲阜孔府、孔林、孔庙景区。

(4) 乡镇企业经营模式

此模式中遗产旅游地管理主体为地方政府，经营主体是政府主导下的乡镇企业，乡镇企业的组织形式主要包括：镇办企业、乡办企业和村办企业。如安徽西递、江苏周庄，分别由村办的西递旅游服务公司、镇办的江苏水乡周庄旅游股份有限公司经营。模式的旅游投入以地方资金为主，政府在旅游地的发展规划与管理方面起主导作用，本地居民参与程度较高。

(5) 非企业经营模式

非企业经营型模式是一种传统的遗产地经营模式。这种模式中，遗产地的经营主体和管理主体相同，可以分为以下三种：一是职能部门经营模式，由旅游、城建、园林、文物等管理部门或其下属的管理机构负责遗产旅游地的经营，如北京故宫、颐和园等；二是地方政府执行机构经营模式，政府设立专门机构如管委会（管理局）对遗产旅游地进行经营和管理，如江西庐山。三是事业单位经营模式，如周口店"北京人"遗址。

3. 管理制度（法律法规）

20世纪90年代以后，我国遗产保护和管理方面的法律法规进一步发展，现行的自然遗产保护法律体系主要可以分为以下几个层次：第一，《宪法》中的相关法律规范。例如《宪法》第二十二条第二款规定："国家保护名胜古迹、珍贵文物和其他重要历史文化遗产。"该条从宪法的高度规定了对文化遗产的保护原则。第二，普通法律与行政法规。我国制定的与保护遗产有关的法律法规主要有《环境保护法》、《城市规划法》、《文物保护法》及其实施细则、《森林法》、《自然保护区条例》、《风景名胜区条例》等。第三，地方制定的相关世界遗产保护的地方性法规与规章。例如《四川省世界遗产保护条例》、《福建省武夷山世界文化和自然遗产保护条例》、《湖南省武陵源世界自然遗产保护条例》等。

三、风景名胜区管理体制历史演变

（一）我国风景名胜区概况

风景名胜区，是指具有观赏、文化或者科学价值，自然景观、人文景观比较集中，环境优美，可供人们游览或者进行科学、文化活动的区域。我国地域广阔，历史悠久、奇美的山川和悠久的历史文化形成了众多的风景名胜区，成为海内外游人的旅游胜地（张平、李向东、吴敏，2001）。截止到2011年，国务院一共审批通过了7批国家级风景名胜区，现在我国已拥有国家级风景名胜区208处（图2-3），省级风景名胜区698处。我国的国家级风景名胜区基本上呈三级阶梯分布（图2-5），其中长江流域的省市风景名胜区数量最多（11～18个），华北和中部地区的风景名胜区数量次之（5～10个），西北和东北地区省市的风景名胜区最少（4个以下）。风景名胜区数量排名前十的省份有：贵州、浙江、福建、四川、湖南、江西、云南、安徽、河南、辽宁和广东（图2-4）。

我国的风景名胜区可以分为14类,包括历史圣地类、山岳类、岩洞类、江河类、湖泊类、海滨海岛类、特殊地貌类、城市风景类、生物景观类、壁画石窟类、纪念地类、陵寝类、民俗风情类及其他类等,几乎涵盖了所有地貌景观类型,体现了中国自身的历史文化特色,是世界上风景资源最丰富的国家之一。

风景名胜区具有以下特点:①空间或地域范围确定,通常以门票确定其管辖范围。②具有科研、教育、休闲、经济开发等多种功能,主体功能取决于其资源的类别,如遗产类、自然保护区类的风景名胜区,其经济功能更多地表现为一种附属性功能。③具有相关的服务设施和旅游活动项目。使风景名胜资源成为可以交换的旅游产品供游客享用。④具有统一的管理机构。可能是政府机构或者是具有部分政府职能的事业单位,也可能是独立的法人企业。

1978年改革开放以来,风景名胜区事业进入有史以来发展最快、变化最大。受全社会关注程度最高的时期。风景名胜区对国民经济和社会发展的贡献和作用越来越大,基础设施总量和管理水平越来越高,对地方经济的拉动作用越来越强,与人民群众的物质文化生活的关系越来越密切。

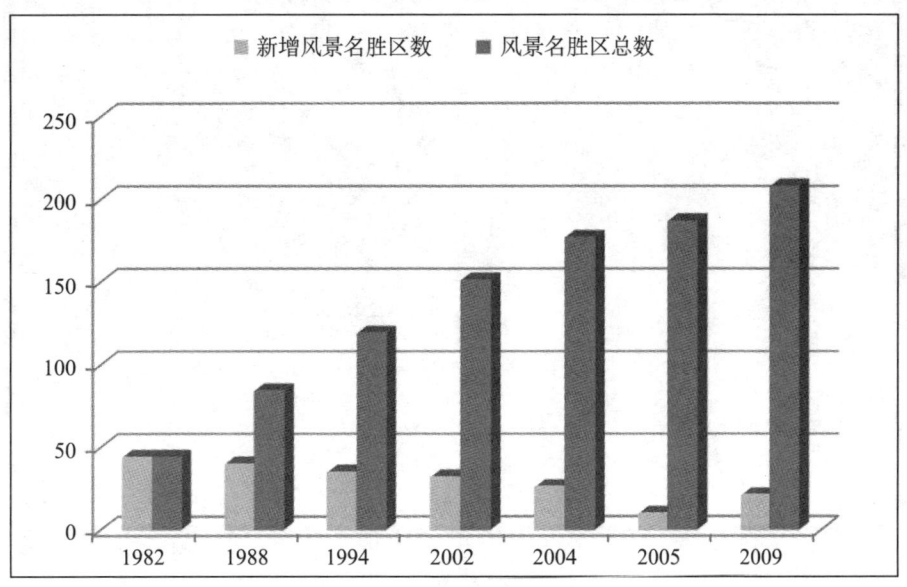

图 2-3 国家级风景名胜区发展情况

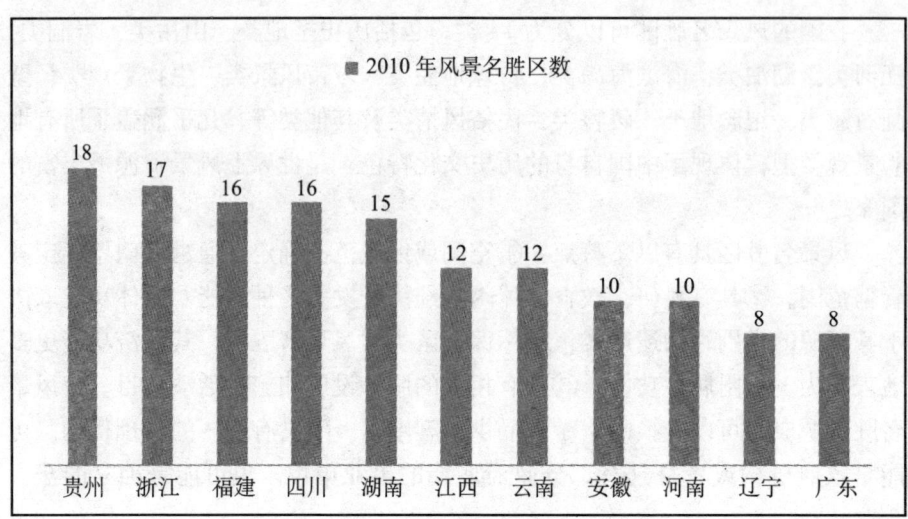

图2-4 风景名胜区排名前十的省市

图2-5 全国风景名胜区数量分布及梯度

(二)风景名胜区管理模式演变历程

风景名胜区作为旅游的核心要素,随着国家对外开放、旅游产业的恢复和迅速发展而发展起来。比照旅游业管理体制的探索道路,风景名胜区管理体制也经历了由传统管理体制向新体制变革和转换的过程。回顾这一改革创新的过程,根据改革的内容和改革的成果将其分为三个阶段。

1. 1949—1978 年:松散管理阶段

(1) 时代背景

自 1949 年起,中国在经历了三年经济恢复时期以后,开始了建设社会主义的历程。从第一个五年计划到 1978 年的 20 多年间,受前苏联计划经济模式的影响,我国经济发展模式的一个根本特点就是全部的经济增长和经济发展都是在计划经济的模式下取得的。再加上 1967 年至 1977 年"文化大革命"的影响,中国各方面的事业都遭受了巨大的损失。

(2) 风景名胜区状况

由于"文化大革命"造成的严重创伤,各地风景名胜满目疮痍,宝贵的资源遭到严重破坏:一是自然资源破坏严重。有的风景名胜区开山采石,破坏山体;有的风景名胜区围湖造田,湖泊淤塞,水体污染;有的风景名胜区放火烧荒,水土流失;有的风景名胜区树木被盗伐,甚至大规模地砍伐原始森林,成片山林被"剃光头"。二是人文资源遭到浩劫。在"文化大革命"中,有的风景名胜区文物古迹被毁,碑刻塑像被砸,寺庙古建被拆,破坏相当严重,损失无法弥补。

(3) 管理体制特征

在改革开放以前,我国并没有真正设立国家级和省(市)级风景名胜区,大部分风景名胜资源都隐藏在高山、湖海、江河之中,处于无人监管的状态。这段时间,我国的风景名胜区处于松散管理阶段。

2. 1979—1994 年:属地管理阶段

(1) 时代背景

1978 年 12 月,党的十一届三中全会做出了把工作重点转移到社会主义现代化建设上来的决定，并提出了改革经济体制的任务，这标志着我国开始了由计划经济向社会主义市场经济过渡的历史过程，中国各方面的事业开始进入正规化的发展阶段。

(2) 风景名胜区状况

1979年，国家城市建设总局以 [1979] 城发园字 39 号文件提出建立国家风景名胜区体系，同年，国务院以国发 [1979] 70 号文件予以明确，提出风景名胜区的维护与建设由城市建设部门归口管理。我国风景名胜区由此诞生，并且纳入了国家管理系统，结束了长期缺乏组织领导的状况。从 1982 年开始，国务院审定批准了八达岭、泰山、黄山、峨眉山等首批 44 个国家级风景名胜区，以此为开端，风景名胜区的队伍开始逐步壮大，风景名胜事业开始得到较快发展。到 1994 年 3 月 4 日，《国家风景名胜区形势与展望》绿皮书诞生。这是一个指导风景名胜区的发展和保护，号召全社会支持风景名胜区事业，共同保护好人类自然文化宝贵遗产的一个纲领性文件，它的诞生具有划时代的伟大意义。至此，我国风景名胜区体系和管理体制初步形成。截止到 1994 年，我国共有风景名胜区 512 处，面积约为 9.6 万平方公里，约占国土总面积的 1%。其中，国家级风景名胜区 119 处，省市级风景名胜区 393 处。

(3) 管理体制特征

根据《风景名胜区管理暂行条例》第四条和第五条的规定，城乡建设环境保护部主管全国风景名胜区工作。地方各级人民政府城乡建设部门主管本地区的风景名胜区工作。风景名胜区依法设立人民政府，全面负责风景名胜区的保护、利用、规划和建设。由此可以看出，我国风景名胜区管理体制的主要特点就是属地管理，风景名胜区管理的权力主要集中在地方。具体来说，这一阶段，我国风景名胜区的管理主要发生了以下三大变化：

① 建立了具有中国特色的风景名胜区体系和管理机构，初步完成了我国风景名胜资源由松散管理向国家规范化管理（主要表现为属地管理）的转变。

② 建立了国家风景名胜区的法规体系和一系列政策方针，初步完成了我国风景名胜区由粗放管理向法制化、制度化管理的转变。

③ 建立了国家风景名胜区的保护和规划机制，初步完成了我国风景资源由清洁保护向科学规划和系统保护的转变。

(4) 相关事件与政策

相关事件与政策见表 2-3。

表 2-3 1979—1994 年我国风景名胜区相关事件与政策

年份	标志性事件	重大政策
1978—1984 年	1979 年 4 月在杭州召开了全国自然风景区座谈会，确定了我国自然与文化遗产资源管理的区划名称——"风景名胜区"	1978 年，国务院在城市工作会议上要求加强风景名胜区和文物古迹的管理。之后，国家建委提出建立全国风景名胜区体系，实施分级管理
	1982 年 1 月 18 日，国务院批转城乡建设环境保护部、文化部和国家旅游局《关于审定第一批国家重点风景名胜区的请求》，审定公布了第一批国家重点风景名胜区，共 44 处	1981 年 3 月 17 日，国务院批转国家城建总局、国务院环境保护领导小组、国家文物局、旅游总局《关于加强风景名胜保护管理工作的报告》
1985—1989 年	1988 年 8 月 1 日，国务院批转建设部《关于审定第二批国家重点风景名胜区的请求》，审定公布了第二批国家重点风景名胜区，共 40 处	1985 年 6 月 7 日，国务院发布《风景名胜区管理暂行条例》
	1988 年 12 月 31 日，中国风景园林学会成立	1987 年 6 月 10 日，城乡建设环境保护部发布《风景名胜区管理暂行条例实施办法》
	1989 年 3 月 24 日，中国风景名胜区协会成立	
1990—1994 年	1990 年 9 月 3 日，建设部发布中国国家风景名胜区徽志	1992 年 9 月 3 日，国务院办公厅转发建设部《关于加强风景名胜区工作的报告》
	1992 年 4 月 22 日至 25 日，建设部召开第一次全国风景名胜区工作会议	1992 年 11 月 16 日，建设部发布《风景名胜区环境卫生管理标准》
	1994 年 1 月 10 日，国务院审定公布第三批国家重点风景名胜区，共 35 处	1993 年 12 月 20 日，建设部印发《风景名胜区建设管理规定》
	1994 年 3 月 4 日，建设部发布《中国风景名胜区形势与展望》绿皮书	1994 年 11 月 14 日，侯捷部长签发部长令，发布《风景名胜区管理处罚规定》

3. 1995 至今：属地管理＋企业化经营阶段

（1）时代背景

1992 年 10 月，十四大确定以建立社会主义市场经济为社会主义经济体制的目标模式。至此，中国进入了具有中国特色的社会主义市场经济时代。十四大报告强调，必须"坚持以公有制为主体、多种经济成分共同发展的方针。在积极促进国有经济和集体经济发展的同时，鼓励个体、私营、外资经济发展，并依法加以管理。"此后各种个体、私营、外资企业开始进入中国，渗透到各个行业。

(2) 风景名胜区状况

随着国内旅游的迅猛发展，全国很多省市将旅游业作为支柱产业、重点产业和先导产业。而风景名胜区事业也得到了迅速发展。从1995年至今，国务院又先后公布了四批国家级风景名胜区，分别是：2002年5月17日公布的第四批国家级风景名胜区，共32处；2004年1月13日公布的第五批国家级风景名胜区，共26处，2005年12月31日公布的第六批国家级风景名胜区，共10处；2009年12月28日公布的第七批国家级风景名胜区，共21处。截至2010年，我国共有国家级风景名胜区208处，其中22处被列入联合国教科文组织《世界遗产名录》，省级风景名胜区达698处。

(3) 管理体制特征

大部分风景名胜区仍然保留着属地化的管理体制和政企合一的经营方式。但是，随着中国特色社会主义市场经济体制的确立，"企业化浪潮"席卷全国，各大风景名胜区也开始引入"企业化"经营模式，主要表现为三种：

第一种是1996年出现的风景名胜区资源上市经营。1996年，张家界旅游开发股份公司在深圳证券交易所挂牌交易，这是我国第一家景区类上市公司。截至2003年，在深沪证券交易所上市的景区公司共有五家，它们分别是张家界、黄山旅游、泰山旅游、峨眉山、桂林旅游。

第二种是省政府背景的旅游公司取得景区主要经营权（包括门票专营权）。如1999年陕西省文化和自然遗产单位的"改革模式"，故有人称"陕西模式"。

第三种是景区整体经营权长期转让给营利性公司。1997年，湖南省就分别以委托经营和租赁经营的方式出让了张家界黄龙洞和宝峰湖的经营权。2001年，四川省旅游部门向海内外宣布出让包括九寨沟、三星堆遗址、四姑娘山、稻城山亚、青城山磁悬浮旅游列车工程等在内的十大景区经营权。

(4) 相关事件与政策

相关事件与政策见表2-4。

表 2-4 1995 年至今我国风景名胜区相关事件与政策

年份	标志性事件	重大政策
1995—2000 年	1996 年,张家界旅游开发股份公司在深圳证券交易所挂牌交易,成为我国第一家景区类上市公司	1995 年 3 月 29 日,建设部发布《风景名胜区安全管理标准》
	1996 年 11 月 18 日,由黄山旅游发展总公司独家发起,正式成立了黄山旅游发展股份有限公司。同年 11 月 22 日,黄山旅游 8000 万 B 股成功上市	1995 年 3 月 30 日,国务院办公厅印发《关于加强风景名胜区保护管理工作的通知》
	1997 年,湖南省分别以委托经营和租赁经营的方式出让了张家界黄龙洞和宝峰湖的经营权	1996 年 11 月,建设部发出了《关于开展创建文明风景名胜区活动的通知》,并制定了《文明风景名胜区标准》
	1997 年 9 月 11 日,建设部授予黄山、峨眉山、庐山、泰山、鞍山千山、普陀山、本溪水洞七个风景名胜区"文明风景名胜区"的称号	1999 年 3 月 27 日,建设部在安徽合肥市召开风景名胜区工作座谈会。建设部副部长赵宝江说部党组已决定暂停风景名胜区股票上市
	1998 年 1 月,雅安市与民营企业万贯集团签订了碧峰峡景区经营权的转让协议,政府把经营权"下放"给了企业,成就了"碧峰峡"模式	2000 年,建设部副部长赵宝江在全国风景名胜区工作会议上指出:风景名胜区核心景区内不准规划建设宾馆、招待所、各类培训中心及疗养院(所),未经审批不准新建和复建各类宗教建筑,不得随意建造各种人造景观、游乐园
2001—2005 年	2001 年,四川省旅游部门向海内外宣布出让包括九寨沟、三星堆遗址、四姑娘山、稻城山亚、青城山磁悬浮旅游列车工程等在内的十大景区经营权	2001 年 4 月,建设部和国家环保总局近日联合发出通知要求,作为全国风景名胜区总体发展的一项重要工程,在国家重点风景名胜区全面开展创建 ISO 14000 国家示范区活动
	2002 年 10 月,方山县人民政府通过签订合同的方式,将北武当山风景名胜区的管理权、经营开发权、建设权、使用权、收益权等权利一次性整体出让给北京帅翎贸易有限公司,出让期限为 50 年	2002 年 3 月,建设部在《关于对四川省风景名胜区出让、转让经营权问题的复函》中指出,任何地区、部门都没有"将风景名胜区的经营权向社会公开整体或部分出让、转让给企业经营管理"的权利

续表

年份	标志性事件	重大政策
2001—2005年	2003年3月11日,《国家重点风景名胜区标志、标牌设立标准》开始试行	2002年8月,建设部在"全国城乡规划和风景名胜区保护工作"电视会议上特别强调"严禁以任何名义和方式出让或变相出让风景名胜区资源及其景区土地";风景名胜区管理机构必须实行政企分开,管理机构的职责是保护资源,执行规划,不得将景区规划管理和监督的责任交由企业承担
	2004年2月,建设部启动国家重点风景名胜区监管信息系统,对全国重点风景名胜区实行卫星遥感监测	2005年9月,建设部在全国风景名胜区综合整治暨风景名胜区纪检监察工作会议上划出四条底线,一是政府的行政管理职能不能有任何削弱,更不能做任何转移,风景名胜区不能交给企业管理。二是绝不能在核心景区推行任何实质性的经营权转让。三是对已经开发、成熟的景点以及其他重要的景点,不允许转让其经营权。四是风景名胜区的门票不能让公司垄断,或者捆绑上市
	2004年11月,北京拟对八达岭长城、故宫博物院、颐和园、天坛、定陵、长陵等六处世界遗产提高门票价格	2005年《国家发展改革委关于进一步做好当前游览参观点门票价格管理工作的通知》既强调门票价格应充分体现公益性,又规定同一门票价格上调频率不得低于3年,并按门票价格高低,明确限制了提价的最高幅度
2006—2010年	2006年9月,国务院发布《风景名胜区条例》	2006年5月,建设部日前发出《关于严格限制在风景名胜区内进行影视拍摄等活动的通知》,要求严格限制在风景名胜区内进行影视拍摄等活动
	2006年,建设部发出了《关于进一步做好创建文明风景名胜区活动的通知》,并制定了《文明风景名胜区标准(修订稿)》	2007年11月,建设部近日出台了《国家级风景名胜区监管信息系统建设管理办法(试行)》

4. 风景名胜区历史发展规律

(1) 政府在风景名胜区的崛起中起了决定性的作用

在风景名胜区发展的前期,风景名胜区满目疮痍,无人监管,1978年改革开放之后,在政府的领导下,建立了具有中国特色的风景名胜区体系和管理机构,并通过一系列的法律法规和方针政策,指引了风景名胜区发展的方向，从此，风景名胜区走上了规范化管理的道路，风景名胜区事业逐步繁荣。显然，政府在中国风景名胜区的崛起中起了决定性的作用。

（2）企业（市场）在风景名胜区的蓬勃发展中起了很大的推动作用

进入20世纪90年代以后，随着中国特色社会主义市场经济体制的确立，"企业化"浪潮席卷全国，企业成为了风景名胜区事业中的一个活跃的主体，为风景名胜区的管理注入了新鲜的血液。在多种经济体制共存的背景下，风景名胜区企业的市场化经营，如上市经营、租赁经营、合作经营、特许经营等为风景名胜区的发展带来了活力，极大地推动了风景名胜区的蓬勃发展。

（3）风景名胜区企业化经营中出现的问题是市场化过程中的必然，也必然会随着市场的成熟而逐步得到改善

虽然企业化的发展极大地促进了风景名胜区事业的发展，但是由于转型过快，在这个过程中也不可避免的会出现一些问题，如风景名胜区的开发与保护的问题，企业与居民利益协调的问题，门票涨价的问题等。一方面，我们要积极采取政策和措施去缓和这些矛盾和问题，另一方面，我们也要认识到这些都是市场化过程中的必然，它必然也会随着市场的成熟而逐步得到解决。

四、森林公园管理体制历史演变

（一）我国森林公园概况

森林公园是指森林景观优美，自然景观和人文景物集中，具有一定规模，可供人们游览、休息或进行科学、文化、教育活动的场所[①]。中国是世界上森林风景资源最丰富的国家之一。为了科学保护和积极利用丰富的森林风景资源，中国林业部门自20世纪70年代末至80年代初开始酝酿推动

---

① 1993年，林业部颁布的《森林公园管理办法》第二条。目前，各级政府审批森林公园时，都是以这个定义为依据的。所以，它又可称之为森林公园的官方定义。一些论著也引用这个定义。

森林公园建设工作，中国于 1982 年建立了第一个国家森林公园——张家界国家森林公园。经过 30 多年的建设，目前已形成以国家森林公园为骨干，国家、省（区）和市（县）3 级森林公园相结合的发展框架，森林公园的分布范围已遍及 31 个省、自治区、直辖市。截至 2010 年，我国已拥有森林公园 2 583 处，其中国家级森林公园 125 处，省（区）级 747 处，市（县）1 149 处。过去的三十多年中，森林公园取得了较快的发展（见图 2-6，图 2-7）。

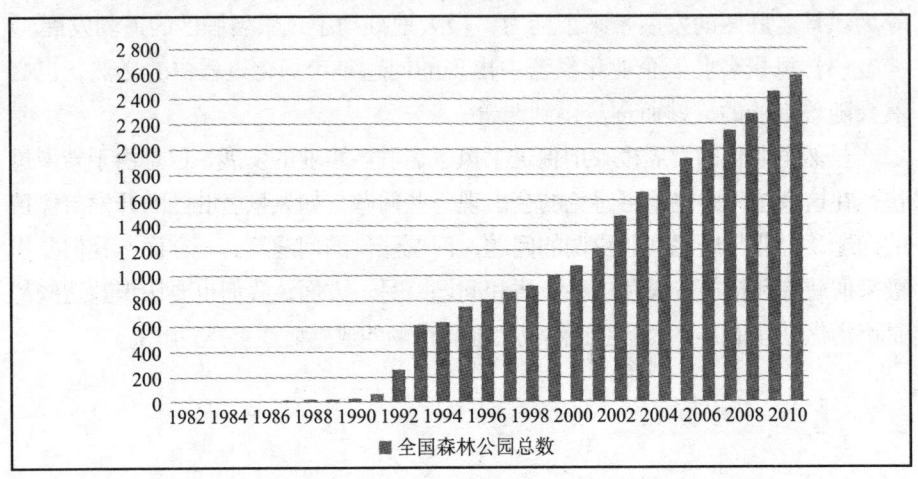

图 2-6　1982—2010 年全国森林公园数目变化情况

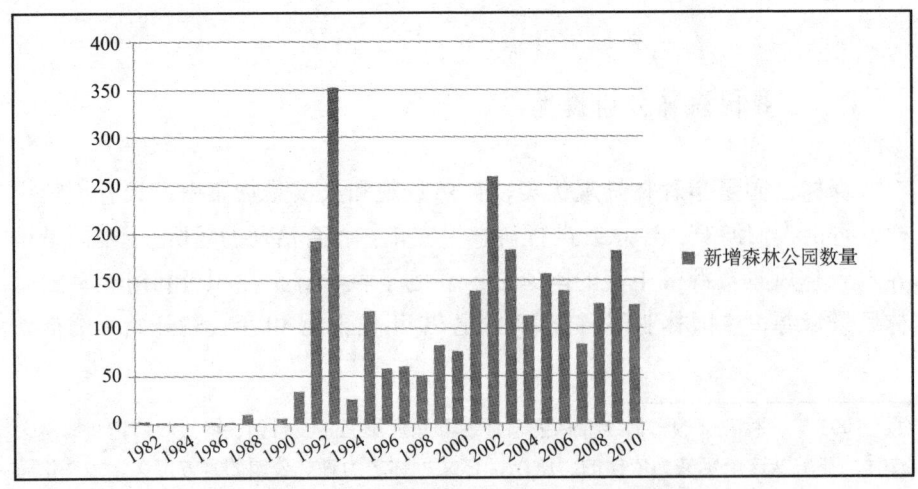

图 2-7　1982—2010 年逐年新增森林公园数目变化情况

由于各区域经济发展水平、认识程度等方面的差异，我国的森林公园分布很不均匀。

森林风景资源（包括生物、地文、水体、天象、人文等资源）种类丰富、品位较高的省份中往往建设了数量较多的国家森林公园。森林公园数量排名前十的省份有：广东、山东、江西、浙江、河南、山西、四川、福建、湖南和黑龙江（见图2-8）。十省合计达1 611个，占全国森林公园总数的约1/3。这说明经过30多年的建设，森林公园事业已具有很大影响力，并得到了各地的充分认可，一些具有丰富、高品位森林风景资源的区域已纷纷纳入到森林公园管理系列中。

重点国有林区所在的省份拥有较大面积的国家森林公园。森林公园面积排名前十的省份有：吉林、黑龙江、内蒙古、西藏、新疆等省（图2-9），这一结果反映了森林公园以丰富的森林资源为依托这一基本理念，也印证了森林公园是中国生态建设和自然保护体系中的重要组成部分这一重要结论。

我国国家级森林公园的分布明显存在着东西三级阶梯，即由西至东依次减少。森林公园较多的省份有黑龙江、山东、湖南、江西和浙江。

一些经济发达省份国家森林公园发展呈现数量多而面积小的局面，如山东、浙江、河南、福建省。与此同时，一些疆域辽阔、资源丰富但经济发展相对落后的省份则呈现出公园面积大而数量少的局面，如西藏、新疆就是典型例子。在经济发达省份，旅游市场基础较好，又能保证较充足的开发投入，并且地方保护珍贵资源的意愿也更迫切，所以更容易引起地方政府的高度重视。

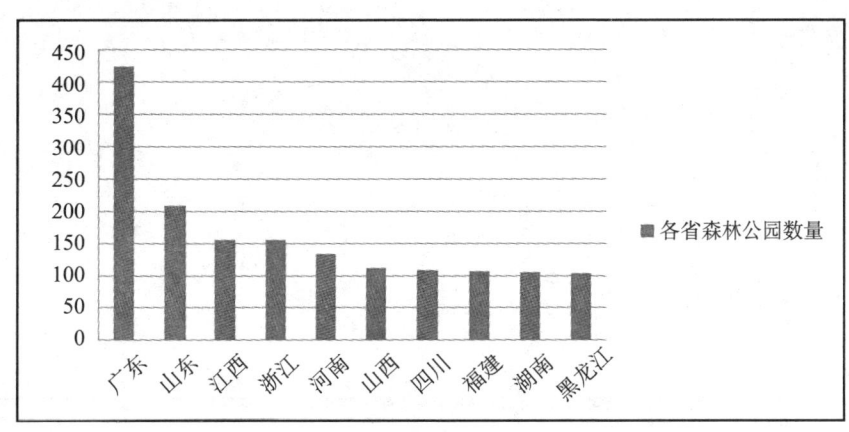

图2-8　2010年森林公园数量排名前十的省份

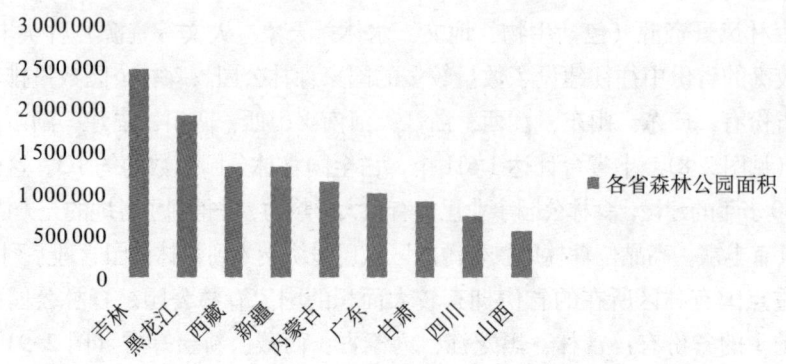

图 2-9　2011 年森林公园面积排名前十的省份

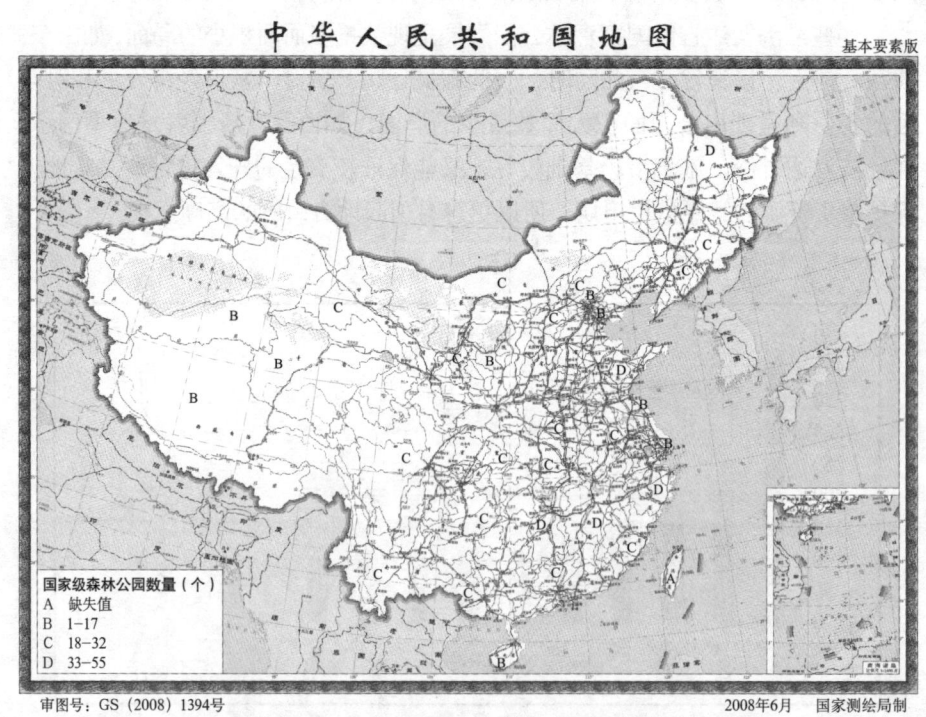

图 2-10　2010 年全国林业系统国家级森林公园数量分布

第二章　中国遗产旅游发展模式与管理体制历史演变

（二）森林公园管理模式演变历程

森林公园管理体制是在一定的社会制度下，国家、地方、主管部门、景区及其内部各层次在森林资源开发与保护中所形成的管理体系、管理机制、管理方法和管理制度的总称。它是森林旅游资源管理形式和制度的具体体现，是通过一定的形式和制度对森林公园进行管理、规范旅游资源所有制实现形式的具体制度，是社会主义经济体制的有机组成部分。随着森林旅游事业的发展，森林公园管理体制也在不断改进和完善。根据我国森林公园的发展历程，森林公园管理体制从总体上可分为四个大的阶段。

1. 1978—1982年：保护兼顾开发的国营林场阶段

（1）时代背景

新中国成立初期，全国实行护林为主的方针，在许多山区实行"封山育林"，使植被得到保护和恢复，森林覆盖率得到提高。随着世界自然保护区管理模式的转变，尤其是受"人与生物圈"保护观念的影响，开始重视保护区休闲功能的发挥，20世纪70年代，由国家批准在自然保护区进行旅游开发。十一届三中全会以来，伴随着我国旅游业的恢复和兴起，自发来自林区旅游的人逐渐增多，我国林区丰富的森林风景资源的开发价值及前景初步得到认识。在以上背景下，我国一些国有林场也开始接待游客。

（2）森林公园发展状况

1981年7月，林业部邀请原国家计委等有关单位召开了森林旅游试点工作座谈会，提出："林业部门应在'以林为主，多种经营'方针指导下，有计划、有步骤地把森林旅游事业开展进来。"会上还选定北京松山、云蒙山林场，湖南张家界、南岳林场，广东流溪河、南昆山、大岭山林场，山东泰山林场等8家林场作为首批森林旅游试点公园。

（3）管理体制特征

这一阶段的森林旅游以接待为主，有的森林风景区只是象征性地征收门票。管理机构实际上是政府机构的附属组织，有关决策往往由政府主管部门决定，工作效率低下。

(4) 标志性事件与政策

相关标志性事件与政策见表 2-5。

表 2-5　1978—1982 年我国森林公园标志性事件与政策

时间	重要事件和政策
1980 年 10 月	林业部发出了《关于风景名胜地区国营林场保护山林和开发旅游事业的通知》，并开始着手组建森林公园，开发森林风景资源
1980 年 8 月	为了充分利用好中国的森林资源，原林业部发出《关于风景名胜地区国营林场保护山林和开展旅游事业的通知》，指出"优美的森林环境为人们游览休憩提供了良好场所"，要求"风景名胜区的国营林场和有条件的自然保护区，可以采取不同形式积极开展旅游事业"。同时，要求"各省、自治区、直辖市对国营林场和自然保护区进行普查，作出开展旅游的计划，并根据条件逐年实施"，开始组建森林公园和开展森林旅游工作。这一举措得到国家纪委、国家旅游局等部门的大力支持
1981 年 3 月	中共中央、国务院发布《关于保护森林发展林业若干问题的决定》，明确规定保护森林发展林业的方针、政策，提出当前林业调整和今后林业发展的战略任务
1981 年	国家计委、国家旅游局等部门专门召开座谈会，积极倡导林业部门兴办森林公园开展森林旅游

2. 1982—1987 年：公益性管理阶段

(1) 时代背景

国营林场历经广大林业职工的悉心管护，已由建场初的荒山秃岭变成郁郁葱葱的森林群体。但由于长期经营单一的木材生产使林场经济缺乏活力和生机，要改变这一状况，就必须转变经营机制，从单一经营的生产型转为开发森林发展旅游业的服务经营型。于是林业分类经营管理思想应运而生。

在林业分类经营思想指导下，本着"积极试点，量力而行"的原则，林业部于 20 世纪 80 年代提出采取中央和地方合资兴办的形式建立森林公园，发展森林旅游业。这一政策尝试不仅改变了传统林业的生产经营结构，建立起新型的生态经济林业经营机制，也强化了林业自我积累、自我发展的运行机制，为林业生产带来巨大的经济效益。在这一政策指导下，我国一批森林景观资源丰富的国有林场转变为森林公园，从事森林旅游业。

(2) 森林公园发展状况

这是森林公园发展的起步阶段。1982 年 9 月，经国家计委批准，我国第一个森林公园——湖南省张家界国家森林公园的建立，开创了在国营林场基础上建立森林公园的先河。之后，中国林业部又采取部省联建的方式先后建立了浙江天童、千岛湖、陕西楼观台、安徽琅琊山等国家森林公园。

在这一阶段，森林公园建设尚处于摸索阶段，影响力较小。6年时间建立了45处国家森林公园，平均每年不到8处。同时，这些公园主要只是作为国营林场的多种经营项目发展，以部省联合的方式进行建设，政府投资力度较大。

在政府的投资支持下，森林公园取得了明显的效果，旅游接待能力提高，森林旅游人数大幅度增加。比如，张家界森林公园旅游人数从1982年的6万人次，上升到1987年的55万人次。这段阶段建立的国家公园后期大部分成为著名的旅游目的地。

(3) 管理体制特征

这一阶段是政府主导的公益性管理阶段。

在国营林场基础上兴建的森林公园，系全民所有制的林业基层事业单位，经营范围不变，实行与国营林场一套班子、两块牌子，行政领导仍属于各级林业（农林）主管部门的管理体制，执行与林场相同的经济政策，林场、公园自主经营、自负盈亏，向自我发展、自我约束的法人实体过渡，有参与市场竞争的义务与权利。

这一阶段的森林公园采取的是省、部共同投资，部门和地方共同管理的体制，即实行业务和行政分离的管理体制，林业主管部门管规划、财务以及景区的保护和开发建设；地方政府管治安、民事以及旅游区管理机构的人事等。这一阶段森林公园的建设保护、管理的经费主要由政府负责，林业部门具体落实，把森林公园建设视为公益性事业，免费或低费向公众开放，以确保森林公园建设长期稳定的发展。

然而，虽然这一阶段在宏观上实行"统一规划，分散经营"的方针，但是业务和行政分离的管理体制，导致了森林旅游区条块分割，各自为政，一些部门为自身利益，相互争资源、争地盘，以建风景名胜区为由（1982年开始建风景名胜区），随意改变风景林场的隶属关系，一些非林业部门、单位擅自进入林场进行旅游开发，任意划走林场的林地，侵犯国营林场的合法权益。在微观上，大多数森林旅游区是边开发、边建设，基本上处于"无规划、无管理"阶段。而且由于政府是旅游资源开发的主要投资者，并实行垄断经营,有限的财政收入往往造成资源开发利用和经营效率低下,随着国民经济的发展和人民生活水平的提高,对旅游需求不断扩大,人们对旅游资源的需求和旅游资源开发供应之间产生突出的矛盾。因此,必须进行森林公园管理体制的改革,由具有一定资质的企业集团参与森林公园的开发。

(4) 标志性事件与政策

相关标志性事件与政策见表2-6。

表2-6　1982—1987年我国森林公园标志性事件与政策

时间	重要事件和政策
1980年10月	林业部发出了《关于风景名胜地区国营林场保护山林和开发旅游事业的通知》,并开始着手组建森林公园,开发森林风景资源
1982年9月	经国家计委批准,林业部建立了我国第一个森林公园,即张家界国家森林公园
1984年	林业部相继批建了陕西楼观台、浙江天童、广东流溪河、安徽琅琊山、广东沙头角等森林公园
1987年8月19日	国务院决定,将原由林业部负责的大兴安岭林业管理局的企业管理职权委托给黑龙江省代管,成立大兴安岭林业公司,实行政企分开、计划单列和投入产出包干

3. 1987—1998年:企业化经营阶段

(1) 时代背景

经过前一阶段的实践,建设森林公园、发展森林旅游所产生的经济、生态、社会效益及其强劲的带动作用为社会各界所认同。

(2) 森林公园发展状况

这一阶段的森林公园在发展速度上具有明显的阶段性:

① 平稳发展阶段(1987—1991年)

这个阶段中,国家森林公园发展平稳,4年时间里共批建国家森林公园53处,平均每年批建数量不到14处。省级、市(县)级森林公园数量稳步增长。到1991年年底,全国森林公园数量达到63处,其中国家级森林公园26处。

② 快速发展阶段(1991—1993年)

1992年,原林业部在大连召开了全国森林公园及森林旅游工作会议,部批森林公园136处，各地批20处，总面积1 000万亩。并下发《关于加快森林公园建设的决定》的通知，要求凡森林环境优美，生物资源丰富，自然景观和人文景观比较集中的国有林场都应建立森林公园。1992年，邓小平同志南巡讲话后，国家作出了大力发展第三产业的决定，旅游业的巨大作用被社会认可。

在这两种力量的巨大驱动下，在全国掀起了森林公园建设高潮，在短短3年时间内，共批建了218处国家森林公园，平均每年70余处，相当于前九年批建总数的近14倍。加上各省批建的省级森林公园，到1993年底，全国森林公园总数达608处。

③ 趋缓阶段（1993—1998年）

经过前3年的急速发展，这个阶段中森林公园的数量增长明显趋缓，5年时间里共批建国家森林公园312处，省级、市（县）级森林公园数量稳步增长。到1998年年底，全国森林公园数量达到920余处，其中国家级森林公园295处。

这一阶段趋缓的发展速度是在上述特定的历史条件下形成的，它对森林公园事业的成长产生了有利、不利两方面的影响：

有利方面是，在这个阶段中，初步建立了以国家级森林公园为骨干，省级、市县级森林公园为基层的全国森林公园发展网络，使森林公园体系在短期内形成了较大规模，并且形成了较强的社会影响力，确立了该项事业在自然资源保护和林业产业发展中的重要地位。同时，森林公园的各项行业管理工作得到了全面加强，形成了行业管理的基本框架。此外，在此期间，有多所林业院校相继设置了森林旅游专业或开设了森林旅游、森林游憩课程，为中国森林公园建设和森林旅游业的发展培养了大批后备人才。

不利方面是，在法规、政策、标准不健全的情况下，许多森林公园在开发旅游资源时，缺乏深入的调查研究和全面的科学论证、评估与规划，有匆忙开发的现象。特别是新建的森林公园，开发者急功近利，在缺少必要论证与总体规划的条件下，便盲目地进行探索式、粗放式的开发，一些森林旅游区未经审批进行了大量设施建设，重开发、轻保护，造成许多不可再生的珍贵旅游资源的损害与浪费。例如，被誉为"童话世界"的九寨沟，由于上游和周边森林大面积砍伐，使这里原湖泊水位每年降低6～30厘米，致使黄龙钙化堤已开始退化、变色。有关部门为了大量揽客，在九寨沟内大量建造宾馆，严重破坏了景观的自然氛围（龚雪辉，1998）。这种忽视质量的急速增长导致森林公园的资源品位难以得到保证，造成了森林公园队伍中资源质量良莠不齐的情况，给后来的行业管理工作带来了较大的困扰。

(3) 管理体制特征

1987 年，随着国家投资体制的改革，林业部实行新的国营林场、苗圃会计制度，部分林场自收自支，其余林场差额补贴。全部实行企业化管理，资金变为有偿使用，除了继续给予税收政策优惠外，提供了部分贴息贷款。与林场类似，国有林场型森林公园也实行企业化管理。行政法规赋予了森林公园管理机构统一管理景区的权力，但对管理经费的来源却没有明确规定。随着国家投资体制的改革，政府对森林公园的投资比例越来越少，比如，林业部对全国森林公园的投资从 20 世纪 80 年代的年均 400 万元，下降到 1994 年的 200 万元。

由于缺乏充足财政资金的支持，森林公园开始多渠道、多层次、多方式积极引资、集资。森林公园虽然属于事业单位，却逐步实行企业化经营，实行"独立核算，自负盈亏"。但由于许多地区森林公园处于发展初级阶段，筹措资金能力差，主要依靠林场的林产品收入和多种经营收入来筹措资金，而且由于有林产品收入，森林旅游区开发旅游的积极性不是很高，并存在等、靠、要资金的思想，许多森林公园批建多年仍不能开园。只有个别森林旅游区开始成立旅游公司，并实行与管理机构一套人马、两块牌子、分开核算的方式运行。

(4) 标志性事件与政策

相关标志性事件与政策见表 2-7。

表 2-7 1987—1998 年我国森林公园标志性事件与政策

事件	重要事件和政策
1991 年 12 月 14 日	国务院正式批准在东北、内蒙古国有林区组建四个企业集团
1992 年 7 月	原林业部正式成立了林业部森林公园管理办公室，各省、市、自治区也相继组建了森林公园管理机构
1992 年 8 月	林业部召开全国森林公园暨森林旅游工作会议。指出利用森林风景资源兴建森林公园、开展森林旅游是深化林业改革、扩大林业对外开放、加速国有林业发展的重大措施。并发出了《关于加快森林公园建设的通知》，提出了全国森林公园建设的原则

续表

事件	重要事件和政策
1993年	7月17日，经国家计委、国家体改委、国家经贸委批准，中国龙江森林工业集团正式成立；11月4日，经国家计委、国家体改委、国家经贸委批准，中国吉林森林工业集团正式成立；11月30日，经国家计委、国家体改委、国家经贸委批准，中国内蒙古大兴安岭森林工业集团正式成立
1993年11月	中国林学会成立了森林公园与森林旅游分会，开展学术研究与经验交流
1994年1月	原林业部发布实施了《森林公园管理办法》，规范了森林公园的审批程序，明确了林业部门是森林公园管理和经营的主体。这是目前我国森林公园建立和管理方面第一部部门性规章
1994年12月	原林业部组织成立了"中国森林风景资源评价委员会"，规范了国家森林公园的审批程序，加强了审批过程的技术支撑
1994年12月	林业部组织成立了中国森林风景资源评价委员会，聘请专家参与森林风景资源的保护利用和森林公园的开发建设工作
1995年6月28日	湖南省发布实施了全国第一部森林管理的地方性法规《湖南省森林公园管理条例》，并制定了与之配套的7个行政规章，依法建园、依法治园工作得到了加强。此后，山西、湖南、广东、贵州、四川和福建省先后出台了省级森林公园管理办法或条例
1996年1月	原林业部颁布了《森林公园总体设计规范》（LY/T5132—95），为森林公园的总体规划设计提供了行业标准，对我国森林公园建设走向科学化、规范化和标准化起到了积极的推动作用
1998年3月10日	九届全国人大一次会议通过国务院机构改革方案。林业部改为国务院直属机构国家林业局
1999年	国家技术监督局颁布了《中国森林公园风景资源质量等级评定》（GB/T1805—1999），使森林公园的法制化、标准化、科学化工作取得了重要进展

4. 1998年至今：市场化突破阶段

（1）时代背景

随着森林旅游需求的不断增加，客观上要求将经营性存量资产剥离出来，由专门的机构负责经营；特别是1998年国家实施天然林禁伐政策以后，国有林场失去了原有的收入，职工工资发放都成了问题，不得不多渠道、多层次、多方式筹措资金，把森林旅游资源推向市场。

一些地方把省级以上国家基建拨款、投资的部分，由省人民政府授权新组建的省旅游投资公司持有，并组成有限责任公司，在此基础上，积极吸纳社会各方面的投资，设立旅游股份有限公司或设立旅游集团公司，实行政企分开。一些地区开始进行旅游资源经营权转让，并以四川碧峰峡转让经营权为典范，全国各地开始了转让经营权的探索。

(2) 森林公园发展状况

在1998至今的十几年时间里，我国森林公园建设和森林旅游业继续保持着良好的发展态势，林业局共批建国家森林公园1 663处，平均每年达到138余处。这个阶段森林公园的快速增长，一方面是由于森林公园建设带来的综合效益更进一步步得到了社会各界的认可，特别是引起了地方各级政府的高度重视；另一方面是由于国家实施天然林保护工程以后，国有林区的木材采伐量锐减，由此导致了森林利用方式的快速转变。在这个阶段中，基本形成了中国森林公园体系在新的历史条件下的新理念、新思路，并出现了很多可喜的新变化，这些变化将对未来我国森林公园与森林旅游发展起到重要作用。

① 新定位、新目标

2001年，国家林业局召开全国森林公园工作会议，这是我国森林公园发展近10年来召开的第一次工作会议，其重要意义在于明确了两个问题：一是森林公园的性质问题。改变了过去一直将森林公园作为国有林场的一个多种经营项目来对待，或是把森林公园建设与森林旅游发展混为一谈的认识。会议明确赋予了森林公园新的定位：森林公园作为一项社会公益事业，是我国生态环境建设和自然保护事业的重要组成部分，是展示我国秀美山川的重要窗口，是我国林业生态文化建设的重要内容。发展森林旅游是建设现代林业产业体系的一个重要方面，是推动林区社会经济全面发展的一条重要途径，它的发展，标志着我国林业对森林资源的利用方式发生了根本性转变，是社会经济发展对林业的主导需求由木材生产向生态需求为主转变的客观要求。二是明确提出了新时期森林公园发展的新任务、新目标。要"建绿色生态、办绿色产业、创绿色文明"，把森林公园建设成为山川秀美的典型代表，使森林旅游业真正成为我国林业产业中的优势产业和强势产业。

② 经营机制不断创新

随着我国旅游业的快速发展和旅游市场的不断升温，森林旅游良好的市场前景和巨大的发展潜力及可观的经济收益，吸引了大批社会资金和民间资金来森林公园投资开发。2001年和2002年，全国森林公园建设投资分别达25.16亿元、45.86亿元，分别比2000年森林公园建设投资增长90%和189%，增长幅度较大。而其中90%以上的资金全部来自部门、企业、个人的投入，如浙江千岛湖国家森林公园吸引浙江万向集团投资达5亿元，四川瓦屋山国家森林公园吸引成都凤翔公司投资1.5亿元，长期以来，林场（森林公园）"自我开发、流动发展"的经营模式变得多样化，有合作、合资、联营、承包、租赁、转让等多种形式。社会资金的大量投入，加快了森林风景资源的开发力度，提升了森林公园的建设规模、档次和经营水平，促进了森林公园的发展。另一种新机制出现在广州，广州市规定自2000年起，"森林公园建设是社会公益性事业，其基础设施建设资金纳入同级政府基本建设投资计划，生态保护和管理经费列入同级政府的财政预算，公园旅游、经营项目资金由经营单位解决"。2001年，广州市财政投资6 200多万元用于森林公园基础设施建设，各区、县也加大了对森林公园建设的投入，仅番禺区财政对大夫山森林公园的投入就高达8 000多万元；而森林旅游开发项目则全部向外招商引资，真正建立了"政府主导、市场运作、社会参与"的经营管理机制。

③ 宣传方式不断出新

旅游业是典型的形象产业，知名度就是生产力，品牌就是效益。加强对外宣传，加大市场促销力度是塑造森林公园良好的整体形象、培育森林旅游市场的重要措施。多年来，森林公园一直处于依靠单个地区、单个森林公园分散宣传，独自闯市场的状况，宣传范围窄、促销规模小、影响力弱，难以树立起整个行业的品牌形象。2002年6月，国家林业局主办了主题为"关注森林、走进森林、保护生态、回归自然"的首届中国森林风景资源博览会，第一次向社会全面展示了森林公园丰富、秀美的风景资源，前来参观者达10多万人次，100多家新闻媒体做了宣传报道，赢得社会各界广泛好评。黑龙江森工总局主办的"黑龙江森林旅游节"、宁夏苏峪口国家森林公园的樱桃节、广东流溪河国家森林公园的梅花节、陕西太白山国家森林公园的登山节、贵州百里杜鹃国家森林公园的杜鹃花节等，也深受旅游者喜爱。这些活动，紧紧抓住城市居民回归自然的心理趋向，沟通了森林公园与旅游市场的联系渠道，扩大了社会影响力，不断培育和壮大森林旅游市场。另一个新亮点是国家林业局建立并向社会开通了"中国森林公园网站"，利用现代化信息技术手段，提高了森林公园宣传的覆盖面和宣传效率，为逐步实现森林公园信息网络化宣传与管理打下了良好的基础。

(3) 管理体制特征

这一阶段是市场化突破阶段。在上述时代背景下，一些森林公园积极地进行了探索，比如，千岛湖国家森林公园进行股份制经营模式的创新。千岛湖国家森林公园旅游有限公司就是在国家森林公园的基础上，由中国森林国旅和千岛湖国家森林公园合资组建的一家股份公司。该模式实现所有权与经营权分离，但资源保护权与开发权没有完全分离；位于河南省宜阳县的花果山国家森林公园为筹集资金，推行合作开发模式，与一家影视公司合作，影视公司投资 3 000 万元，用于旅游设施、景点的建设和旅游宣传工作，旅游收入中首先由森林公园提取 60 万元作为资源保护费，然后再按比例进行分层；2002 年，瓦屋山国家森林公园将旅游经营性项目经营权转让给一家民营企业——成都风翔公司，成都风翔公司以 3 000 万元的价格，5 年内不低于 8 000 万元的投入，取得瓦屋山国家森林公园旅游经营性项目 50 年的经营权，森林公园的总体规划控制、门票收入及地方执法职能等管理权归林场，成都风翔公司拥有旅游服务设施（宾馆、饭店、度假村及索道）的经营权；张家界国家森林公园管理处从 2000 年开始对栖凤山庄、张家界宾馆、金鞭岩饭店、青岩山饭店等单位实行委托经营，管理处不再投入资金，维修改造的任务由受托方完成，受托方借委托方的资金、客源和管理优势，使管理处的经营实体不再出现新的亏损，并且每年还可以得到一定托管费。四川海螺沟国家森林公园进行了旅游资源经营权整体转让经营模式。相关的改革还在继续，但参与改革的森林公园数量极其有限，大量的林场型森林公园依然沿用传统的"国有国营"的经营模式。

(4) 标志性事件与政策

相关标志性事件与政策见表 2-8。

表 2-8　1998 年至今我国森林公园标志性事件与政策

时间	重要事件和政策
1998 年	森林公园建设分别被纳入了《中国环境保护》白皮书、《中国环境保护"九五"计划和 2010 年远景规划》及《中国林业发展"九五"计划和 2010 年远景规划》
1999 年	由国家质量技术监督局正式颁布"中国森林公园风景资源质量等级评定"国家标准。森林公园的建设管理日渐成熟
2002 年	国家林业局下达《关于加强森林风景资源管理工作的通知》。法规明确规定了森林旅游资源的主管单位，规范了森林公园的申报审批、规划编制、评审的程序和管理体制

续表

时间	重要事件和政策
2002年4月19日	国家林业局决定在国有林场和林木种苗工作总站加挂"国家林业局森林公园管理办公室"牌子,加强森林公园和森林旅游行业管理工作
2005年6月16日	国家林业局局长周生贤签署国家林业局第16号令,公布《国家级森林公园设立、撤销、合并、改变经营范围或者变更隶属关系审批管理办法》
2005年	我国首次按行政许可事项实施要求审批国家森林公园
2006年	国家林业局做出决定,准予设立北京霞云岭等62处国家级森林公园。这是自2004年7月1日"国家级森林公园设立、撤销、合并、改变经营范围或者变更隶属关系审批"被国务院正式确定为行政许可项目以来,严格依照《国家级森林公园设立、撤销、合并、改变经营范围或者变更隶属关系审批管理办法》的规定,通过材料审查、实地考察、专家评审和最终审定等一系列程序,准予设立的首批国家级森林公园
2006年2月28日	国家林业局发出通知,决定自即日起启用"中国国家森林公园专用标志",同时印发了《中国国家森林公园专用标志使用暂行办法》
2011年3月	国家林业局森林公园保护与发展中心成立,管理实行"一套人马、两块牌子"。该中心的设立,不仅是对国家林业局主管全国森林公园工作职能的确认,也表明我国的森林公园建设得到了国家层面的充分肯定,同时明确了森林公园以保护为首要任务的发展管理目标

五、自然保护区管理体制历史演变

建立自然保护区是保护自然资源和生态环境,维护生态安全,促进人与自然和谐,保障经济社会可持续发展的重要措施和有效途径。自1956年在广东鼎湖山建立我国第一个自然保护区以来,我国自然保护区经历了数量从无到有、规模从小到大、功能从单一到综合的发展过程。

我国地域辽阔,地形气候复杂,生态系统类型多样,孕育了丰富的物种资源,是世界上物种多样性最丰富的国家之一。从已记录的物种数量来看,我国有高等植物3万多种,脊椎动物6 347种,分别约占世界总数的10%和14%;我国的生态系统也十分丰富,是世界上唯一具备几乎所有生态系统类型的国家;我国动植物区系起源古老,珍稀物种丰富,在世界生物多样性保护中具有十分重要的地位。

然而,由于人类大规模开发自然资源,导致森林与湿地减少、草原退化、环境污染以及生物多样性大量丧失,物种灭绝速度加快。建立各种类型的自然保护区,是保护自然资源的最有效措施。据2003年联合国环境规划署等共同编辑出版的《联合国自然保护区名录》统计,世界各地共建立10.2万处国家公园和自然保护区,面积达到1880万平方公里,占地球面积的12.65%。现有自然保护区中,有90%是在近40年中建立的。国内外多年的实践证明,建立自然保护区是保护典型生态系统和生物多样性、拯救珍稀濒危野生动植物的最有效措施。

我国自然保护区事业起步较晚,经历了数量从无到有、规模从小到大、功能从单一到综合的发展历程。1956年后的征程概括起来可以划分为创立、倒退、发展、高速增长四个阶段。

(一)自然保护区演变历程

1. 制度创立阶段(1956—1966年)

1956年9月,在全国人大一届三次会议上,秉志、钱崇澍等五位科学家提出了《请政府在全国各省(区)划定天然林禁伐区,保护天然植被以供科学研究的需要》的第92号提案,建议在全国各省(区、市)划建天然森林禁伐区,即自然保护区。国务院根据此次大会的审查意见,交林业部会同中国科学院和当时的森工部办理。同年10月,林业部制定了划建自然保护区的草案,提出了自然保护区的划建对象、划建办法和划建地区。

据此,中科院协商广东省人民政府当年就建立了我国第一个自然保护区——广东鼎湖山自然保护区。鼎湖山自然保护区的建立,不仅开创了我国自然保护区事业的先河,填补了我国自然科学发展的空白,也标志着我国自然资源和自然环境保护进入了崭新的阶段。随后,相继建立了以保护森林植被为主要功能的黑龙江丰林、浙江天目山、云南西双版纳等20多处自然保护区,从此启动了我国自然保护区建设事业。

2. 事业倒退阶段(1966—1978年)

1966年"文革"开始以后,我国自然保护区事业不但没有发展,反而

第二章 中国遗产旅游发展模式与管理体制历史演变

有所倒退，一些已经建立的自然保护区遭到破坏或撤销，保护区内的捕猎和砍伐活动猖獗，资源和环境破坏严重。如云南西双版纳的大勐龙保护区完全丧失保护价值。

但是，自1972年联合国环境与发展大会之后，我国对环境问题逐步重视。在斯德哥尔摩会议的影响下，我国于1973年召开第一次全国环境保护会议。第一次全国环境保护会议为以后自然保护事业揭开新的一页奠定了基础。

3. 法制健全和国际化阶段（1978—1999年）

1979年10月，林业部、中国科学院等八部委发布《关于加强自然保护区管理、规划和科学考察工作的通知》以后，我国自然保护区发展开始走上正轨。国家制定一系列政策、法规、规划、标准和规范，就自然保护区的建设和管理做出明确规定。同时，自然保护区的数量和面积也不断扩大。到1999年底，全国共建立各类自然保护区1 276处，总面积占陆地国土面积的12.8%。因此，这一时期是我国自然保护区发展的重要时期，主要特点是有关政策法规的发布实施和数量的快速增长。

1979年9月，我国颁布了《中华人民共和国环境保护法（试行）》。该《环境保护法（试行）》明确了环境保护的对象和任务主要是保护自然环境和防治污染及其他公害。1981年，国务院发布了《国务院在国民经济调整时期加强环境保护工作的决定》。《决定》指出，我国的环境污染和自然资源、生态平衡的破坏已成为影响人民生活，阻碍国民经济发展的一个突出问题。

1984年初，在第二次全国环境保护会议上，国务院宣布"保护环境和维持生态平衡的良性循环"，是我国社会主义现代化建设的一项基本国策。在《我国国民经济与社会发展第七个五年计划（1986—1990）》中提出"七五"期间自然保护工作的基本任务和目标，提出加强自然保护区的建设，逐步在全国范围内形成布局合理、种类齐全的自然保护区网。1987年，国务院环境保护委员会发布了《中国自然保护纲要》，阐明了自然保护在国家建设中的地位和作用。《纲要》是我国自然保护工作方面第一部较为系统、具有宏观指导作用的纲领性文件，对我国自然保护工作产生了深远的影响。

1989年春，国务院召开第三次全国环境保护会议。会议提出本届政府（1988—1992年）环境保护目标任务，要求"努力制止自然生态环境恶化的趋势，争取局部地区有所好转，为实现2000年的环境目标打下鉴础"。1989

年底,全国人大常委会审议通过了《中华人民共和国环境保护法》。

保护生态环境和自然资源需要广泛的国际合作。1979年以来,自然保护的国际合作也得到加强。1980年,我国加入"世界自然和自然资源保护同盟"(IUCN),1981年加入《有灭绝危险的野生动植物国际贸易公约》,1986年加入《保护世界文化和自然遗产公约》,1972年参加国际"人与生物圈计划";中国环境科学学会还与"世界野生生物基金会"(WWF)签署了《关于保护野生生物资源的合作协议》。

4. 数量和面积高速增长阶段(1999年至今)

1999年国家实施重点生态建设工程以来(环保部项目),自然保护区事业呈现跨越式发展,全国新建自然保护区1 073个,占总数量的26.7%。在数量规模快速增加的同时,基础设施和管护能力建设也大为加强。这一时期的主要特点是数量急剧增长和投入大幅度增加。

此后,我国自然保护区事业发展比较顺利。特别是2001年"全国野生动植物保护和自然保护区建设工程"全面启动后(林业部项目),自然保护区的建设开始全面提速。截至2009年底,全国(不含中国香港、澳门特别行政区和台湾地区)已建成各种类型、不同级别的自然保护区2 541个,保护区总面积约14 700×10^{2}hm^2,陆地自然保护区面积约占国土面积的14.7%。其中国家级自然保护区319个,面积9 267万公顷,分别占全国自然保护区总数和总面积的12.6%和62.7%。有28处自然保护区加入联合国教科文组织"人与生物圈保护区网络",有20处自然保护区成为世界自然遗产地组成部分。图2-11和图2-12为分级自然保护区面积增长和数量增长的堆积面积图:

(二)我国自然保护区的管理体制

1. 自然保护区主管部门

国务院环境保护行政主管部门负责全国自然保护区的综合管理。国务院林业、农业、地质矿产、水利、海洋等有关行政主管部门在各自的职责范围内,主管有关的自然保护区。县级以上地方人民政府根据具体情况设置自然保护区管理部门的设置和职责。

第二章 中国遗产旅游发展模式与管理体制历史演变

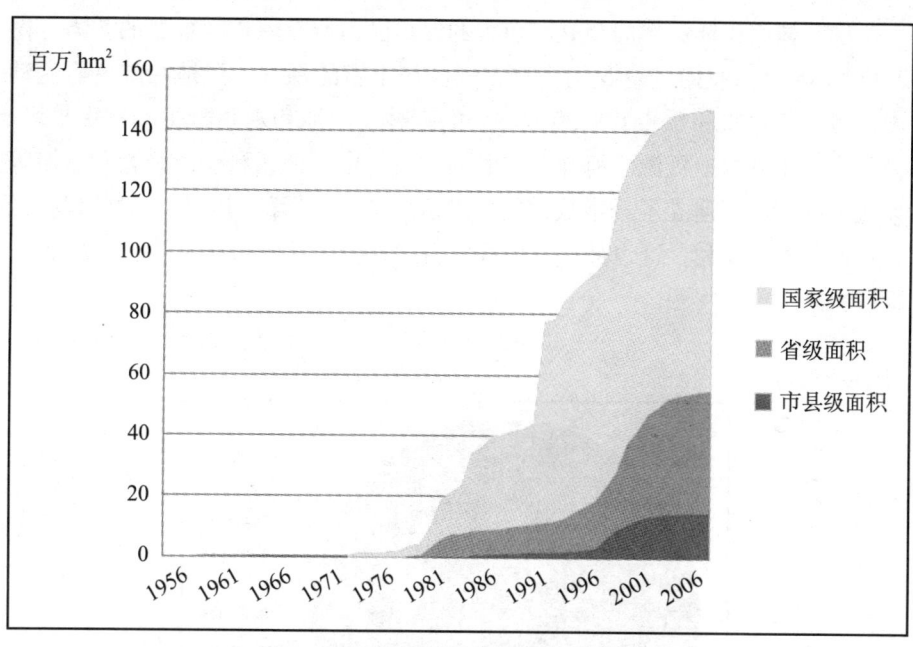

图 2-11 分级自然保护区面积增长趋势

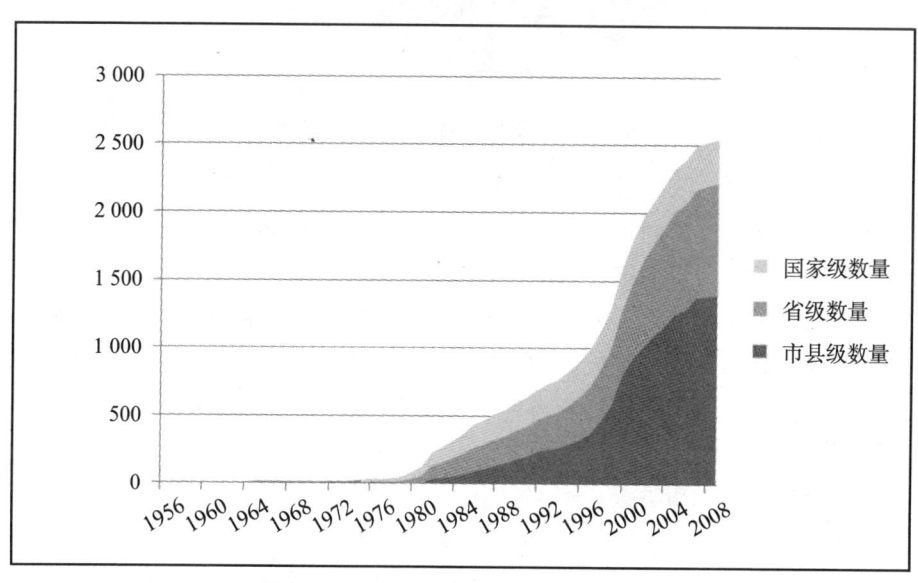

图 2-12 分级自然保护区数量增长趋势

目前林业和环保部门建立和负责的保护区占所有保护区数量的77%（图2-13）。国家林业局主管我国生物多样性最丰富的森林、湿地和陆生野生动物，因此，建立和负责我国绝大部分的森林、湿地和森林野生动物保护区。另外，农业、国土资源、海洋、水利、建设、中医药、科研、教育和旅游等十几个部门分别建立了一定数量的保护区。这些主管部门对其主管的保护区有管理和执法权利。这也部分造成我国自然保护区土地权属不清、多头管理、管理能力不足的问题。

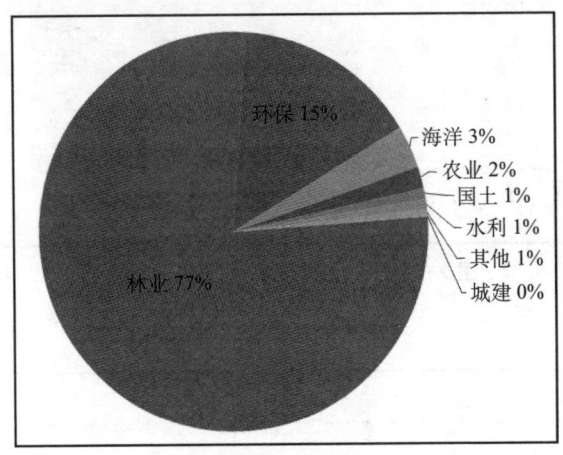

图2-13　自然保护区主管部门百分比

保护区管理部门和机构繁多，部门之间冲突和隔离严重。国务院环境保护行政主管部门负责全国自然保护区和野生植物的综合管理工作，但是国家环保各级部门都面临管理能力不足的问题，导致其协调功能不能正常发挥，出现其他部门不合作或不配合的现象。因为国家环保部门在自然保护区的综合管理和协调方面的功能远未得到正常发挥，从而导致保护区管理缺乏足够的监督和协调机制。

各个省，特别市县级环保部门下专门负责生态保护工作的部门建立时间都很短，管理人员少，有的省级的环保局负责生态保护的专职人员只有2～3人。同时，这些人员还面临严重经验缺乏和专业知识不够的问题，导致环保部门的总体机构和管理人员能力不足。另外，由于环保部门的有关生态保护的管理机制还正在成长中,经费也严重不足。

针对特定的保护区而言,保护区有相应的主管部门,而保护区内不同的资源,又有相应的主管部门,这些主管部门可能会与保护区的主管部门不同。例如林业部门主管的保护区内河流中的鱼类,按照《野生动物保护法》的规定,应由农业部门的渔业局主管。有的时候,一个保护区可能出现十多个部门进保护区执法的现象。

2. 行政级别分类

我国的自然保护区按照建立的行政级别分为国家级、省(自治区、直辖市)级、市(自治州)级和县(自治县、旗、县级市)级。这种级别分类和保护区的管理方式没有直接的关系,但和保护区管理的严格程度和获得政府等方面的重视程度紧密相关。通常情况下,保护区的级别越高,获得地方或国家的支持越大。

国家级自然保护区是指在国内外有典型意义、在科学上有重大国际影响或者有特殊科学研究价值,并经国务院批准建立的自然保护区。1991年开始,国务院建立了国家级自然保护区的申报和审批制度,省级保护区建立3年以上的,可由地方向部门提交申请,部门审核,提交给国家环保总局,由国家级自然保护区评审委员会评审,由国家环保总局提交国务院审查批准。对破坏特别严重、失去保护价值的,经国家级自然保护区评审委员会评审通过,由国务院环境保护行政主管部门报请国务院批准,取消其国家级自然保护区资格。省级和市县级的保护区由有关主管部门提出,并由相应级别的人民政府审定、批准,并报上一级主管部门备案。

图2-14显示了目前我国自然保护区的4个级别的保护区面积比例。其中,国家级保护区面积达到63%,国家级保护区面积比重过大弱化了国家级保护区的重要性。

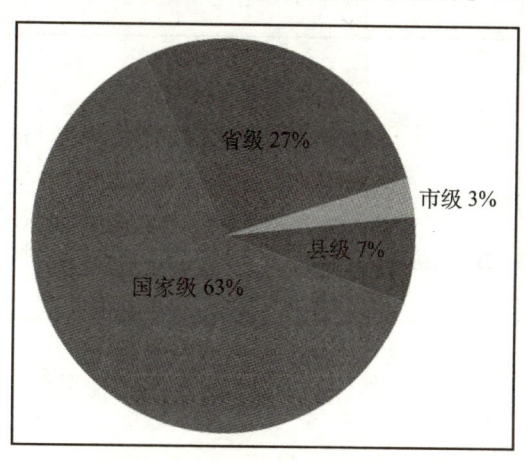

图2-14 各级保护区面积组成

3. 保护区分类及地域分布

按照保护对象特点的不同，我国自然保护区可划分为三大类型九大类别。①自然生态系统自然保护区。自然生态系统类自然保护区，是指以具有一定代表性、典型性和完整性的生物群落和非生物环境共同组成的生态系统作为主要保护对象的一类自然保护区。②野生生物类自然保护区，是指以野生生物物种，尤其是珍稀濒危物种种群及其自然环境为主要保护对象的一类自然保护区。③自然遗迹类自然保护区，是指以特殊意义的地质遗迹和古生物遗迹等作为主要保护对象的一类自然保护区。具体分类及保护对象如表2-9：

表2-9 自然保护区分类及保护对象

类型	类别	保护对象
自然生态系统类	森林生态系统类型	森林植被及其生境所形成的自然生态系统
	草原与草甸生态系统类型	草原植被及其生境所形成的自然生态系统
	荒漠生态系统类型	荒漠生物和非生物环境共同形成的自然生态系统
	内陆湿地和水域生态系统类型	水生和陆栖生物及共生境共同形成的湿地和水域生态系统
	海洋和海岸生态系统类型	海洋、海岸生物与其生境共同形成的海洋和海岸生态系统
野生生物类	野生动物类型	野生动物物种，特别是珍稀濒危动物和重要经济动物种群及其自然生境
	野生植物类型	野生植物物种，特别是珍稀濒危植物和重要经济植物种群及其自然生境
自然遗迹类	地质遗迹类型	特殊地质构造、地质剖面、奇特地质景观、珍稀矿物、奇泉、瀑布、地质灾害遗迹等
	古生物遗迹类型	古人类、古生物化石产地和活动遗迹

我国自然保护区分省分类统计情况如表2-10：

表 2-10 中国自然保护区分省数量统计（截至 2009 年底）

省份	数量									
	森林生态	草原草甸	荒漠生态	内陆湿地	海洋海岸	野生动物	野生植物	地质遗迹	古生物遗迹	合计
北 京	13	0	0	2	0	3	0	1	1	20
天 津	3	0	0	2	1	1	0	1	0	8
河 北	15	3	0	5	2	3	0	4	1	33
山 西	33	1	0	1	0	9	2	0	0	46
内蒙古	68	21	15	31	0	18	12	13	7	185
辽 宁	59	1	0	6	2	19	2	5	4	98
吉 林	12	1	0	11	0	4	2	5	0	35
黑龙江	50	8	1	77	0	36	18	6	1	197
上 海	0	0	0	1	1	2	0	0	0	4
江 苏	9	0	0	11	1	7	0	1	1	30
浙 江	10	0	0	2	3	5	6	5	0	31
安 徽	86	0	0	6	0	9	1	0	0	102
福 建	42	0	0	2	8	26	11	1	2	92
江 西	135	0	0	13	0	27	3	0	0	178
山 东	49	0	0	9	8	9	2	7	1	85
河 南	12	0	0	12	0	8	0	1	2	35
湖 北	25	0	0	11	0	8	13	3	3	63
湖 南	67	0	0	3	0	13	8	4	0	95
广 东	235	0	0	7	30	77	11	6	3	369
广 西	47	0	0	0	3	19	4	5	0	78
海 南	20	0	0	3	12	16	3	0	0	54
重 庆	25	0	0	2	0	9	10	2	0	48
四 川	43	2	0	23	0	83	11	2	2	166
贵 州	100	0	0	1	0	7	19	1	1	129
云 南	109	0	0	12	0	12	11	8	0	152
西 藏	7	0	1	7	0	24	3	3	0	45
陕 西	13	0	1	8	0	30	0	2	0	54
甘 肃	20	0	5	5	0	25	0	2	1	58
青 海	3	0	1	1	0	4	2	0	0	11
宁 夏	5	0	3	3	0	0	0	2	0	13
新 疆	6	2	4	4	0	8	3	0	0	27
合 计	1321	39	31	281	71	521	157	90	30	2541

4. 自然保护区组织架构

自然保护区的组织管理内容丰富，从广义上讲，包括机构管理、人事管理、突发事件管理等多个方面。从狭义上讲，一般的组织管理是指自然保护区的机构设置，即主要包括内设机构和人员配置两大内容。自然保护区管理机构的组织结构框架是用于表述保护区行政管理和业务工作部门、人员安排、部门设置相互关系的框架。通过这一框架，还可以反映出保护区管理机构人员分配、职能设置方面的内容。

合理的组织结构是开展管理工作和实施管理计划的前提保证。一般来说，一个完整的保护区结构，主要分为办公室、资源保护科、科研监测与宣教科、社区发展科等。图2-15是基于普遍的自然保护区机构设置状况而设立的一个模型。

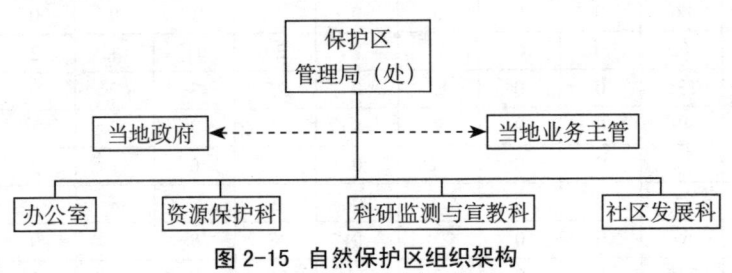

图2-15 自然保护区组织架构

保护区管理局（处）直接管理保护区的各项工作。一般情况下，国家级自然保护区的管理机构级别为正县（处）级或副县（处）级；省级自然保护区管理机构为副县级或正科级；市级或县级自然保护区管理机构为科级或副科级或股级。

通常情况下，在保护区管理局（处）下设置办公室、资源保护科、科研宣教科、社区发展科四个科室。各科室都有相应的职能。

办公室是自然保护区各项管理工作的"枢纽"，主要负责综合协调、督查、文秘、业务宣传、信息、保密、档案、信访、公关、外事、法规建设管理等工作。办公室下又设置文书室、财务室、档案室等。

资源保护科主要负责保护、监控自然保护区内的资源，制止和处理各种破坏保护区资源的行为。资源保护科包括保护站、派出所、巡逻队、瞭望哨、哨卡等。保护站下可设立保护点。

科研监测与宣教科主要负责自然保护区资源的科学研究、监测、生态教育等。其下设置监测站、科研所、展览馆等。

社区发展科主要负责自然保护区的社区沟通、资源的合理利用，以及开展生态旅游等。社会发展科与社会和市场的联系较为紧密，可以通过科学的资源开发建立生态旅游（股份）公司、多种经营（股份）公司等，开展资源的科学、合理利用。

5. 自然保护区主要法律法规及体系

有关自然保护区的法律和法规体系是保障自然保护区建设、管理等工作有序进行的保障，是我国"依法治国"理念的重要体现。

《中华人民共和国宪法》是我国的基本大法，它规定了保护和改善生态环境，防治污染和其他公害；保障自然资源的合理利用，保护珍贵的动物和植物，任何组织和个人必须合理地利用土地的基本精神。《中华人民共和国刑法》规定，凡违反国家有关环境保护的规定，应负有相应的刑事责任。《中华人民共和国环境保护法》是环境保护领域的基本法律，是环境保护专项法的基本依据。环境保护专项法是针对特定的污染防治领域和特定的资源保护对象而制订的单项法律。目前已颁布了中华人民共和国《大气污染防治法》、《水污染防治法》、《固体废弃物污染环境防治法》、《海洋环境保护法》、《环境噪声污染防治法》等5项。为了合理地开发、利用和保护自然资源，还制定了《森林法》、《草原法》、《煤炭法》、《矿产资源法》、《渔业法》、《土地管理法》、《水法》、《水土保护法》和《野生动物保护法》等多部环境保护资源法。

（1）《中华人民共和国环境保护法》

《环境保护法》在1989年12月26日由中华人民共和国第七届全国人民代表大会常务委员会第十一次会议通过，第二、十七、十八、二十、二十三、四十四条均涉及自然资源保护和自然保护区的问题。规定各级人民政府对具有代表性的各种类型的自然生态系统区域，珍稀、濒危的野生动植物自然分布区域，重要的水源涵养区域，具有重大科学文化价值的地质构造、著名溶洞和化石分布区、冰川、火山、温泉等自然遗迹，以及人文遗迹、古树名木,应当采取措施加以保护,严禁破坏等内容。《环境保护法》是环境保护领域的基本法律,宏观上指导自然保护区的管理。

(2)《中华人民共和国自然保护区条例》

最直接和最重要的管理我国自然保护区的法规依据是 1994 年 10 月 9 日国务院颁布的《中华人民共和国自然保护区条例》(从 1994 年 12 月 1 日起施行)。

《条例》第十八条规定将自然保护区划分为核心区、缓冲区和实验区。自然保护区内保存完好的天然状态的生态系统以及珍稀、濒危动植物的集中分布地,应当划为核心区,禁止任何单位和个人进入;除依照本条例第二十七条的规定经批准外,也不允许进入从事科学研究活动。核心区外围可以划定一定面积的缓冲区,只准进入从事科学研究观测活动。缓冲区外围划为实验区,可以进入从事科学试验、教学实习、参观考察、旅游以及驯化繁殖珍稀濒危野生动植物等活动。第二十六条规定禁止在自然保护区内进行砍伐、放牧、狩猎、捕捞、采药、开垦、烧荒、开矿、采石、挖沙等活动。

与自然保护区密切相关的部门分别就其直接管理自然保护区制定了部门规章制度:如《森林和野生动物类型自然保护区管理办法》、《海洋自然保护区管理办法》、《地质遗迹保护管理规定》、《水生自然保护区管理办法》等,它们对不同类型自然保护区的管理做了具体规定。一部分省份制定了相应省级的自然保护区相关管理办法和实施条例。

(3)《中华人民共和国野生动物保护法》

1988 年 11 月全国人民代表大会通过了《中华人民共和国野生动物保护法》,于 1989 年 3 月 1 日实施。《野生动物保护法》是为保护、拯救珍贵、濒危野生动物,保护、发展和合理利用野生动物资源,维护生态平衡制定的。《野生动物保护法》及其配套体系,为我国自然保护区野生动物保护工作,特别是查处非法狩猎等活动提供了法律依据和行动准则。

配合该法的实施,1989 年月 1 月,林业部和农业部发布了《国家重点保护野生动物名录》,分为国家 I 级和 II 级重点保护野生动物。2000 年 5 月,制定了《国家保护的有益的或者有重要经济、科学研究价值的陆生野生动物名录》。1992 年 3 月,林业部发布了《中华人民共和国陆生野生动物保护实施条例》,1993 年 10 月,农业部发布了《中华人民共和国水生野生动物保护实施条例》。

(4)《自然保护区土地管理办法》

1995年7月，国家土地管理局、国家环境保护局发布了《自然保护区土地管理办法》。其中第七条规定自然保护区的土地，依法属于国家所有或者集体所有。自然保护区内的国有土地使用者和集体土地所有者，应该依照国家土地管理法律、法规，向县级以上地方人民政府土地管理行政主管部门办理土地登记，领取土地证书。依法确定的土地所有权和使用权，不因自然保护区的划定而改变。因此，在划定自然保护区以前，原属于当地农民集体的土地权，按照规定应该仍然属于当地农民所有。第十二条规定新建、扩建自然保护区或者划定自然保护区的核心区和缓冲区，需要征用集体所有土地或者划拨国有土地的，依照《土地管理法》的有关规定办理。因此，保护区主管部门可以从这些农民或集体征用土地，而目前许多保护区还没有能够按规定征用集体所有的土地，但又开始按照《自然保护区条例》实施其管理权利。因此由于土地权属（包括该土地上的山林资源权属）和保护区管理权的分割问题，也导致许多保护区内当地农民的利益与资源保护产生严重冲突。

(5) 其他相关法律

与自然保护区管理有关的其他法律和法规有《中华人民共和国森林法》(1984，1998)、《中华人民共和国草原法》(1985、2002)、《中华人民共和国渔业法》(1986，2000)、《水产资源保护条例》、《野生药材资源保护管理条例》(1987)、《中华人民共和国水法》(1988)、《中华人民共和国水土保持法》(1991) 等，它们分别就相应的资源提出了划定自然保护区，划建禁伐区、禁猎区、禁渔区、野生药材资源保护区，以及保护有价值的陆生或水生野生植物与野生动物等的规定。

(6) 国际相关公约

我国自20世纪80年代开始就积极参与各种国际保护行动，参加了多项国际公约和网络，并积极履行这些公约规定的义务和接受监督。这些公约分别对野生动植物保护、生物多样性保护、生态恢复和保护、湿地生态保护等作了明确规定。

1978年2月，中国科学院设立了人与生物圈国家委员会。1993年加入国际人与生物圈保护区网，由中国人与生物圈国家委员会、林业部、农业部和国家环保局等部门共同发起组建的"中国生物圈保护区网络"正式成立。

到 2003 年，我国共有 23 个自然保护区加入了"世界人与生物圈保护区网络"。

1985 年 11 月，全国人大通过和批准我国参加《保护世界文化和自然遗产国际公约》。截止到 2003 年，我国共有 29 处世界自然或文化遗产地或自然与文化双遗产地。被列入遗产地的保护区都要按照世界遗产委员会规定的标准进行管理并接受委员会的监督。

1992 年加入并于 1993 年 1 月 5 日批准了《生物多样性公约》，公约要求缔约国建立保护区系统，保护生物多样性和生态系统功能，防止引进、控制或清除那些威胁到生态系统、生境或物种的外来物种。

1981 年签署了《濒危动植物物种国际贸易公约》，公约要求对造成或可能造成资源破坏而威胁到物种生存的野生动植物国际贸易进行控制。该公约已经成为强有力地控制某些物种成为过度国际贸易的重要工具。

1992 年签署了《湿地公约》。公约要求保护对世界具有重要价值的湿地，应设置自然保护区，促进湿地和水禽的保护。我国到 2003 年共有 21 处自然保护区被列入"国际重要湿地名录"。

此外，中国与蒙古、俄罗斯等国交界地区分别建立了国际自然保护区（内蒙古达赉湖），加强与周边国家在保护共同生态区域和迁徙物种方面的交流与合作。

六、文物保护单位管理体制历史演变

（一）我国文物保护单位概况

"文物保护单位"应是指："在中国境内由各级政府列入名单、正式公布、明令保护的不可移动或不宜移动的一组群体文物（极个别为单体文物），一般由文物本体、附属物、历史风貌及人文、自然环境等要素有机组成，且相互印证、不可分割。有古文化遗址、古墓葬、古建筑、石窟寺、石刻、壁画、近现代重要史迹和代表性建筑等不同种类。我国从 1956 年开始实行"文物保护单位"管理制度，分为文物保护点、区级文物保护单位、县级文物保护单位、市级文物保护单位、省级文物保护单位以及全国重点文物保护单位6个级别。全国重点文物保护单位是中华人民共和国对不可移动文物所核定的最高保护级别——即中国国家级文物保护单位。根据由中华人民共和国第十届全国人民代表大会常务委员会第三十一次会议于2007年12月29日通过的《中华人民共和国文物保护法》第十三条的规定，国务院文物行政部门在省级、市、县级文物保护单位中，选择具有重大历史、艺术、科学价值的确定为全国重点文物保护单位，或者直接确定为全国重点文物保护单位，报国务院核定公布。

1951年至2006年间，国家共进行六次全国文物普查，确定并公布六批全国重点文物保护单位，共计2 351个。1961年公布第一批全国重点文物保护单位共计180处。受"文化大革命"的影响，第二批全国重点文物保护单位一直到1982年才公布，共计62处。第三批全国重点文物保护单位在1988年公布，共计258处。第四批全国重点文物保护单位在1996年公布，共计250处。第五批全国重点文物保护单位在2001年公布，共计518处。第六批全国重点文物保护单位在2006年公布，共计1 080处。

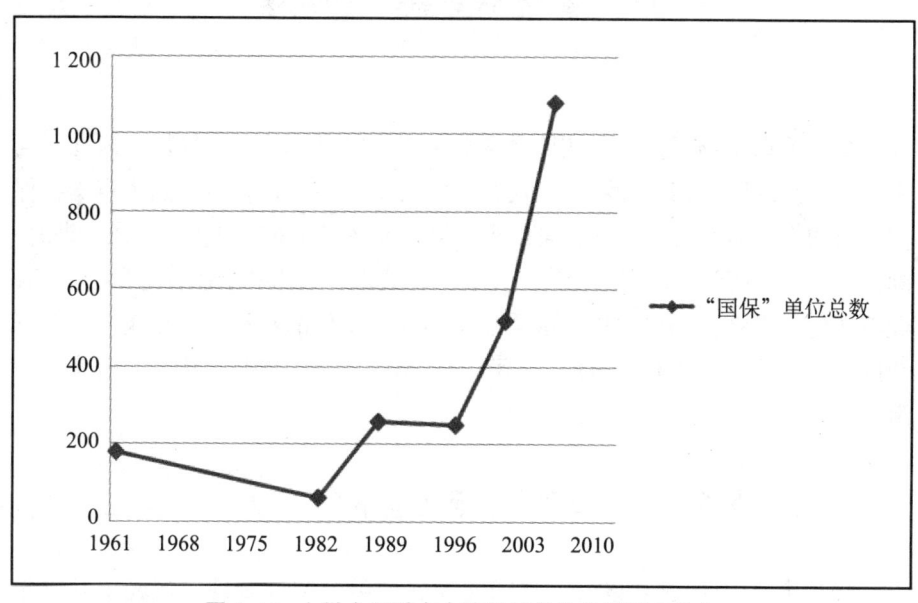

图2-16 六批全国重点文物保护单位总量时空分布

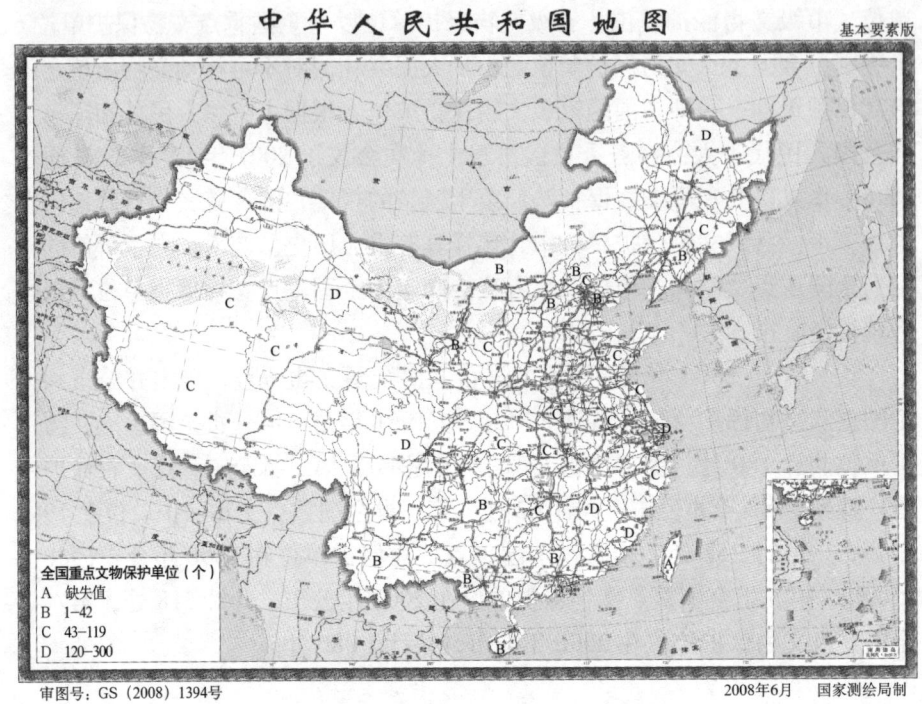

图2-17 全国重点文物保护单位空间分布

全国重点文物保护单位按照数量分为三个区域。第一个区域：河北、河南、山西、陕西、四川和浙江。这几个省份历史悠久，符合全国重点文物保护单位的文化遗产资源丰富。第二个区域：北京、山东、江苏、安徽、湖北、湖南、江西、福建、广东、云南、辽宁、内蒙古、甘肃和新疆。这部分省市，经济文化水平强，构成保护全国重点文物保护单位的经济和文化条件。第三个区域，黑龙江、吉林、青海、西藏、贵州、重庆、贵州、广西、海南、上海和天津。

（二）文物保护单位管理模式演变历程

1949年新中国成立以来，我国文物保护单位制度管理体制经历几十年发展，从无到有，取得辉煌成就，按照时间顺序，根据发展的特性，将其发展划分为五个阶段。

1. 1949—1965 年：规范化管理阶段

（1）时代背景

新中国成立之后的 17 年，国家在完成国民经济恢复任务的基础上，展开了大规模的经济建设。随着全国范围内的基本建设和农业合作化高潮的掀起，工业建设、城市建设、农业生产等全面铺开，一场中国历史上前所未有的、由国家进行的大规模文化遗产保护浪潮也迅速掀起。

（2）文物保护单位管理制度状况

这 17 年历经坎坷，在一张白纸上描绘了中国文化遗产事业的蓝图。一大批文物保护法令陆续发布，从中央到地方相继设立文物保护机构，确立文物普查和文物保护单位制度，启动一系列重大文物保护和考古工程，遍布全国的博物馆体系逐步建立。一大批人才脱颖而出，奠定了新中国文化遗产事业发展的基础。新中国成立之初，文物事业百废待兴，文物保护和管理秩序混乱，国家的历史文化遗产蒙受巨大损失。在这个阶段，处于文物保护制度的初步形成和文物保护工程的开展时期。开展文物资源调查和建立文物保护单位制度，既是加强文物保护的重要举措，也是文物事业带有根本性的基础工作。

（3）管理体制

初步确定文物保护单位制度，通过颁布法规、政策管理文物保护单位。这 17 年中，国家先后颁布有关文物保护的法令、行政法规、部门规章共 27 部，为我国文化遗产保护法规体系奠定了基础。

相关事件及政策见表 2-11。

表 2-11　1949—1965 年间文物保护单位制度的相关事件及政策

年代	政策/事件	内容与影响
1949	成立文物局	中央人民政府文化部设立了文物局，负责指导管理全国文物、博物馆、图书馆，各地也都设置了相应的文物保护管理机构
1952	国家拨专款用于重点文物维修	从 1952 年起，财政部逐年拨专款用于重点文物保护维修，重点考古发掘和珍贵文物收购，并要求专款专用，为中国文化遗产事业的创建提供了正确的指导和有力的保障

续表

年代	政策/事件	内容与影响
1950—1956	提出"文物保护制度"	表明文物保护法规体系的初步建立
1956	颁布《关于在农业生产建设中保护文物的通知》	要求各级政府在农业生产建设中开展群众性的文物保护工作。该文件还首次提出"文物保护单位"的概念和建立文物保护单位的要求。在山西进行文物普查试点后,第一次全国文物普查在全国范围内逐步展开
1961	颁布《文物保护管理暂行条例》	对文物保护的范围、机构、标志说明、记录档案、修缮,以及使用文物的不改变原状原则、文物安全和出口限制等做出了规定。初步确立了中国特色文物保护的基本制度,具有里程碑的意义
1961	国家核定文物保护单位	这标志我国对不可移动文物所实行的文物保护单位制度得以确定
1963	文化部制定颁布《文物保护单位管理暂行办法》	详细规定"四有"(有必要的保护范围、有标志说明、有科学记录档案、有专门机构或专人管理)工作的要求和内容,将"四有"工作纳入政策法规范围。这些措施体现了文物保护单位的保护标准和具体要求,有效地保护了全国各级重点文物保护单位
1963	文化部颁布《革命纪念建筑、历史纪念建筑、古建筑、石窟寺修缮暂行管理办法》	这是我国第一个关于文物保护工程的专门文件,第一次对修缮工程进行了分类和逐一说明,同时对古建筑的使用,维修报批等做出规定

2. 1966—1977年:曲折停滞阶段

(1)时代背景

1966年开始的"文化大革命"是中国人民和国家各项事业的一场浩劫,文化遗产事业也难以幸免。

(2)文物保护单位状况

文物成为"破四旧"的主要冲击对象,许多重要的文化遗产资源遭受到不可修复性的破坏,刚刚起步的中国文物事业受到严重冲击。

(3)管理制度

相关事件及政策见表2-12。

表2-12　1966—1977年间文物保护单位制度的相关事件及政策

年代	政策/事件	内容与影响
1971	故宫博物院恢复开放	
1973	国家开始设立重点文物保护专项经费	
	国家文物局成立	
1974	颁发《国务院关于加强文物保护工作的通知》	因为此前打下的较为扎实的工作基础，和广大文物工作者的努力，在十年动乱期间，绝大多数全国重点文物保护单位都被较好的保存下来

3. 1978—1988年：政府管理阶段

（1）时代背景

1978年12月，党召开十一届三中全会，重新确立解放思想、实事求是的思想路线，作出把党和国家的工作重点转移到社会主义现代化建设上来和实行改革开放的战略决策。随着党和国家工作重心的转移，文化遗产保护和管理工作得以拨乱反正。

（2）文物保护单位状况

这个时期，国家和各地市陆续出台文物保护政策，国家公布国家级文物保护单位，各省市县公布相应文物保护单位。在此期间，总共公布两批国家级文物保护单位：1982年公布第二批国保单位，共计62处，1988年公布第三批国保单位，共计258处。可见，这个时期文物保护工作全面复苏，进入恢复发展阶段，但是由于文物保护意识淡薄，出现了人为破坏重点文物保护单位的现象。

（3）管理体制

继承和发扬"四有"制度。文物管理部门协调建设部门、规划部门、园林部门，对文物保护单位划出保护范围，建立标志说明，建立科学记录档案，成立群众性的保护组织；有计划地开放有条件开放的文物古迹，满足旅游事业的需要；由政府公布的各级文物保护单位，其所有权属于国家，任何单位都不得据为己有；大力开展文物保护的宣传工作，大力宣传文物政策法令，宣传保护文物古迹的重要意义。

相关事件及政策见表2-13。

表2-13 1978—1988年间文物保护单位制度的相关事件及政策

年代	政策/事件	内容与影响
1980	国务院发出《关于加强历史文物保护工作的通知》	针对文物频遭破坏和文物工作面临的严峻形势,提出了加强文物保护管理工作的具体措施。这是改革开放以后,国务院发出的第一个关于文物工作的重要文件
1981	国务院批转国家文物局《关于加强文物工作的请示报告》	就文物保护、市场管理、经费投入、人才培养、管理体制和发展博物馆事业等提出了具体意见和措施。从1981年开始,国家在全国范围内开展文物普查、复查工作。1982年,国务院相继公布了第一批国家历史文化名城24座和第二批国家级文物保护单位62处,国家历史文化名城和国保单位公布制度逐步完善
1982	"国家保护名胜古迹、珍贵文物和其他重要历史文化遗产"被列入《中华人民共和国宪法》。	
	全国人大常委会通过了《中华人民共和国文物保护法》	《文物保护法》是在党的十二大制定的全面开创社会主义现代化建设新局面的新形势下颁布的,是我国文化领域第一部由国家最高立法机构颁布的法律,也是我国历史上第一次以法律的形式对文物保护工作进行了界定。随着《文物保护法》的颁布,有关部门、各地方也结合各地文物工作实际,陆续出台了一批加强文物保护和管理的法规和规范性文件强化文物保护和管理,这标志着中国文物事业逐步走向法制化轨道,是新时期文化遗产事业发展的一个里程碑
1985	中国加入《保护世界文化和自然遗产公约》	
	中国的第一批6项遗产进入《世界遗产名录》	标志着我国文物事业进一步与世界接轨,迈出对外开放的新步伐

4. 1989—2002年:走向世界阶段

(1)时代背景

1992年初,邓小平视察南方发表重要谈话,从理论上回答了长期困扰和束缚人们思想的许多重大问题。同年召开的党的十四大,确定建立社会主义市场经济体制的目标,对改革开放和社会主义现代化建设作出战略部署。伴随着社会主义市场经济逐步建立和改革开放的不断深入,文物事业进入了一个新的发展时期。

(2) 文物保护单位状况

① 重点文物保护单位与世界文化遗产

1996年底,国务院核定公布了第四批国家级文物保护单位250处,其中古遗址56处,古墓葬22处,古建筑110处,石窟寺及石刻10处,近现代重要史迹及代表性建筑50处,其他2处。另有12处归入已公布的国家级文物保护单位中。至此,连同前三批公布的500处,中国目前共有国家级文物保护单位750处。值得一提的是,在前三批分类中均有"革命遗址及革命纪念建筑物"一项,这次予以取消,而另设了"近现代重要史迹及代表性建筑"。这样,就更准确地体现了文物作为历史的实物见证和纪念物的客观属性,也从多方面强调了当前迫切需要对与近现代历史密切相关的文物史迹加以重视与保护。在国家级文物保护单位中,被联合国教科文组织列入世界文化遗产名录的有10多处,包括长城、北京故宫、颐和园、天坛、敦煌莫高窟、秦始皇陵及兵马俑坑、周口店北京人遗址、承德避暑山庄及周围寺庙、曲阜孔庙孔林孔府、拉萨布达拉宫、苏州古典园林、平遥古城、乐山大佛等。

② 负面问题

在改革开放的背景下,随着市场经济下价值观的转变,一些负面问题开始涌现。第一,城市建设与保护国家文物单位的矛盾日益突出。特别是在一些城市建设中,涉及文物保护单位的建设工程立项、征地和开工前,不征求文物部门的意见,擅自开工,乱拆乱建。如贵州遵义市在旧城改造中,对属于国家级文物保护单位的遵义会议会址环境风貌造成严重破坏。当地在施工中,不听从有关部门和专家的劝阻,拆除遵义会议会址前的大面积历史街区建筑,造成了对国家级文物单位的"建设性"、"开发性"破坏。

第二,文物保护的资金不足。这是一个在发达国家也会遇到的问题,只不过国外有相应的机制来解决这个问题。如不少发达国家成立文物保护的基金会,由富人提供资金赞助;另外,通过税收政策来调节,把部分税收用于文化事业,我国有待于建立这些机制,利用税收政策来鼓励企业和个人投资于文物保护事业。

第三,文物保护单位上市经营。有些重点文保单位为谋求经济利益,计划上市。然而,文物只能是科学、合理、适度地加以利用,发挥它的价值,任何部门对文物保护单位只有保护和抢修的责任,无权把属于国家的文物当成资产上市经营。同时,股票经营是有风险的,这种做法在发达国家也没有先例。所以，目前应加强经济领域对此问题的研究。四川省规定，国家级文物保护单位要改变管理体制和管理部门的，应经省人民政府同意。

③ 对文物保护单位的保护与利用

第一，不断提高对文物保护单位重要性的认识，真正担当起保护文物的历史重任。凡经国家确定的文物保护单位，都是我们的祖先留下的宝贵遗产，均有着丰富的文化内涵和历史价值。只有挖掘它的内涵，才能充分利用其丰富资源。当前，它完全可以为发展市场经济服务，而绝不是沉重的历史包袱。

第二，进一步认识保护与利用的辩证关系。单纯为保护而保护，往往使得保护工作难以落实。而合理利用才是最有效的保护，也能使保护工作落在实处。北京报国寺、湖广会馆，都是在开发利用方面做文章，有新的创意。报国寺办了文化市场；湖广会馆丰富了京剧演出，还经营具有京味的膳食，这样不仅有效地保护了文物，也保证了文物保护的资金来源。

第三，开发利用文物保护单位与整治周边环境相结合。下大力气治理周边环境，拆除违法建筑，使周围环境与原有文物建筑形成比较协调的城市景观。这不仅使得原有的文物重现了往日的辉煌，也使周边环境形成了浓厚的文化氛围。

第四，把国家级文物保护单位建设成爱国主义教育基地。各地应将文物保护单位的开发与利用纳入当地文化建设和旅游事业的发展规划，结合爱国主义教育基地的建设，根据各自不同的内容和特点，做好合理利用工作，充分发挥其对群众进行爱国主义教育、革命传统教育的作用。

第五，加大对国家级文物保护单位的扶持力度。各级政府从旅游业等第三产业的收入当中，每年安排必要的经费，直接用于文物保护单位的维修保养。积极倡导和培育社会保护机制，动员全社会的力量，广泛筹集文物保护资金。有办法、有步骤地调动各类社会组织和广大群众保护文物的积极性，积极开展文物保护利用的科学技术研究，努力使政府保护与社会保护有机结合起来，从而在资金和技术上为国家级文物保护单位的保护提供更有利的保障。

(3) 管理体制

确立新时期文物保护工作的方针和原则。在发展社会主义市场经济条件下，如何处理好文物保护与经济建设、社会效益与经济效益，特别是文物保护与文物利用的关系，是文物保护事业发展中必须首先要解决的重大课题。

第二章 中国遗产旅游发展模式与管理体制历史演变

这一时期颁布了一项重要的管理机制——"四有"制度,即有必要的保护范围、有标志说明、有科学记录档案、有专门机构或专人管理,这是国家依法对各级文物保护单位实施保护管理的基本措施和保证。在"四有"制度下,各省市县进行整改,对文物保护单位的建设控制地带、重点文物保护单位保护范围等进行控制。如江西省、湖南省人民政府公布文物保护单位保护范围建设控制地带的通知,来进行建设的行为控制;陕西省人民政府划定重点文物保护单位的保护范围,依法对文物进行保护管理;四川省按照"四有"的要求,制订计划,按部就班的落实"四有"制度。

"五纳入"政策。时任国务院副总理的李岚清提出建立以国家保护为主,全社会参与的文物保护新体制,并要求落实新体制的五个纳入,即各地方、各部门将文物工作纳入当地经济和社会发展计划,纳入城市建设规划,纳入财政预算,纳入体制改革,纳入各级领导责任制。

相关事件及政策见表2-14。

表2-14 1989—2002年间文物保护单位制度的相关事件及政策

年代	政策/事件	内容与影响
1991	中国首次当选为世界遗产委员会委员	在联合国教科文组织第26届大会期间举行的第8届《世界遗产公约》缔约国大会上,中国首次当选为世界遗产委员会委员
1992	国务院在西安召开全国文物工作会议	这是新中国成立以来规模最高、规模最大的一次文物工作会议。在全面总结新中国成立以来文物工作实践的基础上,针对保护与利用的关系,党中央明确提出了"保护为主,抢救第一"的新时期文物工作方针
1995	西安召开的全国文物工作会议	针对市场经济条件下经济发展与文物保护的关系,进一步提出"有效保护,合理利用,加强管理"的原则,形成文物工作完整的方针和原则
1996	国家文物局开始进行《中华人民共和国文物保护法》修订稿起草工作	
1997	国务院颁布了《关于加强和改善文物工作的通知》	在科学分析了当前文物的形势和任务的基础上,明确提出了要努力建立适应社会主义市场经济体制要求、遵循文物工作自身规律、国家保护为主并动员全社会参与的文物保护体制

续表

年代	政策/事件	内容与影响
1998	我国第一个世界遗产高级专业研究机构北京大学世界遗产研究中心成立	
2000	首次中国世界遗产地工作会议在苏州召开,同年7月,中国文化遗产保护和城市发展、机遇与挑战国际会议在北京召开,会议形成了《北京共识》	
2002	修订的《中华人民共和国文物保护法》颁布	它的一个重要成果是把"保护为主、抢救第一、合理利用、加强管理"的文物工作方针上升为法律,对不可移动文物,历史文化名城,街区村镇的保护,考古发掘管理,馆藏文物保护,民间文物收藏管理,法律责任等方面都进行了明确的规定。修订后的《中华人民共和国文物保护法》及其后颁布的实施条例,更好地适应了文物工作与社会发展的实际,符合社会主义市场经济和改革开放的时代要求。这是我国文物事业发展史上的又一个里程碑,标志着我国文物保护的法制进程又大大前进了一步

5. 2002至今:市场化运作阶段

(1) 时代背景

党的十六大提出发展先进文化的重大任务,党的十七大提出推动社会主义文化大发展大繁荣,兴起社会主义文化建设新高潮的战略部署。文化遗产事业作为文化建设的重要组织部分,受到党和国家的高度重视,进入了持续发展时期。在这一时期,文物法制建设取得新进展,文物保护理念实现新突破。

(2) 文物保护单位状况

由于国家相关政策不断向经济发展倾斜,普通民众迫切要求改善生活条件,地方政府强调地方经济的发展速度。在这样的情况下,文物保护(或者说文化遗产的保护)与经济活动相结合已成为今天中国文化遗产保护中无法回避的问题。在某些极端的情况下,利益的驱使甚至使文化遗产的保护成为旅游事业的附庸,以至于出现了文物保护单位与地方旅游业捆绑上市的情况。有些地方则把文物保护单位,甚至是世界遗产项目的经营权交给旅游部门。

这些都对我们传统的文物保护或者文化遗产保护观念带来了深刻的影响。

有关国家级文物保护单位的保护与利用的学术论文的涌现，表明学界对这个问题的重视程度加深。同时，民间投资也开始进入文化遗产保护领域。民间投资关注文化遗产保护的投资，希望通过旅游活动得到回馈。但是由于他们缺乏文物保护知识，对文物的修缮一般没有得到文物管理部门的指导，投资者、当地村民由于缺乏对保护、修缮对象的价值认识，在修缮中往往出现盲目提高原有建筑等级、改变原有建筑形制的现象出现，使原有村落或建筑的文物价值受到了损害。

(3) 管理体制

政府通过行政管理体系来管理文物保护单位。这样一种体制是建立在计划经济的大体制基础上的，也是由中国当时的所有制度和经济条件，以及当时受到国家重视和保护的文物保护单位类型所决定的。

对国家级文物保护单位的保护，应当根据有关规定，使占用单位逐步撤出，由文物主管部门设立管理机构，并向社会开放。这种保护与管理的方式其实是一种博物馆的管理方式，它与前四批，也包括第五批文物保护单位中大部分古代建筑项目的情况是相适应的，但不适合仍保持着传统生活方式的村落的保护。

相关事件及政策见表2-15。

表2-15 2002至今文物保护单位制度的相关事件及政策

年代	政策/事件	内容与影响
2003	《中华人民共和国文物保护法实施条例》	
	《关于采取切实措施加强世界文化遗产地保护管理工作的通知》	
2001	中央财政共安排文物保护专项转移支付资金3亿元	以后呈现逐年加速增长的态势，2005年达到近5.87亿元，2007年超过15亿元。文物法制体系建设、摸清文物家底、人才培养、文物安全保障机制等基础工作也迈出了坚实的步伐
2005	国务院发出《关于加强文化遗产保护的通知》	明确了文化遗产保护的指导思想、总体目标和具体措施，并决定设立我国"文化遗产日"，这标志着我国文物事业进入一个新的发展阶段

第三章
中国遗产旅游资源管理绩效评价

一、自然遗产资源管理绩效评价——基于 GAP 分析
二、文化遗产资源管理绩效评价——基于 GAP 分析

GAP 分析法是保护生物多样性的地理学方法（A Geographic Approach to Protect Biological Diversity），这种分析方法综合考虑遗产所在地植被、重要濒危物种适宜生境的分布以及土地所有权和保护区等方面的空间信息，利用地理信息系统进行空间分析，以求在遗产旅游实践中既达到保护濒危物种，又保育地区生物多样性的双重目标。其中两大重要指数是：遗产资源丰富度指数，又称优势度指数，是对多样性反面集中性的度量，包括辛普森（Simpson）指数和香农－威纳（Shannon-Wiener）指数，以及遗产资源多样性指数，包括格里森（Gleason）指数和马加利夫（Margalef）指数。

GAP 分析方法一直以来被用作发掘物种保护空缺，本章创新性地延展 GAP 分析方法和指标建立的原则，建立大尺度地评估遗产旅游资源保护、管理和投资状况的指标体系。

首先，借用 GAP 衡量生物多样性及保护物种空缺的指标体系，分析其指标建立原则及标准，同时基于数据获得性，建立遗产旅游资源的多度（多样性指数，包括格里森指数和马加利夫指数）、丰度（又称优势度指数，是对多样性反面集中性的度量。包括辛普森指数和香农－威纳指数）、保护等级、管理水平等级、投资状况等级状况的指标体系。

其次，抽取国家级自然保护区和文化遗产数据，根据指标体系分别计算出反映国家级自然保护区和文化遗产的保护、管理和投资利用指数，建立相应的数据库，进而定量分析自 2001 年以来自然和文化遗产的保护、管理和投资状况的历史演变，总结其发展规律特征；

再次，利用 ArcGIS 软件和数据库，从大尺度上宏观反映自然文化遗产的保护、管理、投资利用状况的空间规律和区域差异特征，区分出遗产保护工作绩效在区域上的高低梯度变化特征和空间格局。

进一步利用 ArcGIS 叠加功能找到各区域相应的保护、管理、投资空缺省份，确立遗产资源重点保护、管理和投资区域。

一、自然遗产资源管理绩效评价——基于 GAP 分析

据 2003 年至 2010 年《全国各地区野生动植物保护及自然保护区工程建

设情况统计》数据，国家每年都有固定的国债资金和针对国家级自然保护区的中央专项资金用于对其进行保护和管理，达到平均每年 3.73 亿元。但 319 个国家级自然保护区的保护、管理和开发状况各不相同，让人不免担忧这样是否能够体现管理效率和投资质量。保护生物多样性与保护自然遗产有着天然内在的联系，针对生物多样性保护的诸多正发挥着重要作用的方法，例如功能分区、GAP 分析（A Geographic Approach to Protect Biological Diversity）等，完全可以在遗产保护领域发挥价值。因此，本文基于全国林业系统自然保护区相关数据，将 GAP 分析方法引入自然遗产管理中，尝试在宏观尺度上真实、全面并精确地开展对国家级自然保护区保护、管理和投资工作状况和历史演进进行综合评价，建立"自然遗产资源监测预警体系"，以年度和省份为单位发出预警。

目前，具体学界针对我国自然保护区资源管理的研究主要集中在两方面：第一，对自然保护区管理有效性进行评价。权佳等（2010）总结归纳了世界上各国开发的管理有效性评价方法，并对这 4 类共 8 种管理有效性评价方法进行分析与比较。权佳等（2009）对自然保护区管理快速评价和优先性确定（RAPPAM）方法的评价指标和评价特点进行了研究，并对 8 个使用该方法的国家的应用实例进行了分析，实践方面，小尺度的上海崇明东滩、东北林区（栾晓峰等，2003，2009），中尺度的湖南、吉林、海南、北京的自然保护区（谢志红，徐永新，2003；王琪，2005；莫燕妮，洪小江，2007；刘义，2008），大尺度的我国 154 个国家级自然保护区（姜立军等，2005；刘国强，2005），分别有学者对其管理有效性做出相应评价；第二，对管理现状的调查及分析，杨丽萍等（2010）参照《自然保护区有效管理评价技术规范》（2008），从管理体系设置、执法建设情况、生态监测以及科研和社区共管与生态旅游 4 个方面，对佛坪保护区大熊猫保护管理的基本现状进行分析与评价。苏金豹等（2010）从生态质量状况、基础设施状况、社区经济状况和保护管理状况等 4 个方面阐述山口省级自然保护区的管理现状，并提出了相应的应对策略。康东伟等（2010）从资金、人员配置、管理制度和体制、社区发展以及其他共五个角度对四川王朗自然保护区的管理水平进行评价。总体而言，这类研究以定性为主，对象往往为单一保护区。

GAP 分析是利用地理信息系统（GIS）和卫星图像并结合实地调查资料来寻找现存保护区中没有的动物型和植被型，从而获得大尺度上的精确的物种分布数据、不同生物种群、群落。但在目前，国内外的GAP分析研究还处于集中保护空缺研究的阶段（杨娜，2008；Whetten，2010），将GAP分析引入自然遗产的管理，是一种技术应用层面的新尝试。这一技术具有宏观、综合、实时的特点，有利于及时追踪各省区保护和管理情况的变化，识别出更加需要保护的自然保护区对象，提供管理和投资的效率。

（一）构建国家级自然保护区管理绩效评价指标体系

1. 管理对象

本节摘取的研究对象为以全国林业系统所属的国家级自然保护区为代表的自然遗产地。根据《全国自然保护区建设和管理现状分析报告》（以下简称《报告》）中的统计数据。截止至2010年底，全国各级自然保护区共2 588处，总面积149万平方公里，占陆地国土面积的14.9%，其中国家级自然保护区319处，总面积92.7万平方公里，其中归属全国林业系统管辖的有244处，总面积75万平方公里，这些即是本文的研究对象。

根据国家统计局提供的官方数据，本文主要收集2003年至2010年全国林业系统国家级自然保护区的面积、个数、种类；自然保护区机构、管理人员、专业技术人员的数量；国家投资额和投资完成额情况。

2. 指标体系

测度指标体系（图3-1）包括三个方面的九个指标。分别是保护等级指标、管理等级指标和投资等级指标。

保护等级指标除了计算资源的重要性外，还将引入保护生物多样性的重要指数，即生物多样性的丰富度测度指标以及多样性测度指标，并对其在自然保护区GAP分析中的具体情况进行改良。

3. 指标体系的量化

GAP分析方法中针对资源现状的调查和评价分为两大内容：资源重要性测量和生物多样性测量，后者是反映多样本情况下群落物种数量的生物多样性特征，专业性较强，研究根据研究对象（各省的自然保护区）的变化对其衡量指标进行了相应调整，样方、样本、物种种类以及物种数量的概念有

第三章　中国遗产旅游资源管理绩效评价

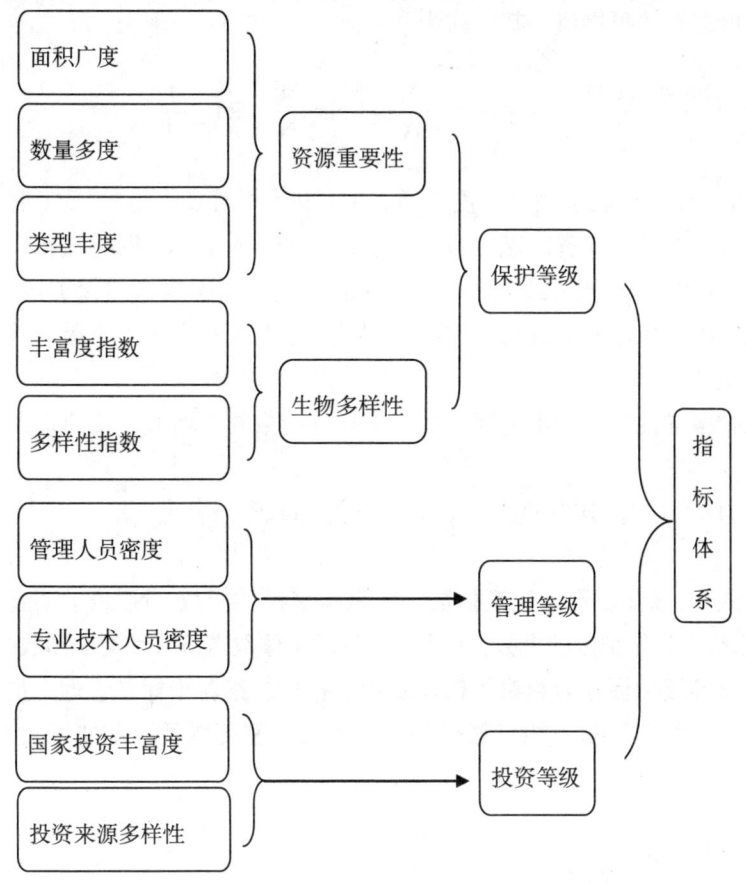

图 3-1　GAP 分析指标体系

所不同。样方定义为"全国范围"；"样本"在本研究中指的就是"省份"，因此，本研究拥有 31 个样方；物种种类即 9 种"自然保护区类型"，某一物种的数量即"某一类型自然保护区的数量"。

测度指标体系包括三个方面的九个指标。分别是保护等级指标、管理等级指标和投资等级指标。

保护等级由两类指标统计得出。一是重要性指标；二是生物多样性指标。两类指标的性质不同，重要性指标从保护区本底资源统计的角度进行计算，生物多样性指标却是通过表现各省保护区丰富程度以及多样程度的角度进行计算。重要性指标为国家级自然保护区面积相对广度、数量相对多度、类型相对丰度之和的平均值，其公式为：

$$IV=\frac{RA+RN+RT}{3}，其中 RA=\frac{A_i}{A}，RN=\frac{N_i}{N}，RT=\frac{T_i}{T}$$

公式中，RA 表示相对广度指数，RN 表示相对多度指数，RT 表示相对丰度指数，A_i 表示 i 省国家级自然保护区面积，A 表示 i 省的总面积；N_i 表示 i 省拥有国家级自然保护区个数，N 表示全国国家级自然保护区总个数；T_i 表示 i 省拥有国家级自然保护区类型数量，T 表示全国国家级自然保护区总的类型数。

生物多样性指标为丰富度指数与多样性指数的平均值。其公式为：

$$D=(D_m+H)/2，其中 D_m=\frac{T_i-1}{\ln N_i}，H=-\sum P_i \log P_i，P_i=\frac{N_{ii}}{N}$$

公式中，D_m 表示丰富度指数，H 表示多样性指数，N_{ii} 表示某省拥有第 i 类国家级自然保护区的个数，P_i 是第 i 种的个体数占所有种类个体数的比率。

管理等级指标分为绝对指标以及相对指标。绝对指标是管理人员和专业技术人员的绝对数量。相对指标是指管理人员密度以及专业技术人员密度，其公式为：

$$D_m=\frac{m_i}{O_i}，D_t=\frac{t_i}{O_i}，$$

公式中，D_m 表示管理人员密度，D_t 表示专业技术人员密度，m_i 表示 i 省管理人员数量，O_i 表示 i 省管理机构数量；t_i 表示 i 省专业技术人员数量，O_i 表示 i 省管理机构数量。

投资等级指标根据国家投资丰富度和投资来源多样性两指标计算，其公式为：

$$D_i=\frac{I_i}{N_i}，D_d=\frac{I_c-I_i}{I_c}$$

公式中，D_i 表示国家投资丰富度，D_d 表示投资来源多样性，I_i 代表某省获得国家投资的数额，N_i 表示某省拥有国家级自然保护区的个数；I_c 代表某省投资完成额，I_i 代表某省获得国家投资的数额。

最后对各指标进行最大最小值相对化处理，避免某一类数值整体过高而影响最后结果的权重，处理后该类数值都分布在 0 和 1 之间，便于最终的统计，其公式为

$$M = \frac{M_i - M_{min}}{M_{max} - M_{min}}$$

公式中 M 代表相对化处理后的数值，M_i 代表原始值，M_{max} 指该类数值中的最大值，M_{min} 指该类数值中的最小值。

4. 数据处理

将 2003 至 2010 年的资源保护、管理人员和投资状况三类数据套入已经建好的指标体系中，建立全国林业系统国家级自然保护区 GAP 分析数据库。

基于资源保护等级、管理等级和保护等级数据，利用 ArcGIS 软件进行制图，形成全国国家级自然保护区保护等级梯度图、管理等级梯度图、投资等级梯度图；同时导出 2003 年至 2010 年每年的三类等级梯度图，分别比较三种等级在时间上的发展演进。

最后，在全国国家级自然保护区保护等级图上分别叠加管理等级图与投资等级图，寻找重要保护区域中存在管理空缺和投资空缺的省份。其中，管理空缺即资源保护等级排名超过全国平均值但是管理等级排名落后于全国平均值的省份，同理，投资空缺即资源保护等级超过全国平均值但投资等级在落后于全国平均值的省份。

（二）国家级自然保护区保护状况分析

根据图 3-2 中年度综合保护等级梯度图，各地区保护等级由高到低依次分作五个梯次，颜色越深，保护等级越高：

第一梯次包括内蒙古、甘肃、青海、西藏、四川；

第二梯次包括吉林、辽宁、新疆、云南、山东、河南、安徽、江西、福建、海南；

第三梯次包括黑龙江、宁夏、湖北、重庆；

第四梯次包括河北、山西、陕西、浙江、贵州、湖南、广西、广东；

第五梯次包括北京、天津、江苏、上海。

保护等级的分布级基本符合腾冲—黑河分布线，即西北地区的保护等级总体比东南地区高一至两个梯度；东北地区的保护等级也相对较高；京九铁路线经过的省区保护等级大多在第二梯度，除这几个省份之外，东部和南部地区都停留在第四和第五梯度。

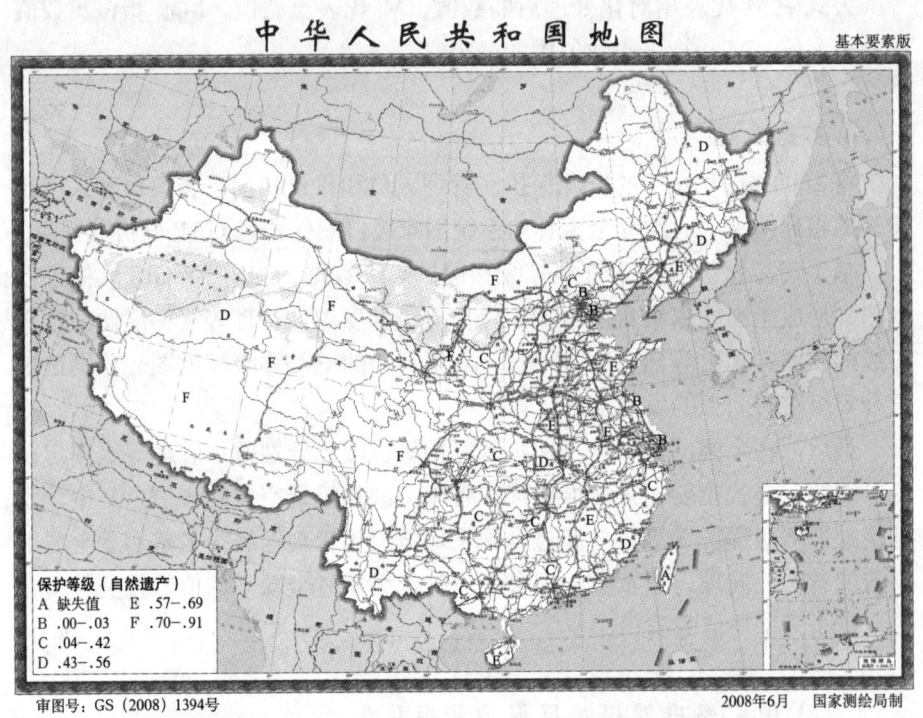

图 3-2 2003—2010 年全国林业系统国家级自然保护区保护等级梯度

（三）国家级自然保护区管理水平分析

根据图 3-3 中年度综合管理等级梯度图，各地区管理等级由低到高依次分作五个梯次：

第一梯度（管理等级最低）：新疆、西藏、四川、重庆、贵州、福建、海南、上海；

　　第二梯度：黑龙江、吉林、辽宁、青海、陕西、天津、江苏、安徽、浙江、湖北、江西、湖南、云南；

　　第三梯度：内蒙古、甘肃、河北、山东、河南、广东；

　　第四梯度：广西、北京；

　　第五梯度（管理等级最高）：宁夏、山西。

　　全国范围内绝大部分地区的管理等级梯度都在三级以下，尤其是西北、东北和长江一带的管理等级一直停留在很低水平。

图 3-3　2003—2010 年全国林业系统国家级自然保护区管理等级梯度

（四）国家级自然保护区投资水平分析

　　根据图 3-4 中年度综合投资等级梯度图，各地区投资等级由低到高，依

次分作五个梯次,梯次越高,投资等级越高:

第一梯次包括内蒙古、新疆、甘肃、海南;
第二梯次包括青海、西藏、宁夏、陕西、河南、安徽;
第三梯次包括黑龙江、吉林、辽宁、云南、广西、湖南、江西;
第四梯次包括山西、山东、四川、湖北、浙江、上海;
第五梯次包括北京、河北、江苏、重庆、广东。

总体来讲,西北地区的投资等级最低,东北地区表现也欠佳,各沿海地区的投资等级相对较高,内陆中部地区除重庆外,其他大多都停留在第二、三梯度的较低水平。

图 3-4 2003—2010 年全国林业系统国家级自然保护区投资等级梯度

第三章 中国遗产旅游资源管理绩效评价

（五）国家级自然保护区管理空缺和投资空缺透视

由 ArcGIS 叠加分析制出的管理空缺和投资空缺图 3-5 和图 3-6，发现存在管理空缺的省份是新疆、青海、西藏、四川、云南、黑龙江、吉林、辽宁、安徽、江西福建、海南；存在投资空缺的省份是内蒙古、新疆、青海、西藏、河南、安徽、福建、海南。

很明显，新疆、青海、西藏、安徽、福建、海南同时存在管理空缺和投资空缺。这几个省份的保护状况都比较好，反而管理和投资状况却相对较差，需要相关管理部门高度重视。

图 3-5　2003—2010 年全国林业系统国家级自然保护区管理空缺

图 3-6 2003—2010 年全国林业系统国家级自然保护区投资空缺

（六）总结与讨论

（1）总体来讲，自然资源保护和投资状况均呈下降趋势的省区过多（超过三分之一），管理基本停留在较低水平，亟须改革保护措施，提高管理和投资效率；

（2）保护状况的梯度除京九铁路沿线一带以外，基本由西北向东南递减；

（3）全国超过三分之二的省区管理状况长期处于极低水平，直至2009年才有所改善；

（4）各省区的投资情况都呈现忽高忽低的状况，很不稳定，投资不具有持续性；

（5）东北和西北地区的资源保护状况与其管理和投资状况的错位要比其他地区更大，保护等级很高，但管理和投资等级一直停留在较低水平，尤其是内蒙古、新疆、青海、西藏、安徽、福建、海南等省亟待提高管理水平，加大投资力度。

二、文化遗产资源管理绩效评价——基于GAP分析

文化遗产事业三大功能的充分发挥既受管理体制、工作机制的影响，也受管理水平的影响。而管理水平的高低，在相当程度上取决于作为文化遗产事业主体的文物系统的行政资源配置效率。这种效率包括行政资源从地理空间角度而言的配置效率和文物系统内部在教育、科研、经济和保护等方面的配置效率。文物系统在这些方面实现了精细化管理，才可以说其管理水平得到了提高。

（一）构建文化遗产资源管理绩效评价指标体系

参考《中国文化遗产事业发展报告》中文化遗产事业管理水平分析内容，结合2001年至2009年《中国文化文物统计年鉴》中全国各地区文物业、文物保护管理机构基本情况统计，本文从文物保护情况、人员管理、资金管理、教育功能发挥水平等各方面选取评价指标，设计如下文化遗产管理水平评价指标体系（图3-7）。指标既涵盖了文物保护、文物系统人员队伍建设等基础工作的要求，又包括了惠及民生的公众教育成效，集中反映了文物保护管理机构的管理水平和管理工作成效，在此基础上进行的GAP分析所得的评价成果已经成为衡量各省文物系统管理水平的重要参考。具体来讲，评价指标一方面考虑到文物系统开展日常工作、管理工作的投入——既包括投入的资源总量指标，也包括相应的效率指标；另一方面更注重相关投入产生的工作成效——例如教育功能的发挥情况、科研成果等，从而实现对文物系统人员管理、资金管理以及教育功能发挥水平的全面掌握，也是抓住了文物系统管理的重中之重。

同时，为了更准确、稳定地衡量各省区在这三类管理水平上的差异，将以2001年到2009年的各项指标值的均值作为各省区管理水平的空间差异。

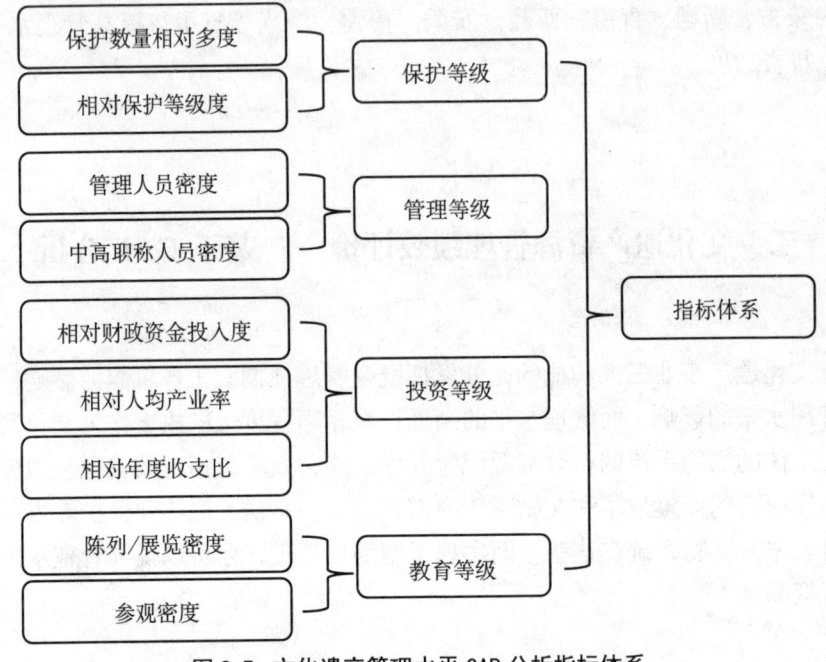

图 3-7　文化遗产管理水平 GAP 分析指标体系

指标解释如下：

（1）保护等级中，保护数量相对多度是指各省文物业几年来的藏品数量占全国藏品数量的百分比情况；相对保护等级度包括两层指标，一层是各省藏品中一级品数量占全国一级品数量的百分比情况；一层是各省省级以上重点文物保护单位数量占全国省级以上重点文物保护单位数量的百分比情况。

（2）管理等级中，中高级职称人员比例，反映了文物保护管理机构工作人员的专业人才机构和人才培养的成效。

（3）投资等级中，为保障文物保护、修复、利用等各项工作的顺利开展，调动和提高工作人员的积极性，提高资金运用效率也是不可移动文物管理的重要工作。随着市场机制的引入，不可移动文物在满足公众基本文化需求的同时也有自主创收的举措，用某省文物保护管理机构的年度增加值除以对应的工作人员数量，即得到"人均产业率"，在一定程度上可以反映文物保护管理机构经济功能的发挥情况。同时，用某省文物保护管理机构的"年度总收入"除以对应的"年度总支出"得到的年度收支比，作为评价文物保护管理机构资金收支的总体情况的指标,然后,以对应的文物保护管理机构数对财政拨款进行平均,就能从年度收支和事业发展的经费保障的角度反映文物保护管理机构的平均资金收入和资金利用效率。

(4)教育等级中,在文化遗产事业的大背景下服务大众是文物保护管理机构的基本职能,年均举办的陈列、展览数和平均参观人次反映了社会公众对不可移动文物管理的认同度,是从管理的结果来反映文物保护管理机构的管理水平。

(二)文化遗产资源保护状况分析

根据图3-8,文化遗产资源保护等级梯度图,全国文化遗产保护状况可以分为五个梯度,梯度越高代表本省区文化遗产资源保护状况越好:

第一梯度:黑龙江、吉林、宁夏、青海、西藏、贵州、海南;

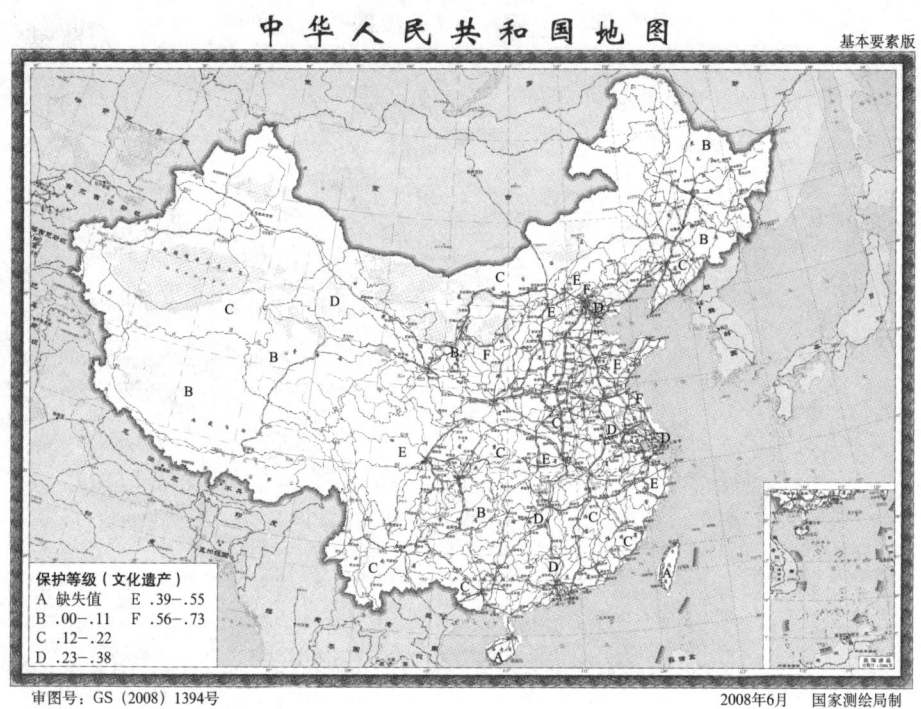

图3-8 2001—2009年全国文化遗产资源保护等级梯度

第二梯度：新疆、内蒙古、辽宁、重庆、云南、广西、江西、福建；
第三梯度：天津、甘肃、安徽、上海、湖南、广东；
第四梯度：河北、山西、山东、四川、湖北、浙江；
第五梯度：北京、陕西、河南、江苏。

显然，中部地区的文化遗产资源保护状况最好，华北和长江北部一带也不错；相反，东北、西部和华南地区的文化遗产资源保护欠佳。

（三）文化遗产资源管理水平分析

根据图3-9，文化遗产资源管理等级梯度图，全国文化遗产管理水平可以分为五个梯度，梯度越低代表本省区越亟须提高管理水平：

第一梯度：甘肃、陕西、广东、海南；
第二梯度：新疆、辽宁、河北、山西、宁夏、河南、四川、贵州、湖南、

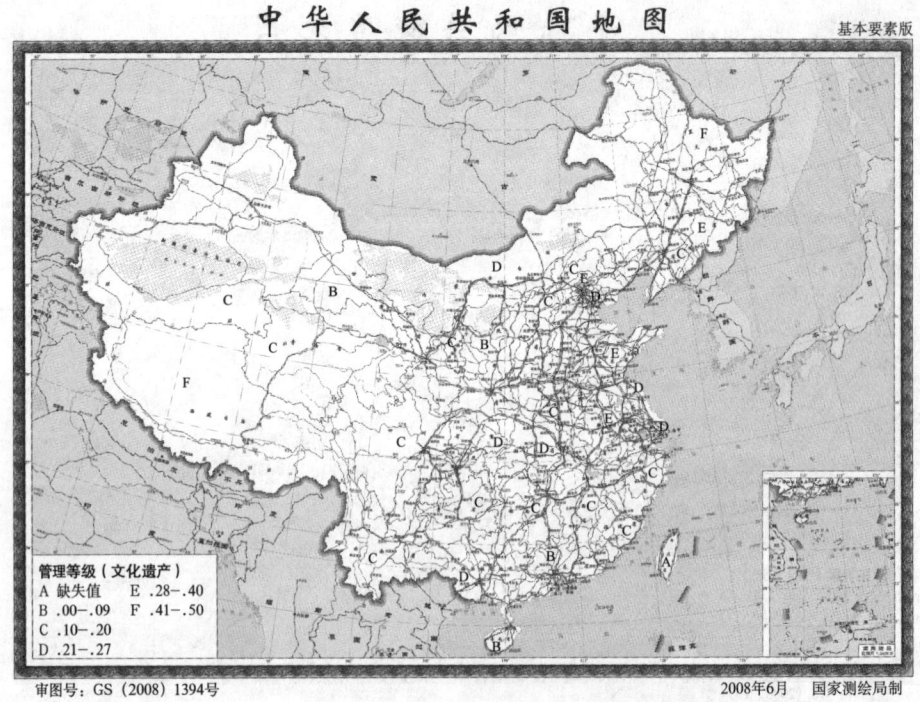

图3-9　2001—2009年全国文化遗产资源管理等级梯度

江西、福建；

　　第三梯度：内蒙古、青海、湖北、重庆、广西、浙江、上海、江苏；

　　第四梯度：北京、天津、山东、安徽；

　　第五梯度：黑龙江、吉林、西藏、云南。

　　全国范围内的文化遗产资源人员管理水平普遍处于较低水平，管理等级均值是 0.23，尤其是华北、西北和华南地区的人员管理水平均处于较低水平；相反，东北、西藏和云南地区的管理水平较高，其次是长江三角洲一带。

（四）文化遗产资源投资水平分析

　　根据图 3-10，文化遗产资源投资等级梯度图，全国文化遗产资金管理水平可以分为五个梯度，梯度越低代表本省区越亟须提高资金管理水平：

　　第一梯度：黑龙江、吉林、湖北、海南；

图 3-10　2001—2009 年全国文化遗产资源投资等级梯度

第二梯度：内蒙古、辽宁、甘肃、青海、河南、安徽、湖南、贵州、广西；

第三梯度：河北、天津、山西、山东、新疆、四川、重庆、云南、江西、广东；

第四梯度：宁夏、陕西、北京、江苏、福建；

第五梯度：上海、浙江、西藏。

全国范围内的文化遗产资源资产管理水平均处在较低范围，尤其是东北地区，其次是华北和中南部地区，西藏和长江三角的资金管理水平反而处在前列。

（五）文化遗产资源教育水平分析

根据图3-11，文化遗产资源教育等级梯度图，全国文化遗产教育功能的发挥可以分为五个梯度，梯度越低代表本省区越亟须提高文化遗产教育功能：

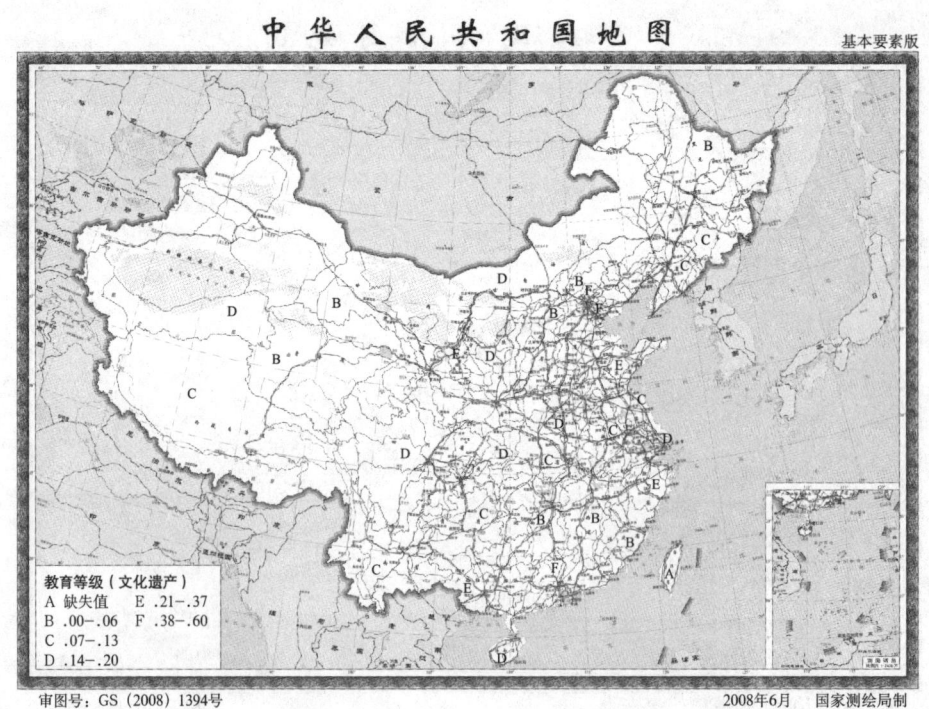

图3-11　2001—2009年全国文化遗产资源教育等级梯度

第三章 中国遗产旅游资源管理绩效评价

第一梯度：黑龙江、河北、山西、甘肃、青海、湖南、江西、福建；
第二梯度：吉林、辽宁、西藏、云南、贵州、湖北、安徽、江苏；
第三梯度：内蒙古、新疆、陕西、河南、四川、重庆、海南、上海；
第四梯度：宁夏、山东、浙江、广西；
第五梯度：北京、天津、广东。

同样，全国范围内的教育发挥水平也处于相当低的情况，很多区域成为报警区：东北、华中、华西、长江以南一带。北京、天津和广东这三大区域的教育功能发挥水平较高。

（六）文化遗产资源管理、投资和教育空缺透视

由 ArcGIS 叠加分析制出的文化遗产资源管理空缺、投资空缺和教育空缺如图 3-12，图 3-13 和图 3-14：

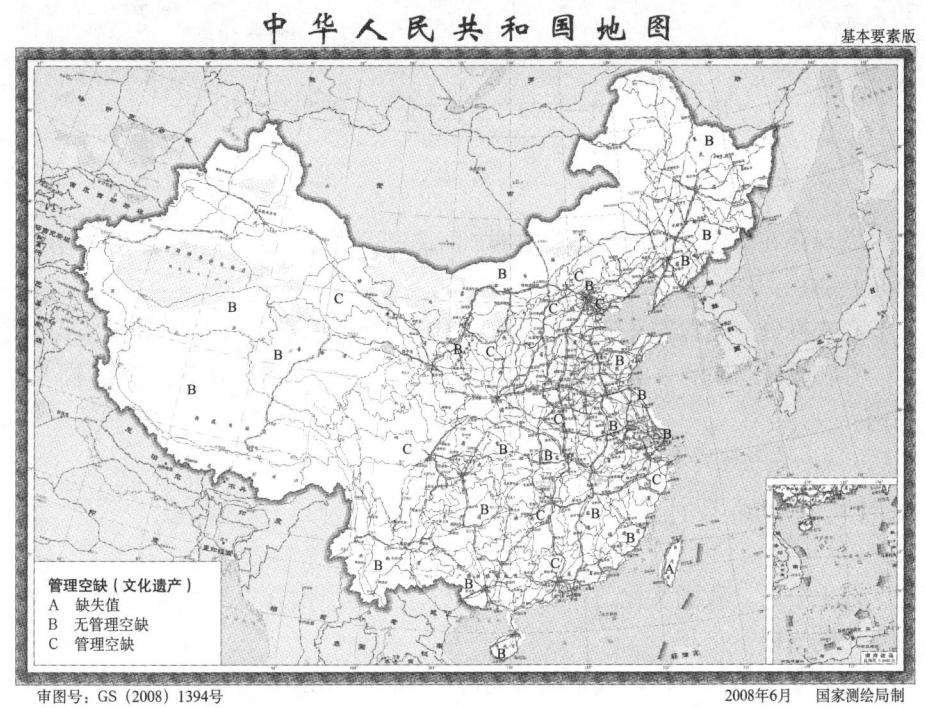

图 3-12　2001—2009 年全国文化遗产资源管理空缺

中国遗产旅游可持续发展模式创新与体制改革

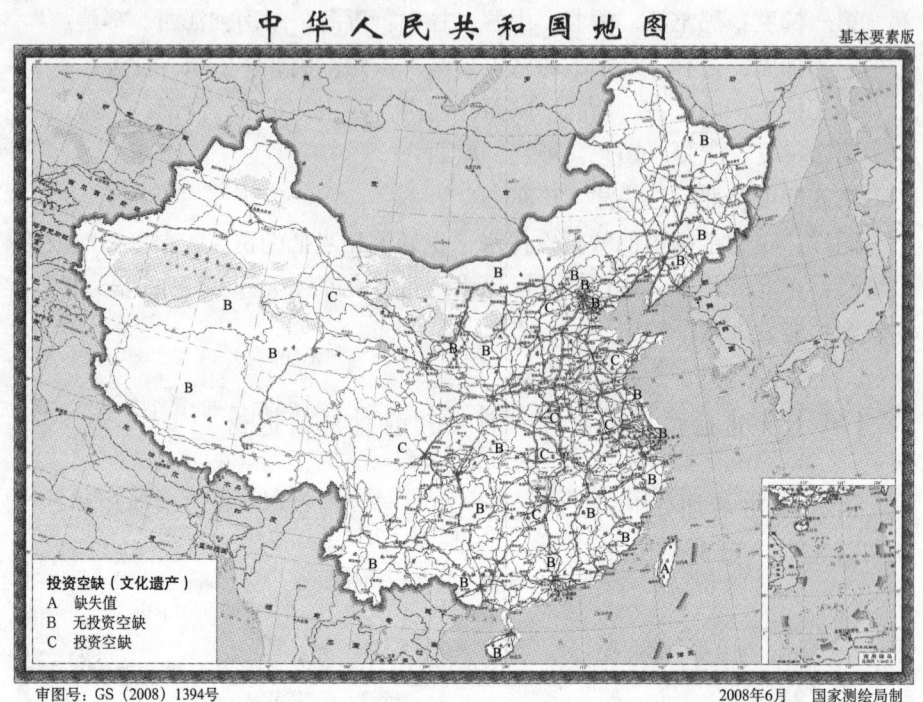

图 3-13 2001—2009 年全国文化遗产资源投资空缺

发现存在管理空缺的省份是甘肃、河北、陕西、山西、河南、四川、湖南、广东、浙江；

存在投资空缺的省份是甘肃、山西、山东、河南、安徽、湖北、湖南、四川；

存在教育空缺的省份是甘肃、河北、陕西、山西、河南、江苏、安徽、湖北、湖南。

（七）总结与讨论

综上分析，我国文化遗产资源的保护、管理、投资和教育水平现状的要点可归纳为以下：

（1）文化遗产资源的保护状况形成以陕西—河南—江苏为横轴中心，向周围保护水平逐次降低的格局；

第三章 中国遗产旅游资源管理绩效评价

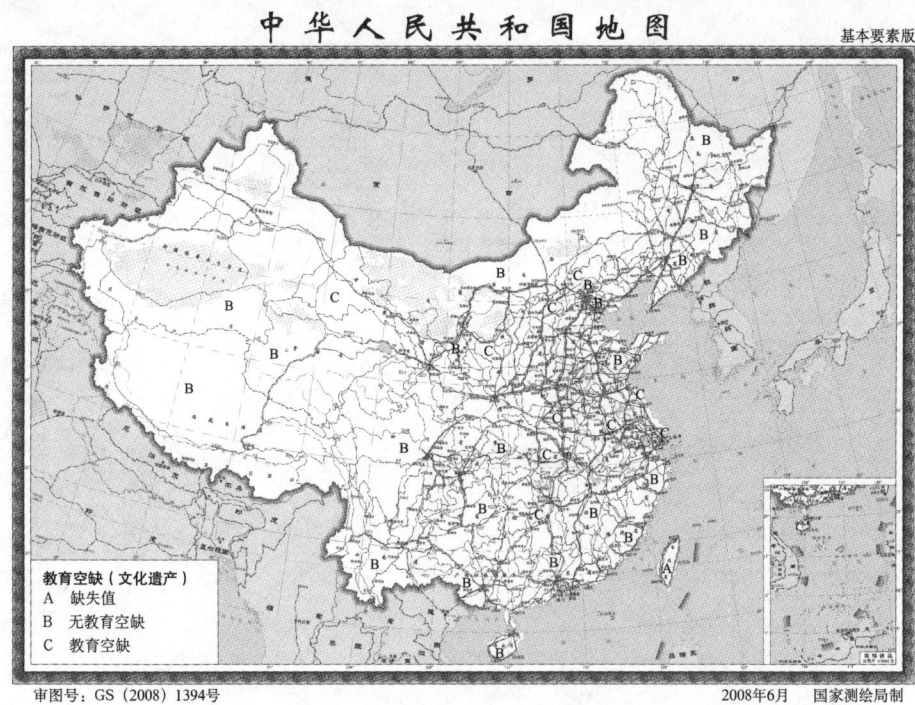

图 3-14 2001—2009 年全国文化遗产资源教育空缺

（2）文化遗产资源管理和投资水平均普遍处于较低水平，与保护状况形成强烈反差，尤以保护较好的中部地区表现最为明显，管理、投资和教育空缺梯度图也全面反映了中部地区三种功能的严重缺位；

（3）文化遗产资源教育功能的发挥目前还处于相当初级的阶段，众多区域还未体现对遗产资源教育功能发挥的意识，功能发挥较好的区域呈现出经济发展水平较高的共性。

第四章
中国遗产旅游可持续发展体制改革

一、遗产旅游可持续发展的内涵与原则

二、遗产旅游管理体制症结

三、遗产旅游管理体制改革的国际经验

四、遗产旅游可持续发展模式创新与体制改革

一、遗产旅游可持续发展的内涵与原则

(一) 遗产旅游可持续发展内涵

可持续发展强调人与自然的协同进化和人与人之间关系的和谐发展，人类的生存和发展必须有资源环境系统的支持。可持续发展理论的出现为人类的发展提供了一个全新的发展模式，同时为处理各种社会问题、环境问题、资源问题提供了范式，它诠释着发展的重要性以及可持续性的必然性和唯一性。

遗产旅游发展中面临的诸多问题与矛盾，如管理体制落后、服务质量不高、过度开发、生态破坏、科技含量低、文化品质不高等，这些问题必须在发展中解决，必须推行可持续发展战略来实现遗产旅游的长远和健康发展。在可持续发展理论的基础上，结合旅游的可持续发展概念，针对中国的国情，我国的遗产旅游可持续发展的内涵应强调以下几个方面：

(1) 充分认识遗产旅游资源的珍稀性及其非同寻常的价值和意义，明确每一代人对遗产的责任和义务。

(2) 始终坚持"保护第一，开发第二"的原则。

(3) 旅游发展必须建立在生态环境的承受能力之上，自觉理智地循序渐进，并保障遗产旅游资源利用的永续性。

(4) 旅游作为一种强有力的发展形式，应充分发挥其保护自然、文化遗产的潜力。

(5) 合理利用资源，有效保护自然文化遗产，改善生态环境，保持文化完整、基本生态进程、生物多样化和生命支持系统，满足经济、社会和审美方面的需求。

(6) 及时转变旅游者、旅游经营者和管理者的思想观念和行为规范，倡导自然、文化生态旅游，用可持续发展的观念与方法正确处理旅游开发与世界遗产的资源、生态、环境和民族文化特色的关系。

(二)遗产旅游可持续发展原则

《旅游业可持续发展行动战略》将旅游业可持续发展看作一种产业经济发展模式,主要目的在于:

(1) 提高目的地社区人民的生活质量;

(2) 为旅游者提供高质量的体验;

(3) 维护目的地社区和旅游者所共同依赖的环境质量。

遗产旅游作为旅游的一种形式,也适用于这个目标,遗产旅游在促进经济发展、为旅游者提供满意体验的同时也要促进遗产的保护和管理,保持遗产的真实性和完整性,实现遗产旅游的长期发展、可持续发展。

实现遗产旅游的可持续发展需要遵循如下原则:

(1) 保护性原则

不能把遗产地简单地看成是旅游目的地,把遗产等同于旅游资源,对遗产的开发要慎之再慎,必须经过专家的讨论验证和科学的规划,事实验证可以开发时再作为旅游资源去开发。如果没有经过合理的规划,大张旗鼓地对遗产进行旅游开发,势必带来不良的结果,对遗产资源造成一定程度的破坏,对当地的居民带来一定程度的负面影响。在对遗产进行旅游开发的同时要注重对遗产的保护,保护工作要做在开发的前面,确保遗产的原真性,保持遗产原来的文化历史价值。如果没有条件做到有效保护,就尽量不要实施开发,宁可不发展旅游,也不要破坏遗产,坚持保护第一的原则,这是保证遗产旅游可持续发展的首要原则,也是最重要原则。

(2) 可持续性原则

遗产旅游发展要具有可持续性,以世界遗产为依托,保持旅游的可持续发展,不是有限发展而是无限发展,不断为人们提供更高质量的旅游体验,不断满足人们更高水平的旅游需求。持续性原则不是对发展的限制,恰恰相反,是对发展的一种促进,源源不断地为发展提供动力,保证健康的发展,持续的发展,这样才能达到遗产旅游可持续发展的目的,才能达到人们的愿望要求。

(3) 真实性原则

遗产地发展旅游靠的是遗产的独特性,世界上独一无二的事物对人们的吸引力是巨大的，它的价值也是无可估量的。人们不能只顾着发展旅游，而忽略了遗产的真实性，歪曲了遗产的内在属性。世界遗产是先祖遗留下的宝贵财富，人们应该很好地继承下来，保持遗产的原来面目，让后代也很好地欣赏到它们真实性的魅力，而不是被人们改造得面目全非的事物。

(4) 参与性原则

《21世纪议程》提到，实现可持续发展的先决条件之一就是大家的广泛参与决策。遗产旅游的发展牵涉到的不是一代人、一个国家、一个民族的事情，涉及当代及后代、所有国家和民族，需要大家广泛参与，是一个大众工程。人们应当积极参与进来，对遗产旅游的可持续发展献计献策、投资出力，改变之前的旅游行为模式，从自身做起，加强环保意识和责任意识，建立良好的价值观、社会观和道德观。保护遗产人人有责，通过大家的集体努力，遗产旅游的可持续发展定能实现。

二、遗产旅游管理体制症结

(一) 我国遗产管理体制不顺导致遗产地保护与开发的矛盾

随着我国旅游业的发展，遗产保护和旅游发展之间的矛盾逐渐凸显，成为旅游业界和学术界关注的热点问题，我国遗产管理体制不顺是导致此矛盾的重要原因。目前，我国的遗产管理体制存在诸多问题：

从宏观方面来看，没有一个统一的管理机构，多头管理导致效率低下。据初步统计，目前，我国旅游景区归属部门多达十几个，有建设、林业、环保、文化、文物、宗教、国土、海洋、交通、水利、旅游和科学院系统等。有的遗产地同时有多个头衔（如黄山有7个头衔：既是国家重点风景名胜区 (1982)，又是国家森林公园 (1987)、世界自然与文化遗产 (1990)、国家4A级旅游区 (2001)、国家地质公园 (2002)、世界地质公园 (2004)、国家5A级旅游区 (2006)），受多个管理部门指导，而各个管理部门都从本部门的利益出发，形成了在各个部门管理权限和利益分割下对遗产地资源占有的人为分割，不利于遗产地的统一规划和有效保护。国家主导与属地管理相结合的模式导致地方政府的"短视"，容易造成资源破坏。我国的遗产地名义上属于国家所有，但是实际上由地方政府代表国家行使管理权，因为没有统一和权威的国家部门进行管理，也缺乏国家层面的法律对地方政府的管理行为进行监督，所以国家产权主体地位被削弱。地方政府急于追求短期政绩，且管理能力有限，容易只重视遗产地的开发而忽视对遗产地资源的保护。

从微观方面来看，经营模式界定不清，监督机制严重缺位，法规体系和资金筹集机制不健全，导致遗产管理区管理与经营不分，甚至经营冲击管理，未能形成一个良好的管理模式和市场竞争环境，对遗产资源的保护造成了很大的威胁。在国家拨付的经费极为有限的情况下，遗产地抓经营创收是必然之举。但是，政府对遗产地经营权的行政垄断实际上是政府集运动员与裁判员双重角色于一身，并且期望短时间内从遗产中获得较高的经济回报以便作为政绩，因而更乐意直接参与遗产的开发，甚至是过度的开发而不太关心将其长期利益最大化。另外，有些遗产地在经营权转让给企业的过程中，由于政府寻租和设租行为的存在，会造成遗产地价值的损失和资源破坏。

（二）体制问题的具体症结

近些年来，我国的遗产管理出现诸多问题，综合遗产资源管理体系的国际经验，结合国内管理现状，总结出我国遗产资源管理体制问题的症结主要指向以下四个方面：

1. 资源管理体系

我国正处于市场经济体制的转型时期，受我国遗产资源管理体系及其法规、制度安排的影响，旅游资源产权关系长期界定不清，产权制度安排不够合理，从而导致旅游资源粗放经营、低效配置，资源质量下降、环境污染加剧等一系列负面外部效应的出现，大大降低了旅游资源的利用效率。不管哪个体系的遗产资源多数只是名义上的国家所有，即便是国家级遗产的管理经营也常常是地方政府主导。由于地方政府派出的管理部门既管理又经营、政企不分，在行使行政权力的同时也从事营利活动，改变了遗产资源的公益性质。这样，尽管我国遗产资源的分类体系更精确，但分类不是根据"遗产价值"这一共性,而是根据遗产的"资产属性"这一共性分配,所以仍会经常出现各种分类的管理者都把管理重点放在经营方面导致不当开发。美国、日本的自然文化遗产管理体系同样也是多套体系并存,但关键在于不管哪个体系都是公益体系,牟利倾向较轻,因此,多个体系并存而造成的矛盾并不严重,反而根据资源价值品位形成了合理的使命分工。例如美国内务部下属的国家公园体系和农业部下属的国家森林体系:国家公园涵盖范围更广,保护价值更为重大,其保护的使命就更为重要,所以对游客的限制较多;而国家森林常常包围在国家公园周围,相对来说价值稍低,因此更多地承担了旅游功能(包括狩猎等其他服务性活动),大大减轻了国家公园的旅游压力,同时也很好地利用和管理了森林体系的资源。

2. 经营机制

对于遗产资源经营权的总体转让或承包,必须清醒地认识到中国对经营权的理解和实施与其他国家有本质上的区别,因为我国目前许多遗产资源的经营权转让实质上是管理权,甚至实际意义上的产权转让。例如,风景区的管理者同时掌握了规划权、开发权和风景区内所有业务的经营权,在监督机制不健全、退出机制未建立的情况下,这种本来属于公益事业的风景区管理已经完全蜕变为业务经营,使公众福利受到极大侵害。但美国对于在遗产空间范围内的经营有严格的限制:第一,不属于最基本的公益服务(他们的规则是,进入国家公园就属于最基本的公益服务,所以其门票不能按保护和管理成本来定价,门票经营权也不能转让);第二,提供的产品(服务)与遗产管理机构的主要使命关系不密切,例如公园内的公共交通。而像解说这样专业性较强且属于公园主要使命——科普教育的服务,尽管工作量很大,但仍由公园的管理人员承担;三是易于建立排他性制度将外部性内部化。如住宿、餐饮等公园后勤服务,需要开发差异化产品以满足不同人群需要,同时又易于建立排他性收费制度,使消费者能够为其享受到的不同外部性服务支付不同的费用。同时,考虑到特许经营实质上是垄断经营,所以美国建立了完备的监督机制(包括对业务量、服务水平和价格的监管)和退出机制以规范经营商的行为。

3. 法规资金机制

美国、日本和意大利等国家的管理模式之所以成功,其很重要的前提条件是:一是明确的使命、完备的法规体系和足够的财政资金保障。例如国家公园的主要使命是保护和服务,通过适度的经营牟取经济效益不是目标而只是配合提高管理效率的一种手段;同时,实行"一区一法",使垂直管理带来的权力空间得到了有效的约束;另外,公园的运行经费也有足够的财政资金保障(一般占到公园运营资金的70%以上),职工收入与经营效益脱钩,杜绝了不当牟利动机。二是明确了土地权属:各国遗产资源基本上都是政府拥有主要的土地权和产权,因此享有对遗产资源的绝对支配权,有效地杜绝了外来干扰。三是良好的公众参与和公众决策机制。各国的遗产管理机构都致力于社会捐赠集资和志愿者参与遗产保护和管理工作,这两种力量成为目前加强公园管理的主要手段;同时,公园也将公众嵌入监督体系中,重大建设项目从规划开始就必须经过公众监督程序,因而较好地避免了决策的长官意志和国家利益部门化、部门利益个人化。对于我国来说,如果没有准备好前述三个前置条件,盲目扩大垂直管理的范围,不仅会使财政资金不堪重负,而且会造成"放权过度、约束不足"的现象,反而有可能降低自然文化遗产的管理水平。因此,我国不仅要解决管理体制问题,更要完善法规、明确遗产权属和改善财政资金投入机制。

4. 门票价格调控机制

我国的遗产管理单位中有相当数量被地方政府作为上缴税收的财源,门票定价的依据并非保护和运营的基本费用,更非遗产资源的价值体系,即便是世界遗产也只是经过限定范围的听证就可以涨价,所谓门票价格杠杆往往只是门票涨价的借口,基本未起到限制游客数量的作用,真正能够根据环境容量限制客流量的仍然是类似美国的制度,如九寨沟就采用了日游客上限制度。美国基本不采取门票价格杠杆的方式来限制客流量是基于以下认识:传统上解决负外部性的方法是管制或庇古税,国家公园尽管有拥挤效应,严格来说是共同资源而非纯公共产品,但在国家公园观光、休闲和接受教育是如一周五天工作制和义务教育一样的公民基本福利,只能通过管制性的排他制度(如预约制、客流上限制等)而不能通过价格杠杆调节需求,以免造成人群歧视。美国的这种基本公益一般仅限于游客进入国家公园的权利,其他消费是通过俱乐部产品方式来提供(这样也便于建立排他性制度),不妨碍游客根据各自的所及范围和主观态度享受其他服务。

(三)各遗产地管理体制变革及其绩效值得关注

受遗产地管理体制不顺的影响,遗产地保护和旅游业的发展效率受到极大的束缚,为此,很多遗产地开始在管理体制改革的道路上逐渐探索。

从1985年到2004年,泰山共计进行了6次体制改革,最终形成了由泰山景区管理委员会统一领导的管理体制。

华山在20世纪70年代末、1988年和1999年,分别经历了3次体制变革,最终形成了政事企分开的管理格局:华山旅游发展总公司负责整体经营管理、华山文管所和西岳庙文管所直接隶属陕西省文物局管理,其管理经费由华山旅游发展总公司拨付,华山管理局(副县级)主要行使旅游行政管理的职权,其日常办公费用由华山旅游发展总公司间接拨付。

鉴于之前多头管理带来的弊端,峨眉山从1993年起,开始逐步完善峨眉山风景名胜区的管理体制。1995年,中共乐山市委规定峨眉山风景名胜区管理委员会为相对独立的、享有县级政府职能的权威机构,全权负责对峨眉山进行统一规划、建设和管理。同时设立峨眉山旅游发展有限公司负责峨眉山旅游业的开发和经营。

辽宁千山从1979年到1997年,共经历了3次体制变革:从1979年的千山风景区管理处(千山市政府直属的事业单位),到1988年设立的兼管和经营于一体的千山风景区管理局,再到1997年设立千山风景区管理委员会,明确规定千山风景区管委会为市政府的派出机构,赋予风景区管委会市级经济管理和区级行政管理权,设立县级财政和一级金库,又将风景区规划范围内的4个行政村划归风景区行政管辖,并给予风景区区域发展扶持政策。但是目前在经营形式上仍没有政企分开。

武夷山从1978年的武夷山管理处,到1980年的福建省武夷山管理局(正处级事业单位),再到1990年的武夷山风景名胜区管理委员会(为武夷山市政府派出行政机构),武夷山不断探索适应风景区发展的新体制新机制,总体来讲,"统一管理"的原则始终没有变。另外,在经营模式上,实行政企分开,组成"武夷山旅游（集团）公司"，专门负责风景区国有资产的运营管理。

为了切除影响黄山旅游产业健康发展的"体制病灶"，安徽省委、省政府从20世纪80年代中期就开始动手术，理顺黄山的行政管理体制。1987年11月27日，国务院发出《关于安徽省调整徽州地区行政区划的批复》，撤销徽州地区、屯溪市和县级黄山市，设立地级黄山市，市政府驻屯溪区。1988年3月，黄山市徽州区、屯溪区和黄山区联袂成立；4月，地级黄山市正式成立。同年，省委、省政府撤销黄山管理局，成立黄山风景区管委会，归属黄山市政府领导。1996年11月18日，黄山旅游发展股份有限公司成立，专门负责经营黄山的旅游业发展。

普陀山管理局成立于1979年4月，作为县处级的管理机构，对普陀山的旅游经济发展做出了重要贡献。为进一步理顺普陀山风景区的管理体制，舟山市委、市政府于2006年12月批复同意普陀山管理局更名为普陀山风景名胜区管理委员会，作为舟山市人民政府具体负责普陀山风景区保护、利用、规划和管理的综合职能部门，享受与县（区）政府同等待遇的人事和财政权，并于2007年1月初挂牌运行。新体制的建立不仅进一步明确了管委会的工作职责，同时也在规划实施、生态环境保护、宗教行政事务管理、综合执法等方面授予了管委会更多的管辖权限。目前，普陀山其他单位和部门基本上均为管委会内设、直属或双重管理机构。由原属于普陀山管理局的普陀山旅游总公司发展而来的普陀山旅游集团有限公司，负责开发和经营普陀山的旅游业务，保持政企分开。

世界自然遗产九寨沟也是如此，1983年设立的九寨沟自然保护区管理处，为县局一级，由南坪县政府直接领导；1984年设立九寨沟风景名胜区管理局；1993年，实行九寨沟自然保护区管理局和九寨沟风景名胜区管理局两块牌子、一套人马的管理体制；2003年，升级为阿坝州人民政府直属正县级事业单位，实行"以州为主，州县共管"的管理体制。

总体来看，这些遗产地管理体制变革的方向是由多头管理向统一领导转变，由政企不分向政企分开转变。改革方向的高度一致性值得我们欣慰，同时我们应该注意，为保证各遗产地管理体制改革的正确有效性，我们应全面考虑管理体制改革的方方面面，以实现遗产资源管理的宏伟蓝图：根据遗产资源的公益性质确定资源的功能（使命），然后建立与使命相应的管理模式、管理主体、经营机制、非营利机制、法规体系、资金筹集机制等，以保证管理手段、管理能力与管理目标相适应，以实现遗产地的价值最大化利用和有效管理。

三、遗产旅游管理体制改革的国际经验

每个国家的遗产管理体系的完善都是经历了漫长的发展历程，其管理体制、经营机制、管理模式的基本定型也都经历过与我国目前的遗产管理事业类似的困扰。长期面对开发与保护的矛盾，寻找其他国家管理改革发展的脉络及演进缘由，将有利于审视我国遗产管理体系的痼疾，并找到改革的突破口，以提出有效的改革建议。

（一）美国

美国是自然文化遗产资源丰富且管理较为成功的国家，并且是首个以国家力量介入自然文化遗产保护的国家。美国遗产管理体系经过五个阶段的发展才趋于成熟，经历了近百年的发展后，其资金机制、管理机制、经营机制和监督机制等才基本定型。

1916—1933年为萌芽阶段，即成立隶属内务部的国家公园管理局，颁布《国家公园管理局组织法》，将遗产资源纳入国有，同时各州也有相应的州立公园体系，但在西部土地私有化浪潮中也面临严重的保护与开发的矛盾；1933—1940年为成形阶段，将更多多种类型的遗产资源纳入体系，颁布相应法案实施统一管理，但仍有少数资源散落；1940—1963年为发展阶段，成功抵制了二战带来的资源抢夺压力，但各种经济开发与保护国家公园产生很多矛盾，同时保护观念的错位也犯下了很多严重的错误（重点保护景观价值，忽视资源的生态价值）；1963—1985年为注重生态保护阶段，政策转向注重保护自然生态系统，明晰并规范了国家公园的经营活动，全民环保意识觉醒，对国家公园体系的保护及经营方式提出尖锐批评；1985年至今为教育拓展与合作阶段，强调与非政府组织合作，进一步加大保护力度。

第四章 中国遗产旅游可持续发展体制改革

1. 改革动机

遗产管理体系历次重心的改变主要是为了解决两大难题：第一，长期面对的开发与保护的矛盾；第二，在改善经营管理中经常受制于财政资金不足。

2. 改革原则

美国遗产管理体系有个清晰的改革原则和思路：根据资源的公益性质确定资源的功能（使命），然后建立与使命相应的资金机制、管理机制、经营机制、监督机制等，以保证管理手段、管理能力与管理目标相适应。为了达到目标，一直在重点妥善处理以下关系：①中央政府与地方政府之间的关系；②不同政府部门之间的关系；③资源保护与经营开发之间的关系；④管理机构和民间组织之间的关系；⑤简单愉悦公众和全方位为公众服务之间的关系。

3. 改革措施

通过国家公园和州立公园两套体系，美国基本实现了根据资源的公益性不同进行的分级管理，但不同的分级都贯彻了遗产资源的使命；24部联邦法律，62种规则、标准和执行命令保证了美国国家公园体系作为国家遗产资源在联邦经常性财政支出中的地位；普遍采取了垂直管理模式，管理者将自己定位于管家或服务员的角色，而不是业主的角色，避免了由于管理者自身原因造成的保护与利用之间的矛盾；明确限制经营权于副业上——提供与消耗性地利用遗产核心资源无关的后勤服务及旅游纪念品，管理者和经营者分离；每个国家公园实施独立立法，同时统一于联邦法律。

（二）西欧

类似的，西欧国家从20世纪80年代开始至今都在继续遗产管理体系的变革，经历了一个由不得已、被迫、自发，到理性、自觉的过程[①]，其改

---

① 徐嵩龄. 西欧国家文化遗产管理制度的改革及对中国的启示 [J]. 清华大学学报（哲学社会科学版）. 2005, 20(2):87-100.

革的核心思想源于欧洲国家的制度变革。英国政府首开公共服务市场化的风气之先以后,"私化"成为欧洲制度变革的标识和口号,这一氛围渗透进遗产管理领域之后,同样掀起了改革浪潮。主要表现为,第一,将遗产资源分类之后,将某一类资源所有权私化;第二,仍保持某一类遗产的所有权,但将其经营权或经营权的某些部分向私方机构转让;第三,遗产的所有权和经营权都不变,但经营制度发生变革。目前西欧遗产经营机制主要以六种模式存在:①产权售让(divestiture);②文化单位自治(autonomisation);③代理人(agent);④契约模式(contracting out);⑤志愿者模式(volunteer);⑥经费的多源化(diversified fund)六种模式。

1. 改革动机

西欧国家的遗产管理体系变革主要也是受到三方因素的驱动:第一,因遗产数量增长、保护成本和管理费用上升造成的财政压力;第二,因财权、人事权受到制约造成的遗产利用率低;第三,遗产公众服务使命的弱化。

2. 改革原则

西欧国家文化遗产管理制度改革的一个突出、鲜明的特点是遗产管理制度的改革选择,会因遗产类型、等级或功能的不同而不同,因遗产的权属性质不同而不同,因遗产事务的不同内容而不同。同时,制度多样性是合法地并在一定的标准和规范的引导下进行,都统一到有利于遗产保护和遗产事业发展的基础上,统一到有利于遗产的全社会享用与持续享用的基础上,统一到有利于遗产的公共性、公益性,并与对当地经济社会发展的贡献相协调的基础上,即统一到现代遗产事业的根本使命的基础上。

(三)亚洲

在亚洲,日本在遗产资源保护与开发方面是先行一步的,处于领先地位,甚至在世界范围内比较也是卓有成效的。

20世纪90年代开始,日本社会总体上处于从泡沫经济破裂的困境中恢复并有所发展的阶段,人们对以前片面发展经济的经验教训进行了较为深刻的反省,提出建立"成熟社会"。日本政府提出"文化立国""观光立国"

等发展战略，观光立国战略在文化立国的基础上，将遗产资源的保护与利用纳入观光发展的战略体系，实现了文化遗产、观光活动及观光产业、社会发展的有机结合，新的发展观、政策理念和措施使遗产旅游开发模式出现全面改革。目前，日本已经形成了系统、完善的包括遗产保护利用的法律体系、遗产旅游促进政策、行政与社会管理组织体系、经营动力机制、产品体系等在内的遗产旅游管理体系。

1. 改革动机

最初的遗产资源保护利用动机是源于"明治维新"风潮掀起后，日本的佛教建筑、佛像、书画作品、传统工艺等出现了空前破坏与流失，这引起了日本政府的警觉以及社会各阶层的关注，保护运动由此开始。

此次基于"文化立国"、"观光立国"的改革，动机比较超前，日本政府认为，日本经济发达的背景下人们的物质生活非常富裕，必然开始追求心灵的充实，文化振兴就显得十分重要。"观光立国"战略诞生，对国家旅游发展做出全新安排，文化遗产旅游得到前所未有的重视。遗产旅游对于日本国家的品牌建设占有极其重要的地位。

2. 改革原则

日本遗产旅游管理体制改革是从遗产旅游的社会属性出发，即资源的公共性，认为遗产旅游属性决定了其管理体制的性质。通过全面的立法，将所有权的多样性与遗产的公共性很好地统一。

在具体的体制改革中，利用分级管理协调中央与地方政府的分工与合作关系，中央政府负责制定观光立国的总体战略，地方政府制定和实施能够发挥地方特点的政策。

3. 改革措施

日本遗产管理体制的最成功之处就在于它根据资源的保护与开发状况及时颁布法律对遗产管理行为进行约束，实用性很强。

行政管理上分为决策和日常管理两个层次，最高决策职能并无专门常设机构，日常由国土交通省和文部科学省负责，并有独立行政法人机构，国土交通省再在各地设立分支机构。同时，日本的社会组织系统非常发达，直接影响遗产旅游管理的效率;各地区之间还有关于区域合作的法律制度、派出机构、联络会议。

配备包含旅游服务组织和支持性服务组织的经营体系,同时社团组织也有部分企业化经营和委托经营的形式,各方之间的协调包括赢利环节的控制和协调机制的实施,经营动力不仅有居民和政府机构的推动,还有市场竞争的促进。

其中,遗产旅游产品的空间组合、消费形式、价格、创新机制都已形成良性循环。

表4-1总结了美国、西欧和亚洲在遗产旅游管理体制改革中,在改革动机、改革原则和改革措施方面表现出的共性和差异,具体将在下一节做出系统分析。

表 4-1 国际遗产旅游可持续发展改革要点

国家	改革动机	改革原则	改革措施
美国	保护与开发的矛盾;遗产保护的财政压力	保持资源的公益性质;按联邦、州、地方进行分级分类管理	一区一法;各级成立统一机构;垂直管理;适当特许经营;形成多方监督
西欧	遗产保护的财政压力;管理效率低下;遗产保护与管理使命动摇	保持资源的公益性质;按遗产类型、等级和功能、遗产事务的不同而不同	法律先行;综合管理;六种多样化经营机制
亚洲	遗产资源遭到严重破坏;"文化立国""观光立国"政策	遗产资源的公共性;分级管理	法律先行;遗产旅游促进政策;行政与社会管理综合组织体系;经营动力机制;产品体系

四、遗产旅游可持续发展模式创新与体制改革

我国的社会体制正处于转轨过程,目前的制度缺陷造成的混乱和矛盾在

第四章　中国遗产旅游可持续发展体制改革

遗产旅游发展过程中表现得非常充分，因此遗产资源保护与开发的管理体系问题亟待解决。纵观我国的遗产旅游管理体制历史演变过程可以明显看出，在改革的很多方面都严重缺乏系统性、连贯性和统一性，措施不少但始终改善不了遗产资源遭到破坏的严峻局面，反而加剧了资源保护与开发的矛盾。通过审视国际经验，我国遗产旅游可持续发展体制改革首先要把握以下关键几点：

（一）改革思路

1. 矫正改革动机

虽然我国遗产资源管理也长期面临保护与开发的矛盾，引发财政压力，但国内的财政压力与前文的财政压力所指迥异，前文的财政压力主要是指保护遗产资源面临的资金不足，国内的财政压力主要是地方政府保护遗产资源所需资金本已是"大部分自给自足"的情况下，还要承受着来自上级政府因拥有遗产资源而需承担的政绩压力，尤其是拥有世界遗产的地区，迫使管理遗产资源的地方政府利用遗产资源进行经济开发，形成资源短视现象，置遗产资源的原真性于不顾。所以，纠正我国遗产管理体系改革的驱动力迫在眉睫。彻底更新遗产资源管理者的改革意识，切断其与政绩的联系，才能根治我国遗产资源管理的痼疾。

2. 明晰改革原则

国际经验告诉我们，进行遗产管理体系改革都是为了自然文化遗产事业的发展，完成遗产资源的保护与服务使命。但目前国内遗产管理部门并未把遗产资源的保护上升到事业高度，甚至未进行管理上的统一。

另一关键原则是遗产资源管理应按照不同遗产资源的不同级别、不同价值属性配以相应的管理体制和经营方式，使得遗产管理的效率最大化，国内虽然简单地将遗产资源按照属性分类，但并没有针对性的管理体制和经营方式的区别；更未按照不同资源的不同级别分而治之。所以，在系统普查的基础上对遗产资源进行分级分类管理是我国遗产管理体系改革的一个重要原则。

3. 系统化改革措施

自国内遗产资源保护与开发矛盾凸显后，政府也采取了很多措施，但效果均不佳。例如20世纪90年代末的分部门管理体制改革，分开的同时却同时将一个景区交给了不同的部门，没有把握好放权的前提和力度。国际经验告诉我们，措施需要建立在清晰的改革原则基础上进行系统化，前后呼应。深入分析问题产生的背景，武断采取措施只会扰乱整个管理体制。制定法律法规就要保证相应的部门能够严格执行；促进经营权多样化应同时保证产权的明晰性；设立监督机制就要及时反馈等。

4. 多方监测改革绩效

评价改革的成败就要看改革绩效，但我国目前的遗产资源管理体系还没有一个系统的监督机制来审核遗产资源管理效率。改革推力方向不明，再加上拉力的缺位，必定导致遗产管理的改革达不到理想的目的。国际遗产管理体制改革告诫我们，监督机制不仅要建立，而且是多方参与；监督指标不仅仅是遗产管理质量，更要顾及相关利益者，进行游客体验质量、遗产经营效益和区域经济奉献的衡量。

虽然各国的国情和社会背景迥异，决定了针对遗产资源的管理体系有着千差万别，但国际经验的可取之处在于改革的动机、核心原则和措施的框架能够为我们指明改革方向，因为我们的根本目的是一样的，都要统一到有利于遗产保护和遗产事业发展的基础上，统一到有利于遗产的全社会享用与持续享用的基础上，统一到有利于遗产的公共性、公益性、并与对当地经济社会发展的贡献相协调的基础上，即统一到现代遗产事业的根本使命的基础上。

（二）改革目标

在经济发展尚不充分，社会变革逐渐展开的情况下，我国遗产资源管理的多目标共存状况不可避免，且在可预见的范围内长期存在，因此，在改革的关键时期，再次明晰遗产管理的核心目标对改革方向的把握尤其重要。

第一，遗产事业使命：保护和展示。一种资源的管理制度，必须服务于这一资源的管理使命。体制改革与其说是要解决资金压力等具体问题，不如说是纠正遗产地管理者的管理意识，以遗产事业的建设和发展为核心，完成遗产事业的两大使命：保护与展示。秉承这一宗旨，其他问题便迎刃而解。图 4-1 展现了遗产管理使命的结构与层次，具体而言，"保护"是指遗产的发现、审批、收藏、登录、保存、管护、修复等工作；展示包括研究性展示和公众性展示，其中"研究性展示"是指揭示与开拓遗产所蕴含的新的知识信息、价值信息、功能信息；"公众性展示"是指向公众服务展示，使遗产的各种信息能被整个社会所共享，从而提高社会的生活质量与人群素质。

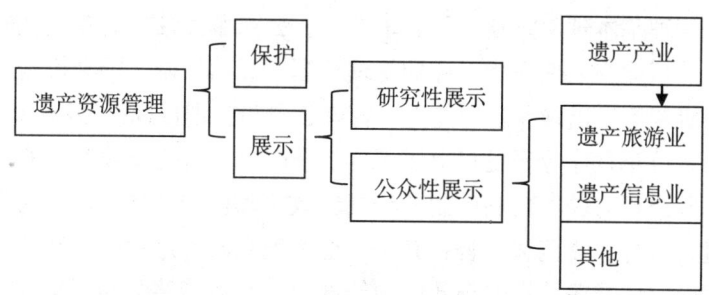

图 4-1 遗产管理使命的结构与层次

第二，遗产管理效率：通过体制变革，逐步提高遗产地管理效率和质量，根据利益相关者期望建立包括遗产管理质量、游客体验质量、遗产经营效益和区域经济贡献四大维度的遗产旅游管理目标体系，并将该体系指标数量化，成为衡量遗产地管理效率和业绩的测量系统，即遗产旅游绩效评估系统。

第三，遗产服务质量：形成以教育功能为核心的遗产服务体系。为何要重视并达到这一目标呢？首先，遗产地的非政府资助者的资助标准主要是看它吸引受众的能力以及它所提供的服务状况；其次，遗产服务是提高自身的经营效益的重要衡量指标，遗产地的管理质量不能仅以政府和专家等业内意见为准，更要考虑公众对遗产服务的意见，以游客和社区满意为标尺，才能促使其不断提高服务质量，重视遗产地的教育功能。

第四，遗产管理经费：这是美国、欧洲和日本进行遗产管理体制改革的初衷，所以改革必须向着这一目标前进。通过提高管理质量和效率扩展遗产地的经费来源渠道，赢得更多私人的投入、资助和捐赠。此外，通过体制改革,使得遗产地从自身经营上提高经济收入,尤其是低级别遗产,通过售让、契约租让等方式,减轻公共财政负担,使有限的公共资金集中于更为关键的遗产事务上。

(三) 改革原则

改革策略的制定必须遵循几项重要的改革原则来展开:

第一,根据遗产的价值特点及权属特点,无论是保护功能还是展示功能,均具有公益性质,所以应根据遗产资源的公益性确定遗产资源的使命,秉持遗产资源管理基本理念,建立具有事业性、公益服务性、非营利性的遗产管理制度,然后建立与使命相对应的管理机制、经营机制、资金机制、法规体系、监督机制等,以确保管理能力、管理手段与管理目标相适应。

第二,改革秩序应当是自上而下,上下融合。首先应该开展的是政府主管部门抓紧进行有关非营利体制的法规、政策和标准的制定,对遗产地的制度改革进行指导、规范和监督;其次,遗产地在改革过程中出现的各种问题和需求要及时、准确地反映到政府主管部门,从而能够落实到法规、政策和标准层面,高度重视遗产地与当地政府、社会的伙伴关系,营造良好的合作环境和当地支持。

由于目前国家在遗产保护的系统立法尚未形成,政府在遗产地管理中的地位必须加强且要进行角色转换,将其定位在遗产事业的宏观政策及其实施上,主要扮演四种角色:宏观决策者、政策实施的监督者、遗产单位绩效的裁判者以及继续成为遗产单位重要的财政支持者。

第三,要根据遗产等级和遗产资源禀赋及规模,形成各自的管理模式和发展使命。鉴于我国遗产管理体制带有厚重的历史烙印以及我国目前的经济社会发展环境,不能盲目照搬国外集中垂直统一管理模式,应根据自己的特定背景和条件,寻找适合自己的特殊目标需求和特殊改革路径,鉴于此,可以根据我国的发展情况考虑建立分级分类管理的分散化组织改革。低等级的遗产资源可以将其管理权和经营权下放给低层政府;高等级遗产的管理权和经营权应向上提升和集中。

第四章 中国遗产旅游可持续发展体制改革

（四）改革策略

综合上述的改革目标和改革原则，我国遗产资源管理体制改革策略可以参考以下路径：

鉴于目前我国的特殊经济发展环境和条件以及广袤的遗产资源分布，属地化管理模式有它存在的必然性（但并不代表不能解决属地化管理带来的诸多问题）。总体上，地方政府仍然在中央相关部门的宏观立法和政策指导下，进行遗产资源的保护与利用，但要进行角色和职能转变，立足于遗产的公益性管理体制改革，在经营机制、执法体系以及造血机制等方面进行相应规制，杜绝重复挂牌、多头管理、政企不分等现象的恶性循环，和中央部门一起监督和协调遗产的保护、开发与利用的行为，力争升级为国家级乃至世界级遗产的项目。

在充分认识我国国情的情况下，首先明晰遗产资源的中央集权统一式管理目前并不适用于我国，然后提出遗产资源地行政区域管理主体一体化，并逐步加强行业主要管理部门的排他性分类指导，然后分别针对自然遗产和文化遗产提出不同原则上的一体化规则。针对自然遗产，尤其是珍稀的国家级以上遗产资源在同一管理主体的基础上进行不同行政辖区下的分类管理，针对文化遗产，按照遗产规模的不同进行管理主体一体化基础上的分类管理。

1. 行政管理主体一体化

2008年2月27日，中国共产党第十七届中央委员会第二次全体会议通过的《关于深化行政管理体制改革的意见》，明确了大部制改革的原则，综合政府管理职能，组成超级大部的政府组织体制，即把多种内容有联系的事务交由一个部管辖，从而最大限度地避免政府职能交叉、政出多门、多头管理，从而提高行政效率，降低行政成本。深入探讨大部制改革文件，发现其改革的核心就是转变政府职能，同时打破现有的部门利益，突出其服务性功能，需要解决的关键问题就是决策、执行、监督的分离与协调，协调好综合管理部门和专业管理部门的关系，同时要给予相应的法律保障。

直击目前多类自然遗产资源的重复挂牌、多头管理问题，发现我国遗产资源管理体系改革正是要遵循大部制改革的目标和核心原则。我国遗产资源管理体系只有进行行政管理主体一体化改革，贯彻同一遗产地内，同类资源只能有一个管理部门，其他管理部门需按照遗产资源管理的统一原则和标准，协调主管部门的工作，才能避免多头管理、各执其政带来的管理目标不一致、遗产资源价值不能得到充分发挥的局面。

（1）自然遗产资源：按行政区域分类一体化管理

① 县内：遗产特区管理，县级遗产特区。

在拥有国家级遗产资源的县内设立类似于经济特区的统一遗产管理特区，争取国家特殊政策，达到遗产资源保护与城市发展的双赢，避免其受到当地政府属地化管理带来的保护与开发协调不力，政企不分导致的资源破坏等问题，更加有效地保护国家级自然遗产资源。

② 跨县：独立辖区管理。相当于特区市，市级遗产特区，独立统一的行政辖区。

为保证遗产资源的完整性，在遗产资源所处地域跨县的情况下，建立独立统一的市级遗产特区，争取国家特殊政策。

③ 跨省：跨区协调管理。建立功能完善的国家遗产委员会（目前该委员会设在教育部，主要协调建设部和国家文物局）。

对于具有珍稀价值的跨省国家级遗产资源，最易出现纵横交错的多头管理现象，所以，要尤其注意其管理的完整性、协调性。可考虑设立一个具有综合职能的管理机构——遗产管理委员会。协调各部门和各区政府统一遗产资源的保护管理工作，研究其中的重大问题，向政府提出有关建议推动各部门和社会各界贯彻执行相关法规并履行监管职能。

（2）文化遗产资源：按遗产规模分类一体化管理

由于文化遗产资源的规模整体上要比自然遗产资源小，较少存在跨县跨省的问题，所以可以分为单点式和线面式分类管理。

① 单点式文化遗产资源应设立遗产管理特区，争取国家特殊政策以有效管理国家级遗产资源，避免其因当地政府属地化管理与监管不力而导致的国家级文化遗产资源破坏等问题。同时应提高当地政府保护文化遗产的意识。

② 如茶马古道、京杭大运河、丝绸之路、长城这类的线面式文化遗产资源，建立大遗址管理委员会，在协调性统一管理的基础上再分段管理，统一申报世界遗产，统一规划，统一营销。在解决遗产的保护问题之外，还要重视遗产的研究和服务功能，以保证整个遗产区域的总体发展，解决遗产所

在地社区居民的生产生活问题，有效地组织各个单位和部门共同保护利用大遗址资源，使其逐步上升至世界级层次。

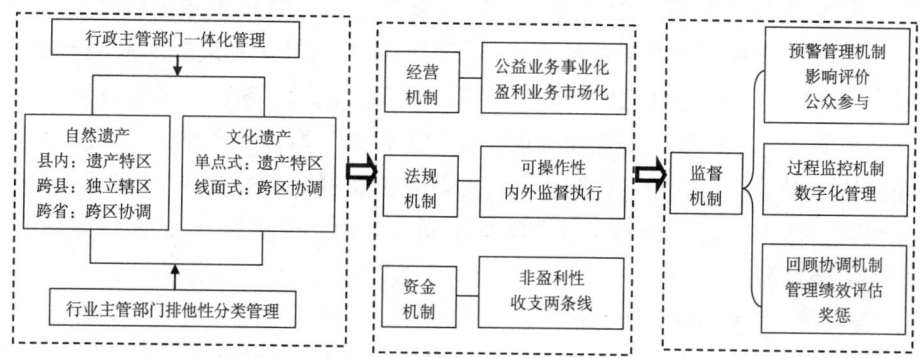

图 4-2　遗产资源管理改革框架

2. 逐步推行排他性分类管理

尽管目前我国的各级各类遗产资源的挂牌认证体系短期内很难改善，但对于新的遗产资源认证可以进行增量改革，以改革多头管理的混乱局面。

世界级遗产申请应有中央相关部门的大力支持，由遗产所属管理部门统一组织，统一营销，统一管理。

国家级及以下遗产在资源认证体系中，有两大认证类，一类是按照遗产的资源特性分为自然保护区、森林公园、地质公园、水利风景区等四类；一类是按照遗产的旅游价值分为风景名胜区和旅游风景区两大类。各类遗产根据资源特性和其旅游价值进行相关认证之后，要完成的一项重要工作是，认定一个主管部门作为本区域的资源主管部门，其他部门在遗产资源的保护和利用工作上要积极配合本主管部门的工作，不可随意按照自身的工作需要违背统一的遗产保护和管理原则。

总之，每一份遗产资源在获得一个级别和定位之后，投资的多寡、政策的优惠程度都可以此为依据来分配和制定。

同时，增量改革要把握好各级遗产资源的认证过程，保证遗产分级制度能在合理科学的范围内激励各级遗产的保护和开发。遗产管理制度建立过程中，必然会对各个遗产资源进行全面的评估测算，这一项必需的工作，以最

中国遗产旅游可持续发展模式创新与体制改革

有效直接权威的方式为各个遗产资源提供明晰的现状报告，为坚持和培育遗产本身的独特性指明具体方向。

3. 业务分类管理：公益业务事业化管理，盈利业务市场化经营

遗产业务管理坚持公益性为主体，同时重视对社区和地方的经济贡献。对于遗产管理中公益性强的收藏、保管、修复、记录、研究、展示解说、社区服务等业务应该采用事业化管理，而对于教育、培训、产品开发、旅游观光、休闲娱乐、餐饮住宿、购物、场地场景出租等营利性业务可以采取市场化经营。遗产管理单位由于资产特性不同，必须"保护第一"，即"保护前提下的经营"。

(1) 公益业务事业化管理

遗产单位主要由行政管理部门进行管理，其主要内容为：

遗产规划管理，指以旅游景区为对象，根据旅游景区的资源特点和其他有关的自然、社会、经济条件，为了保护、开发、利用和经营管理旅游景区，使其发挥多种功能和作用而进行的各项旅游要素的统筹部署和具体安排。

遗产解说系统：一般包括有形的环境解说和人员解说两类。环境解说包括交通导引解说系统；接待设施和物业管理中的导引系统；景区解说系统；印刷物解说系统；双语解说系等。人员解说包括信息传递和导游解说。信息传递人员负责告知游客专门游览设施和参与性项目的时间、地点和使用方法。

游客服务与管理：包括为游客提供信息服务，以丰富其旅游经历；引导游客活动以防止某些景点、景区过热；改善基础设施，提高文化遗产地可进入性，保证文化遗产地的安全管理，加强对游客行为的管理和引导，增强旅游者的文物保护和环境保护意识。

遗产保护：文化遗产考古、挖掘、抢救、恢复、收藏、保管、修复、记录、研究、保卫等。

(2) 营利性业务市场化经营

遗产管理业务中，除了展示教育性项目外，涉及旅游6要素的其他项目都可以采取特许经营的方式进行经营。对于营利性业务应适度引入市场竞争，在竞争的前提下，授予特许经营权（中国社会科学院环境与发展研究中心，2001）。考虑到特许经营实质上是垄断经营，所以需要完备的监督机制（包括对业务量、服务水平和价格的监管）和退出机制，以规范经营商的行为。

对于遗产单位盈利性业务实行特许经营权时必须恪守以下4个前提：①确保遗产得到不断完善的保护；②确保遗产单位的非营利性质；③确保经营的价值导向；④确保遗产单位管理职能的全面实现（徐嵩龄，2003）。

整体特许经营只限于小规模或低级别的遗产。但大型的、高级别的遗产"整体转让，垄断经营"的模式要绝对禁止。如果一个公司把遗产资源几十年的经营权给垄断了，必然会产生垄断的价格、官商结合的状况。整体的转让必须加以限制，项目上的转让也必须是通过招投标的方式，而不是所谓桌子底下的交易。在经营期限上，美国国家公园的特许经营就规定得非常严格，经营期限最长不能超过20年，一般就是10年。我国遗产转让期限许多长达50年。应该借鉴国外的经验，把经营权转让期限控制在20年以内（肖红，2005）。

4. 法规机制改革

虽然我国现行的遗产保护法规体系很不完善，数量和质量上都存在很多问题，但根据我国国情，出台统一的《遗产保护法》不甚现实的情况下，我国自然和文化遗产资源的法规保障体系应该保证在完善各类遗产资源的法规体系基础上，更加注重法规可操作性的提高，且通过协调各部门加强法规的执行效力来完善法规监督机制。

可操作性：一方面，目前我国国内关于遗产保护的规定，大多还属于行政法规、部门规章，保护对象还没有涵盖遗产资源所有的内容，且相关法律已经过时，无法操作。另一方面，大多法律目前原则性和主观性过强，侧重于明确保护对象、保护内容与方法等一般性规定，对具体的保护与管理中涉及的问题，管理与规划的配套规定，资金来源及具体罚则等更无明确条款可遵循。这些都直接影响了其操作性，造成有法也无法可依的局面。

法规监督机制：在不能保证法规可操作性的情况下，很容易造成执法人员执法不严、滥用职权、遗产管理机构相关人员有法不依的局面，因为未形成完善的执法监督机制，不仅遗产管理体系内部对相关管理部门的监督形同虚设，而且遗产管理部门的执法活动也都游离于法律监督的视野范围之外，公众参与遗产保护的相关法律规定不够明确，无法有效地激发公众对破坏自然遗产违法行为斗争的积极性。

5. 资金机制改革

发达国家遗产的保护资金由政府按法律拨付，旅游业不是其获得保护资金的主要来源。而发展中国家遗产地以地方政府为主进行管理，虽然有时会得到中央政府的资金补助，但主要的保护资金要靠地方政府筹集，而地方财力有限，只得凭借遗产资源发展旅游，从旅游收入中提取遗产保护资金。其他渠道包括：门票、保护费与遗产保护彩票等。

我国遗产资源管理资金机制改革的方向是保证非营利性质和收支两条线。遗产管理区营利性业务所带来的资金收入以及其他资金来源，要明确分配，且主要用于遗产区域的资源保护，对资金的来源和去路要透明化处理。

6. 监管机制改革

为了有效地保护与利用遗产资源，需要建立完善的资源监管机制，从预警、过程控制到回顾，协调全过程管理遗产资源。

(1) 预警管理机制——建立公众参与的影响评价机制

对遗产资源前置协调机制的核心是建立预警机制，其中重点是建立公众参与的影响评价体制。加强各类遗产资源的预警监测和保护管理。尤其是对在遗产地发生的重大项目，如修路、建楼、大型旅游开发项目等，要建立公众参与的影响评估机制（图4-3）：

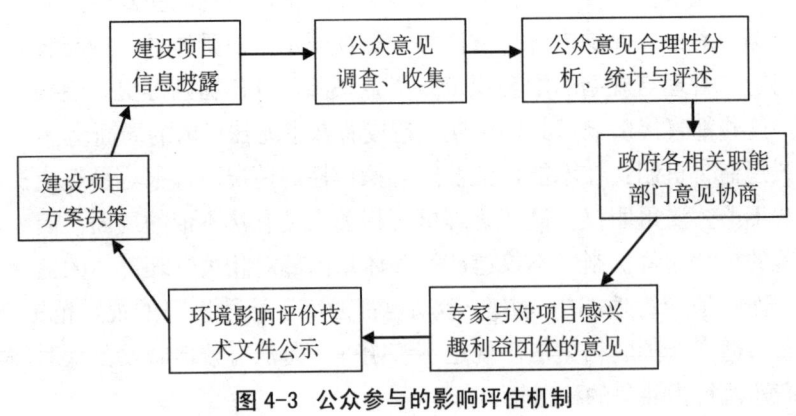

图 4-3　公众参与的影响评估机制

(2) 过程监控机制——推广数字化遗产管理

数字化技术的出现，为遗产保护提供了新的契机。务必借助先进的多媒体和虚拟现实技术对中国丰富、灿烂的遗产资源进行数字化展示和有效保护。在全国范围开展"数字遗产工程"，强调采用现代高新技术，用图、文、声、像相结合的立体方式记录，采用数字化方式对遗产资源进行整理分析。建立遗产资料数据库，通过互联网实现全国与全球的资源共享。数字技术是解决遗产开发与保护矛盾的最好手段，例如敦煌研究院等世界各地的文物保护、收藏单位正在将数字技术引入敦煌遗产保护。不进入洞窟，同样能欣赏精美的壁画、彩塑，感受令人心醉的敦煌文化。在利用数字图像和虚拟技术开发的敦煌莫高窟虚拟漫游系统中，将来游人既可以欣赏到莫高窟的石窟外景、洞窟建筑结构，又能跟随电子向导进入洞窟内部，身临其境地欣赏精美的壁画和彩塑，同时通过演示厅的多媒体节目展播，游人还可以更多、更为详细地了解敦煌的历史和文化。

(3) 回顾协调机制——实行管理绩效评估与奖惩机制

① 管理绩效评估机制

世界遗产管理体系中存在一个定期检查机制，检查是否有重建、新建景观、是否体现真实性与完整性原则，是否符合《世界文化和自然遗产公约》，如果不符合公约要求则将被列入《濒危世界遗产名录》，要求整治、拆除不协调景观、违章建筑。所以，对我国的遗产资源要建立遗产管理绩效评估机制，以"保护是手段、为人服务才是目的"为指导，重点考核遗产的教育、科研与经济功能，评估遗产在推动社会主义文化大发展大繁荣、促进国民经济又好又快发展的积极力量，让人民共享文化发展成果，为增强中华文化国际影响力方面的积极贡献。本文主要从4个方面评价遗产管理的绩效：

表 4-2 遗产资源管理绩效评价表

决定性利益相关者	管理目标	管理内容	评价指标
全体公众	遗产保护	制定保护法规	制定状况；落实程度
		制定保护规划	近期、远期保护规划；执行状况
		保护周边环境	人口、建筑密度；遗产受不合理开发威胁的程度
		遗产安全（防火和防盗）	消防设备配备状况；工作人员的安全意识；防火和防盗等安全工作的开展

续表

决定性利益相关者	管理目标	管理内容	评价指标
全体公众	遗产保护	科研	专业人员占员工总数比例；科研成果；科研水平
		公众教育与宣传	公众感知度；保护类宣传资料和费用
		解决保护与利用的冲突	保护与旅游、朝圣/民俗/节庆以及社区发展的冲突状况及解决
当地社区	保证当地人的利益	社区参与	社区团体的参与程度；迁入居民的社区参与程度；
		宗教/民俗/节庆	宗教/民俗/节庆人数；满意度
		游览	迁入居民的游览次数；优惠待遇状况；满意度
		居民态度	居民对遗产保护的认同感；对遗产旅游的认同感
		经济贡献	直接效应；乘数效应
		解决社区利用与保护及其他利用的冲突	保护与宗教/民俗/节庆的冲突；保护与社区发展的冲突；宗教/民俗/节庆与旅游的冲突
旅游者	保证旅游者的利益	旅游发展规划	有无旅游发展规划；执行状况
		服务质量	旅游服务硬件设施建设；服务人员素质；游客满意度
		解说/阐释系统	解说和图文信息系统水平
		游客教育	教育手段；游客对遗产保护与利用的认识程度
		游客安全	急救设备；应急系统水平；游客安全感
		解决旅游与遗产保护及其他利用的冲突	旅游与保护的冲突；旅游与宗教/民俗/节庆的冲突；解决状况
管理者	保证管理者利益	经济收入	工资水平；奖金数额
		素质培养	员工素质水平；员工满意度；培训次数；培训费用
		其他福利待遇	住房；休假

② 奖惩机制

根据评估的结果，可以实施遗产管理奖惩机制，包括以下内容：

升降级制度：根据绩效评估结果，对遗产进行升降级动态管理，激发遗产保护与利用的积极性。遗产的分级实行浮动制，不是一旦分级，就老死于该级。

财务奖励制度：对保护成绩卓著的单位积极争取国际相关组织的资金支持，政府部门给予财政倾斜。

信息公示制度：对遗产管理进行排名公示，选出遗产管理"十佳城市"、"十佳文化遗产地"等，对于管理不当的遗产单位、事件也做公示。

第五章
遗产旅游保护与利用协调机制构建

一、遗产旅游保护与开发的目标——多重目标的共存
二、遗产地利益相关者——多个主体的参与
三、遗产地协调的核心——多主体的合作，多目标的共生
四、遗产地协调的技术方法

遗产资源保护与开发的矛盾一直都得不到有效的解决，其根源在于没有理清我国目前遗产资源保护与开发的多主体与多目标共存的本质。想要使矛盾得到解决，必须明确以下问题。首先，需要明确对遗产资源进行开发和保护的目标是什么？其次，需要理清参与遗产旅游的利益相关者有哪些？他们分别带着各自不同的目标参与到活动中来，那么这些不同的目标又是什么？这些目标之间既相互依赖又相互冲突，一个目标的实现与否会影响到其他目标的实现。那么实现这些目标的前提假设又是什么？只有明确了以上问题，才能确定最终的原则、机制、实际效果等问题；也就是说，对上述错综复杂的关系的梳理，是把握遗产资源开发与保护矛盾的关键，也是关乎遗产旅游发展的根本。

一、遗产旅游保护与开发的目标——多重目标的共存

罗斯（Ross）和沃尔（Wall）对生态旅游进行研究时，考察了保护区、旅游和社区三者之间的相互关系，确定了生态旅游的目标。他们认为，如果保护区、旅游业和当地社区彼此之间存在良好的互动关系，那么，保护区可以利用发展旅游所获得的收入增加保护资金，改善管理手段，提高全社会的环境意识的培养。旅游业通过向旅游者提供服务和环境方面的教育获得经济上的稳定发展，社区在经济和社会收益方面都会有所收获，经济收益包括增加就业机会、促进当地企业的发展、优化旅游收入分配等；社会收益包括基础设施的改善、文化自豪感的提升等。三个利益主体通过交易、协调和平衡实现共同发展。

以上关于生态旅游的目标分析中，有一个非常重要的相关主体没有提到，那就是游客。事实上，无论何种旅游活动，游客是最终的体验者，游客的体验结果在某种程度上决定着其他几方面目标的实现。宋瑞（2003）提出的关于生态旅游的一个四维的目标体系，即经济目标、社会文化目标、环境目标和游客体验目标，相对比较全面。

经济目标：由于遗产资源一般位于比较偏远的、受干扰相对较少的地方，那么相对应的，当地的经济发展水平一般比较落后，居民收入不高，生活艰苦。

而工业化的发展促使城市居民寻求原始、回归自然的体验,遗产旅游应运而生。因此,具备遗产资源的地方发展旅游业的最初目标都是出于提高当地经济发展水平的考虑,既要满足企业的赢利动机,同时又为当地社区带来经济收益(包括直接和间接)。所有旅游服务提供者的参与目标就是获得经济收益。

社会文化目标:这里的社会文化目标主要是针对当地社区来界定的,强调的是旅游活动对当地社会和文化方面的积极影响最大化和消极影响最小化。一方面,遗产地旅游业的发展可以带动当地的餐饮、住宿、交通、娱乐等多个行业的发展,为当地居民创造就业机会,增加居民收入,有利于协调遗产地与当地居民的关系,促进遗产地的可持续发展;另一方面,遗产旅游要尊重并保护当地的文化传统,促进不同文化之间的沟通和了解。与此同时,尽可能地降低对当地社会及其文化的负面影响。

保护目标:20世纪70年代,可持续发展的提出对人类单纯追逐经济增长的发展模式给予了最大的警醒。在旅游业中,人们开始关注资源的可持续发展和利用。自然保护区开展旅游活动可以分解为以下两个目标:

(1)旅游开发可以为保护区的建设和改善筹集资金,缓解自然保护区的经济压力,在一定程度上促进自然资源的保护。

(2)在保护区的实验区开展科普旅游活动,可以使游客充分了解自然保护区内不同物种及其生态系统的自身规律,充分发挥其在文化教育、科学考察、卫生保健、环境教育、旅游观光等方面应有的功能,引发人类对环境问题的思考,从而增强公众的环境保护意识。

游客体验目标:旅游的本质是一种体验。工业文明和后工业文明的发展在给人带来极大物质享受的同时也让人类饱尝了它不利的一面。一方面,温室效应、大气污染等使得人类特别是城市居民的居住环境逐步恶化。人们回归自然的愿望愈来愈强烈。另一方面,社会联系的日益紧密和生活节奏的日益加快,使人们频繁变换角色,这必然造成人生理和心理上的苦闷与倦怠,所以人们需要适时逃避节奏紧张的城市生活和拥挤嘈杂的人居环境,回归到较为原始的自然和文化环境中,淡化角色,体味自然,使自己回到较为完整的个性状态。此外,现代社会人们可自由支配收入的增加和闲暇时间的增多以及交通运输技术的进步,也使得人们接触原生态的自然和人文环境成为可能。遗产旅游要实现可持续发展就要确保游客需求的稳定增长。如果游客的体验无法持续,那遗产旅游也就失去了长期发展下去的基础。

表 5-1 多重目标的描述

目标		描述
经济目标		获得旅游收入
保护目标	生物多样性	保护自然区域、野生动植物及其栖息地,把对它们的危害降到最低
	环境清洁度	减少由旅游企业和游客所产生的废弃物而导致的空气、水资源以及陆地污染
社区参与		在与其他利益相关者磋商当地旅游的发展和管理规划和决策过程中,使当地社区参与并授权于他们
游客体验目标		为游客提供安全、满意、有成就感的体验,对于性别、种族、伤残等一律平等待遇

二、遗产地利益相关者——多个主体的参与

(一)遗产地的利益相关者及其冲突或协调

瓦勒(Walle,1995)指出,作为一个综合性的行业,旅游业比大部分其他行业所涉及的利益相关者都要多。前文在利益相关者的理论部分列举了对利益相关者的不同界定。本文所要研究的利益相关者包括:政府、社区居民、游客和旅游企业。这里的政府包括地方政府与自然保护区以及旅游景点的主管部门。各个利益相关者分别代表不同的利益取向,如前所述,由于各自的目标不同,那么利益相关者之间必然存在着相互冲突的地方。埃斯(Aas,2005)在研究遗产旅游中利益相关者的合作时提出,尽管利益相关者的参与会带来很多积极的因素,如充满热情、提高自豪感等,但是也有一些负面的问题,如增加规划与发展的成本。研究发现,利益相关者的预期获益总是会高于实际可能得到的分配。具体来说:

政府和社区之间:首先,许多地方在建立保护区或者是扩大保护区的时候,都会强迫原来生活在保护区内的居民搬迁,在保护区外开辟新的生产生活方式,造成了居民与政府之间的对抗,其次,为了保护物种多样性,政府会禁止居民狩猎和采摘山货,而"靠山吃山"的生存途径历来是保护区周边居民的主要生活来源,禁止也就意味着居民的生活来源被切断。政府如果没有为居民找到合

适的经济来源替代方式，那只能是加剧了偷采偷猎行为，不仅与最初目标愈走愈远，而且更进一步使政府失去了民心，二者之间的矛盾更加激化。

社区和游客之间：遗产旅游资源特别是自然遗产旅游资源一般位于比较偏远的地方，在一种相对封闭的环境下，当地的传统文化习俗得以较为完整地保留下来。因此，除了丰富的生物多样性、舒适的生态环境以外，独具特色的文化习俗也是吸引旅游者前往的一个主要原因。而当旅游者到达遗产地进行旅游活动的时候，他们就产生了对彼此的影响，而且这种影响是复杂而多元的。一方面，偏远地区的居民看着外来的城市人在穿着、谈吐、生活习惯方面跟自己完全不同，他们也会向往这种生活；另一方面，为了满足游客的需求，获得更多经济收入，社区会根据游客的喜好来提供服务。所以在这个互动的过程中，外来游客相对于社区居民来说，就处于一种强势的地位，他们所代表的是一种强势文化。随着旅游业的发展，这种强势文化将形成对当地文化的渐渐入侵，原本吸引游客的特色民俗风情将逐渐受到强势文化的侵蚀，最终不可避免地走向文化变迁。

社区和旅游企业之间：作为遗产旅游地的两个服务提供者，相对来说，旅游企业占据资金、经营能力、市场渠道等方面的优势，而社区居民一方面对当地的历史文化背景更加熟悉，另一方面他们本身就是一种旅游资源，所以二者在吸引游客方面各有优势。但是，从获得效益上来说，往往大部分的经济收益被外来企业所占有，社区承担了生态、文化等方面的成本却只分得小部分的收益。所以，遗产地在发展旅游业过程中如何平衡外来旅游企业和当地社区的收益，从而实现互利共赢，是值得当地政府、旅游企业以及社区居民思考的问题。

（二）当地社区——关键的利益相关者

从以上对多个参与主体的分析来看，每对利益关系都脱离不了当地社区这个利益相关者。各国的实践证明，当地社区是联系遗产保护和经济收益的重要桥梁，是遗产旅游最核心的利益相关者。

旅游业在带动目的地经济发展的同时也给当地带来了广泛消极的社会、文化和环境方面的影响，而社区居民正是这些影响的主要承受者。同时，社区本身的生产、生活、文化是重要的旅游吸引物，是目的地各旅游要素中最活跃的因素。然而，在旅游开发过程中，当地居民和社区却常常被看作开发客体而非主体，大量利益从当地流走，形成"抽血机制"。"社区参与"思想就是在这一现实背景下应运而生的。

西方研究者都倾向于把旅游可持续发展的概念与公众参与结合在一起，他们对于社区参与和社区咨询作用的认识已经有二十多年的历史。最早系统化地进行社区旅游研究并将社区参与的概念引入到旅游研究的是皮特·墨菲（Peter E.Murphy）。他在其著名的《旅游：一种基于社区的方法》（Tourism：a community approach）中首次正式地、系统地从社区的角度来研究发展过程中的社区居民参与性问题。

遗产资源稀有而宝贵，过度保护和开发都会给遗产带来不利之处。由于通常是管理部门对遗产资源进行"垄断"管理及经营，社区居民一般处于弱势地位，无法从遗产旅游中充分获益，那么，由此而带来的后果就是社区居民除了不会主动对遗产资源进行保护之外，甚至对于政府强制的被动参与产生了抵触心理，故意对遗产资源进行破坏，加剧了遗产保护与开发的矛盾。

三、遗产地协调的核心——多主体的合作，多目标的共生

越来越多的人开始认识到，旅游的可持续发展需要广泛的组织合作，这些组织不仅包括能够影响旅游发展的团体，也包括发展旅游影响到的团体。这一点无论对于发展中国家还是发达国家，具有同样的迫切性。世界旅游组织认为，可持续旅游的原则应该包括：第一，对环境资源进行最适宜的应用是旅游发展、维持生态过程的关键因素，有助于保护自然资源和物种多样性。第二，尊重当地社区文化的原真性，保护他们的文化建筑和传统价值观，致力于文化间的理解和宽容；第三，确保长期可实施的经济行为，确保所有的利益相关者得到公平的经济收益，包括稳定的雇佣和赚钱机会、对当地社区的社会服务和消除贫困。可持续发展的基本要求就是不同的利益主体之间的合作。

政府：政府是旅游活动中的重要主体。他们不仅是 GDP 贡献、外汇收入、大量税收的受益者，也应该关注旅游可持续发展的影响，包括减少贫困人口以及达到环境目标。

当地政府的工作重心应该是围绕提高社区居民的生活质量，对旅游所带来的有关就业、社会影响和环境问题方面的影响给出建议，关注由游客评价所带来的对投资和税收不利的成本负担。政府的政策和行动对于可持续旅游具有非常重要的作用。当地政府处于这样一个位置，他们对当地的旅游发展战略以及项目行动具有直接的领导作用，他们也能够推动经济发展，引进投资，为企业提供服务。

社区：无论从数量上来说，还是从旅游对他们的影响潜力上来说，旅游目的地的社区居民都是一个庞大的利益相关者团体。旅游对他们的积极影响表现在提供就业机会、目的地繁荣以及相关设施和服务的利用上；消极方面表现在拥堵、环境污染、舒适度的缺失、生活方式的改变等，他们的利益是由社区或者民间团体代表的。其他利益主体在参与旅游活动的过程中应该充分认识到社区的重要性，关注所开展的活动给社区带来的影响和变化，将社区参与纳入旅游发展的议程当中。

旅游企业：旅游企业无疑是可持续旅游发展的关键主体之一。他们的价值取向主要集中于企业不断的赢利及企业竞争力上。但是，旅游企业其实在更广泛的社会和环境问题方面负有责任。许多企业已经认识到可持续发展与竞争力之间的关系，他们深知，无论是在社会和环境问题还是经济方面，与他人的合作都会给自己的企业带来好处。

事实证明，在其他条件均等的情况下，游客更愿意选择那些对社会和环境问题负责任的企业。而且，追求可持续发展有助于企业改善与当地社区、政府以及其他利益主体的关系，有助于获得市场和劳动力优势。因此，可以通过系统的方法将生态保护和企业的长期可持续发展战略有机统一，可以更好地理解人类与自然环境的互动，从而激励企业领导者做出改变。

游客：作为终端的消费者和部门经济的驱动和来源，游客也是主要的利益相关者。游客的选择以及他们通过市场传达给生产商或者目的地的信号对于旅游的可持续发展有着根本的影响作用。研究表明，完整的环境加上安全以及热情的社区对游客非常有吸引力。不同的消费群体在一个多利益主体的合作中能够起到独特的沟通作用。

通过合作，不同的利益相关者可以更好地处理问题，利用更多的机会。主要体现在两个方面：一是实用性和利润。合作的企业和目的地可以更加有效地达到更好的结果；二是公平性。找到一种广泛的、公平的社会经济利益分配机制,包括改善贫困人口的机会、收入以及可利用的服务,使旅游带来的利益在更广程度上更加公平。事实上,社会公平这一目标是任何发展旅游业的遗产地都必须给予高度重视的,可以说,这个目标统领其他四个维度的目标,是遗产旅游发展的首要目标也是终极目标。

四、遗产地协调的技术方法

协调的核心是通过多主体的合作最终达到多目标的共生。不难看出,这只是一个宏观上的方向,如何在微观上进行具体的操作,即所要采取的技术方法仍然是不能忽视的问题。只有通过这些具体的技术方法的实施,才可以检验是否达到了协调的标准,从而实现遗产资源保护与开发的真正协调。

(一)保护区——分区管理

自然保护区分区管理是国际上普遍采取的管理方式,是联合国教科文组织在其"人与生物圈计划"(MAB)中提出的分区模式。MAB 保护区划分为核心区、缓冲区与过渡区,对不同分区采取不同的管理措施。该模式被创立主要用来"展示和推广人与自然界和谐相处的地区"。

国外的保护区分区模式主要有两种,一种是单一化模式,一种是复合模式。单一化模式适用于所有类型的自然保护区,国外大多数国家普遍采取这种模式。如韩国的国家公园分区主要依据用途、保护区域和地形特征等多方面的因素,划分为自然保护区、居住区、公用设施区和自然环境区等功能区(蒋明康,2006)。复合模式是指根据不同类型自然保护区的管理需求而分别采取不同分区方式的模式。美国、加拿大的保护区管理模式均属于这一类。1982 年,美国国家公园管理署在其规划手册中规定了其分区模式,即分为自然区、史迹区、公园发展区、特别使用区。

在我国,《中华人民共和国自然保护区管理条例》中指出:自然保护区可以分为核心区、缓冲区和实验区。自然保护区内保存完好的天然状态的生态系统以及珍稀、濒危动植物的集中分布地,应当划为核心区,禁止任何单位和个人进入；核心区外围可以划定一定面积的缓冲区，只准进入从事科学研究观测活动；缓冲区外围划为实验区，可以进入从事科学试验、教学实习、参观考察、旅游以及驯化、繁殖珍稀、濒危野生动植物等活动。

分区管理有利于发挥保护区的多重功能。第一，通过分区，有利于根据区内自然资源的分布特点，制定相应的保护和管理措施，从而实施良好的管理，对区内生态系统的完整性和生物多样性起到良好的保护作用；第二，分区管理有助于促进资源的可持续利用。通过在特定区域开展科学研究、监测、教育等活动，提升公众的环境保护意识；第三，分区管理有助于促进资源保护和社区经济的协调发展。通过在允许游人进入的区域开展旅游活动，带动当地的经济发展水平，从而改善民生状况。

（二）景区——数字化

在经济全球化和网络技术迅速发展的背景下，旅游目的地纷纷开始走向信息化发展。其中，信息化程度的高低、信息数量的多寡以及信息质量的优劣直接影响着旅游资源保护和利用的成效。随着2002年国家级风景名胜区监管信息系统建设研发和试点工作的开始，景区数字化的建设水平逐渐成为衡量景区综合实力和现代化管理水平的最集中、最直观的指标。

目前，我国景区数字化主要包括四个板块：建立网络营销系统；开发旅游电子商务平台；建设虚拟旅游景区；实现景区无线数字化。具体每个板块涵盖的内容如图5-1所示：

实施景区数字化管理，可以带来管理水平的大幅提升。比如，九寨沟在景区门口配备了LED信息发布大屏幕，游客可以看到沟内各景点处的实时游客密集度，从而自主选择游览的顺序，这样就不会出现游客拥堵的现象，从而增加游客满意度。此外，车载GPS卫星定位系统可以实现景区观光车的有效调度，更加方便游客活动。对于景区来说，特别是基于生态资源的旅游目的地，建立环境监测系统、灾害监测系统等也具有十分迫切的必要性。总之，规范化的景区数字化建设对于景区的营销、管理和保护都具有深刻的革命性意义。

（三）社区——参与共管

社区，作为遗产地的关键利益主体，在整个遗产地的旅游发展过程中都

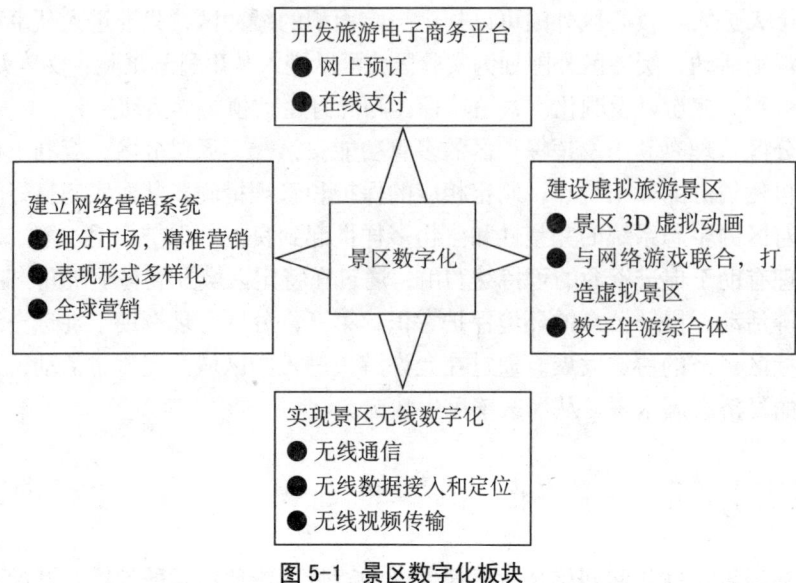

图 5-1　景区数字化板块

扮演着非常重要的角色。之所以在旅游发展中引入社区参与的理念，是因为当地居民本身就是一种旅游资源，他们的生活方式、文化习俗等都是游客感兴趣的地方，而在旅游发展的过程中，他们得到的却往往远低于付出的，他们承受了发展旅游所带来的负面影响，在正面的利益分配上却得不到相应的重视。因此，旅游业的可持续发展提倡社区参与。也就是说，社区有权利参加旅游发展规划的决策制定，旅游业的发展和管理也必须与当地居民的利益相结合。社区参与的具体做法如表 5-2 所示：

表 5-2　社区参与做法描述

做法	描述
识别典范做法	建立体系以识别基于社区的生物多样性保护和降低贫困的典范做法
召集社区领导者	在召开分享保护经验、制定保护政策的会议时，邀请社区的自然保护论者参与
促进知识交流	就保护生物多样性和降低贫困召开会议，推动典范做法的交流
建立联系	通过参与制定政策的会议，在社区领导者和政策制定者之间建立持久的关系
促进调查	确定有利于基于社区的生物多样性保护和降低贫困取得成功的政策环境
维系长久的合作关系	社区领导者和政策制定者共同实施既得的技术方法

第六章
自然遗产旅游可持续发展模式创新与管理体制改革——以长白山为例

一、长白山自然保护区概况

二、长白山遗产地资源保护与旅游开发协调机制

三、总结与讨论

我国部分遗产地已经充分意识到目前自然遗产地管理体制存在的多种弊端：多头管理、政景分离、政企不分等，并开始利用本区域的机会和自身的优势，勇于实践，进行管理体制改革以赢得遗产资源的可持续利用。例如，长白山景区，在采取了一系列的管理体制变革之后取得了较好较快的发展，所以本章以长白山为典型案例，深入研究长白山的管理体制变革历程、变革动力与障碍，并详细总结了在新的管理体制下长白山旅游开发和遗产保护取得的绩效，并从遗产保护质量、旅游经济贡献、利益相关者评价三方面对管理体制变革进行评价。

一、长白山自然保护区概况

吉林长白山国家级自然保护区位于吉林省东南部。地跨两地三县，即延边朝鲜族自治州的安图县和白山市的抚松县、长白朝鲜族自治县，东南部与朝鲜民主主义人民共和国毗邻，全区南北长 80 公里，东西宽 42 公里，总面积为 196 465 公顷。作为中朝界山的长白山，由于只有北、西和南坡位于中国境内，而且三个坡分属不同的行政县，由此而形成了北坡景区、西坡景区和南坡景区。

表 6-1 长白山自然保护区大事记

年份	大事记
1960 年	经省政府批准建立
1980 年	加入联合国教科文组织"人与生物圈"保护区网，成为世界自然保留地
1986 年 7 月	国务院批准长白山自然保护区为国家级森林和野生动物类型自然保护区
1992 年	世界自然保护联盟（IUCN）评审确认长白山自然保护区为具有国际意义的 A 级自然保护区
2001 年初	长白山首批晋升为国家 4A 级旅游区
2002 年 10 月	"我心中的中华名山推选活动"评审委员会评定长白山为中华十大名山之一，排名第六位
2003 年	长白山被国际人与生物圈、人与地理圈、山地研究发起组织等十个国际组织评为全球 28 个环境监测点之一
2006 年	被评为国家 5A 级景区
2009 年	被评为"中国十大休闲胜地"之首，景区旅游人数达到 108 万人次

(一)资源概况

长白山区有着得天独厚的资源发展优势。它是中国北方民族的发祥地、关东文化的根基地,是丰富的生态资源宝库、野生动植物物种基因库。仅长白山自然保护区年生物多样性经济总价值就达 79.51 亿元。其中,年生态效益总值为 13.77 亿元,年社会效益可估算总值为 60.20 亿元,年经济效益总值为 5.54 亿元。长白山是三江之源,天池、瀑布、大峡谷、温泉群、长白林海、高山花园以及世界罕见的从温带到极地的植被垂直分布等景观,处处诱人,驰名中外,成为拥有"神山、圣水、奇林、仙果"的旅游胜地。除生态旅游资源外,长白山森林资源、野生动植物资源、水电资源、地热资源、绿色食品、矿泉水资源极为丰富。这些宝贵资源都具有极高的科研、保护和开发价值,为区域经济发展提供了广阔空间。

(二)开发状况

从 2006 年管委会成立以来,长白山自然保护区在旅游开发方面做了大量的工作。长白山始终坚持规划先行的原则,在短短的几年内,已编制相关规划 5 个,为后续的开发活动提供指导。此外,管委会还对景区的一些服务设施进行了功能提升,使得景区状况大为改观。长白山的招商引资工作也是引人注目,设施项目的建设步伐不断加快。具体工作如表 6-2 所示:

表 6-2 长白山开发状况描述表

规划编制工作基本完成	景区状况大为改观	招商引资大举推进
●《长白山保护与开发总体规划》(省政府吉政函[2007]141号文件已批复) ●《长白山"十一五"经济社会发展规划》 ●《长白山旅游规划》 ●《长白山资源保护规划》 ●《长白山土地利用规划》	●门区服务设施、中转服务设施建设扎实推进 ●功能服务区环境大大改善 ●交通整体状况不断改进 ●旅游推广与市场营销取得突破	●2006 年,开工建设项目 54 个,总投资 16.8 亿元 ●2007 年,全年实施重点项目 51 个,总投资 49.5 亿元 ●2008 年,签订 18 个招商引资(融资)项目,到位资金 3.8 亿元。实施重点建设项目 57 项,总投资 31.6 亿元 ●2009 年,全年合同引资额 21 亿元,实际到位资金 5.7 亿元,全年启动重点建设项目 40 余项

（三）保护情况

长白山管委会始终坚持"保护第一"原则，把保护作为长白山永恒的主题。从 2006 年 1 月长白山管委会成立到 2007 年 11 月，近两年的时间内涉及保护工作的资金投入达到 7.1 亿元。主要的工作如表 6-3 所示：

表 6-3　长白山保护状况描述表

改善生态环境的保护系统	完善森林防火系统	启动河段综合治理、污水处理、服务功能设施等保护性项目
● 启动垂直景观分布带的保护工程，启动长白山种质资源保护工程 ● 铺设景区木栈道、建设环保公厕、设置环保标识、购置环保大巴、拆除景区内破坏生态和影响景观的建筑设施 ● 严厉打击捕杀林蛙的违法行为，开展反盗猎和保护野生动物宣传活动，使生态系统食物链逐步得到恢复	● 先后制定《重大林业生态破坏事故应急预案》等 7 部应急预案 ● 组织开展了全区范围的"森林火灾扑救应急演练"，确保无重大森林火灾发生	● 松花江大峡谷综合整治 ● 景区封闭管理 ● 红松种源保护 ● 保护站基础设施改造 ● 长白山自然资源本底调查 ● ……

长白山国家级自然保护区的保护和管理工作主要由长白山保护开发管理委员会自然保护管理中心负责，它与管委会防火办合署办公。在保护工作上，保护中心投入的人力、物力、财力大大增加。人员增加一倍；配置了站舍、车辆以及通讯设备，提高了一线职工的福利待遇；资金上，有三部分来源：一是林业部天然林保护基金划拨，一部分来自景区收入，还有保护局自己拿出一部分。保护中心机关设 4 个职能处室：自然保护处、森林防火处、公益林管理办公室和综合处，下设 8 个管理站和 1 个长白松管理处。

第六章 自然遗产旅游可持续发展模式创新与管理体制改革——以长白山为例

表 6-4 自然保护管理中心机构设置及人员统计

时间：2007 年　　单位：人

单位	人员				合计
	全民	集体	森管工	临时	
中心机关	26	0	0	0	26
白山站	28	7	23	3	61
白河站	32	7	22	3	64
头道站	17	4	32	5	58
头西站	15	11	27	6	59
池西站	13	7	22	4	46
维东站	14	9	30	2	55
峰岭站	15	7	19	6	47
横山站	10	8	29	3	50
长白松管理处	33	0	0	0	33
总计	499				

二、长白山遗产地资源保护与旅游开发协调机制

（一）长白山管理体制改革的创新性和典型性

2005 年，在吉林省政府的领导下，成立了长白山保护开发区管理委员会，作为省政府的派出机构对长白山地区的经济、社会和文化事务进行统一规划、统一管理、统一保护和统一开发。长白山管理体制改革为遗产地的资源保护和旅游业发展开启了新的篇章。自长白山管委会成立以来，无论是遗产管理质量、旅游经济贡献，还是利益相关者的评价，均比管理体制改革之前有了较大的提升。长白山遗产地管理体制改革的力度之大、模式之新、效应之明显，特别值得关注和探讨。对长白山遗产的管理体制进行总结和研究，一方面可以为其他遗产地尤其是跨行政区域存在多头管理弊端的遗产地管理体制改革提供有益借鉴，另一方面也可以总结其不完善之处，为其进一步改革提供建议和指导。

（二）国内遗产地管理体制存在的几种弊端

1. 大政府 + 多头管理

武陵源风景名胜区是典型的政府治理模式，存在多头管理与机构臃肿的弊端。它的特点是风景名胜区管理机构与县级以上人民政府合二为一，按照属地管理的原则对风景区这一特殊区域实施综合管理。管理机构不仅拥有一级政府所需的各种职能部门，而且拥有依法管理所需的执法和司法部门，同时设立人大、政协、纪委等机构。政府型管理模式虽然与我国现行制度设计相一致，拥有合法的行政管理和行政执法地位，也较好地实现了景区的集中统一管理，但是普遍存在着机构庞大、财政负担重、管理成本高等一系列问题，相当多的机构都与景区的管理无关，管理机构往往陷入与景区管理不相关的行政、社会事务中，难以集中精力行使风景区的保护管理职能，这种模式不符合管理体制改革精简效能的原则。它现行的管理体制结构如表 6-5 所示：

表 6-5 武陵源风景名胜区现行管理体制结构

武陵源风景名胜区管理局	武陵源区政府管辖区	旅游局、风景区管理办公室、世界遗产管理办公室、林业局、旅游产业发展有限公司、公安分局、工商局、环保车公司、规划局、房管局、国土局、物价局、计划局、水电局、文化局、环保局、财政局、国税局、地税局、卫生局、消防局、民政局、电信局、技术监督局、广播电视局等
武陵源区人民政府	张家界国家森林公园管理处管辖区	森林公园旅游局、黄石寨管理站、腰子寨管理站、沙刀沟管理站、金鞭溪管理站、袁家界办事处、张家界工商所（区属）、张家界派出所、张家界自然保护所

注：引自张朝枝. 旅游与遗产保护——政府治理视角的理论与实证 [M]. 中国旅游出版社，2006（11）：74.

由上表可以看出，武陵源风景名胜区的管理体制格局是武陵源区风景名胜区管理局与武陵源区人民政府"两块牌子、一套班子"，区长即为局长。管辖区分为武陵源区政府管辖区和张家界国家森林公园管理处管辖区。这样的管理体制存在明显的弊端：第一，机构臃肿，管理效率低下。武陵源区人民政府不仅下设旅游局、风景区管理办公室、世界遗产管理办公室等与旅游

第六章 自然遗产旅游可持续发展模式创新与管理体制改革——以长白山为例

管理和遗产管理紧密相关的机构，而且还下设房管局、电信局、民政局等与旅游和遗产管理相关度不高的单位，这样势必会造成财政成本大，管理成本高等问题。第二，多头管理问题继续存在，资源处置权的排他性不强。武陵源区人民政府与张家界国家森林公园管理处同为处级管理机构，存在利益争夺的问题；作为地方旅游行政主管机关的张家界市旅游局，对武陵源遗产区旅游的开发和经营也有一定的管理权，受到张家界市政府的制约，武陵源区政府对资源处置权的排他性不强；武陵源遗产地既是国家级风景名胜区、世界地质公园，又包括索溪峪、天子山两个自然保护区，所以张家界市建设行政管理部门、国土资源行政管理部门、环境行政管理部门等部门都可对武陵源遗产区行使管理权，进一步削弱了武陵源区政府对资源处置权的排他性。

2. 政景分离

黄山风景名胜区是典型的政景分离的管理模式。1987年，徽州地区撤销，改为地区级黄山市，政府设立在远离黄山风景区的屯溪，黄山管理局由安徽省政府直辖降为地级黄山市管辖，山上山下分而治之。黄山更名改制以后，建设的重点转移到了屯溪，黄山区在资金、项目、宣传、信息、人才、客源等方面都失去了优势，坐拥黄山、太平湖等巨大资源和地理优势的黄山区很快就沦为贫困区，成了省政府扶贫的重点对象。这个只有16万人口的区，竟有大约1.5万人靠长年出外打工谋生。黄山区的居民眼睁睁地看着黄山创造的旅游收入被人家拿去建设屯溪或用作他处，自己反倒越来越穷，于是怨声载道，感到心里很不平衡。他们说："我们保护了黄山却得不到黄山的利益，桃子让人家摘走了，还不让我们说话，真是欺人太甚！"有些人甚至气愤地说："以后黄山失火，谁得了利，谁来救火，我们不管了！"在保护黄山风景区中起着至关重要作用的当地群众产生这样的不满情绪，势必会给保护工作带来巨大阻力。

从实质上讲，政景分离的模式也容易造成多头管理的弊端。将景区和行政区分开管理，景区其实就成了行政区中享有特权的行政"飞地"，它可以享用行政区提供的一切便利，但无需向行政区支付与这些便利相当的报酬。景区旅游业发展可能给行政区带来负面影响，而景区却又对这种负面影响不承担责任。由此景区与行政区之间的诸多矛盾需要景区管理当局与行政区的管理当局协调解决，这必然会增加行政管理的成本。从长远来看，景政分离不利于景区的资源保护和当地社会的和谐发展，可能会面临周边社区通过行政诉讼手段进行的自下而上的抗争。

3. 政企不分

景区经营权是否可以转让一直是理论界争论的话题。支持方认为景区经营权转让可以促进景区盈利的增加和知名度的提高，但是反对方认为景区的经济价值只是其中的一方面，不能仅以经济价值的增加作为评判经营权转让是否成功的证据，有时经济价值的增加是以破坏资源为代价的。但是笔者认为景区经营权的转让并不必然会造成资源破坏，关键是看景区经营权转让后，受让企业对景区的经营管理情况和政府的监督机制是否完善。如果建立比较完善的监督机制和激励机制，是可以既保护遗产又促进旅游发展的。目前很多景区的所有权与经营权名义上分离，但是在实际的运行过程中还存在职责不明、权力交叉、利益关系没有理顺的现象，其实质仍然是政企不分。下面以江西三清山风景名胜区为例说明。

三清山的管理体制与长白山很相似，但是存在政企不分的弊端。目前，从理论上讲，三清山风景区形成了党委管方向、三清山风景名胜区管委会管行政、三清山旅游产业发展集团公司（2005年成立）管经营的管理体制。但是实际上三清山管委会与三清山旅游产业发展集团公司的责、权、利划分仍然不明确，政企不分的现象仍然存在，主要表现为：

第一，职责划分不明确。公司承担了相当一部分政府公共服务和公共管理的职能，如监保公司所承担的景区综合执法、保洁公司所承担的景区环境卫生管理；而三清山管委会还承担了本应由三清山旅游集团公司所承担的市场营销的功能。

第二，权利关系不规范。在有些事项上（如对景区的管理权）管委会与集团公司出现权力交叉、政出多门的现象。在人事任免权上，董事长和总经理由上级委任，上级主管部门还参与企业的决策。集团公司在资金上依靠管委会的财政拨款，在决策上要经过党委和管委会，存在党委、管委会取代企业决策的现象。

第三，权属关系、利益关系未理顺。在人事安排上，三清山旅游集团公司的人员基本上出自管委会，这样公司管理人员有时为了顾及仕途不能够全身心投入到企业的经营管理中来。在利益分配上，管委会认为门票收入是资源收益，理所当然应列为财政收入，集团公司方面则认为，门票收入不仅是旅游资源收益，还是由于企业投入资金经营景区的经营收益，也应从门票收入中得到应有的回报，以用于偿还企业因投资建设景区而负的债务。对此问题的分歧不利于壮大三清山旅游业的发展。

（三）长白山遗产地管理体制模式创新

1. 长白山管理体制的变革历程

（1）分散管理阶段（1960—2005年）

长白山的历史建制最早可以追溯到西汉时期。关于长白山自然保护区的范围区划经过多次的调整，直到1960年4月，吉林省人民委员会根据全国人大一届三次会议提案和中华人民共和国林业部（工959）林经川字第54号指示精神，建立了"吉林省长白山自然保护区"。区域范围是原长白山施业方案中的白山、白西、保安、锦江、老岭五个施业区的全部和黄松浦、头道白河、二道白河、漫江、横山五个施业区的一部分。同年11月，成立了吉林省长白山自然保护区管理局，由省林业厅直接领导。1968年12月，长白山自然保护区管理局被撤销，各管理站分别被下放给安图、长白、抚松县。1972年12月，吉林省革委会又收回了长白山自然保护区管理局，由吉林省林业局直接领导。此后，直到长白山管委会成立前，长白山归属"两地三县一局"管理。这就形成了对它不同程度分割的管理，也就导致对长白山的保护不能步调一致，对它的开发呈现低水平、小规模、重复建设的特点。分散管理阶段长白山管理呈现出政事企不分、权责不明、旅游开发"各自为政"、旅游管理效率低下的特点，旅游资源开发、生态环境和景观风貌保护受到了一定影响。

（2）"9+1模式"管理阶段（2005年至今）

党的十六大以后，随着振兴东北老工业基地等重大方针政策的提出，吉林省委、省政府决定进一步推动全省旅游业和长白山区域经济快速健康发展，创建长白山旅游世界知名品牌，打造吉林省"第一张名片"。

2005年1月5日，时任吉林省省长的王珉听取全省旅游工作汇报。会上谈到了多部门管理景区的弊端，王珉提出，长白山自然保护区是吉林省旅游业龙头，理顺体制从长白山开始。2005年6月29日，吉林省委、省政府做出重大决策,出台了吉政发[2005]19号文件,决定成立吉林省长白山保护开发管理委员会,提出要对长白山区域实现"统一规划、统一保护、统一开发、统一管理",以彻底革新长白山区域的管理体制。2006年1月22日,长白山管委会正式挂牌运行,长白山保护开发事业进入了一个全新的发展阶段。2006年7月19日,省政府又发布了《关于进一步明确长白山保护开发区管理委员会管理体制和职能权限的意见》(吉政发[2006]30号文件),调整"长白山保护开发管理委员会"为"长白山保护开发区管理委员会",由直属机构改为省政府的派出机构,代表省政府依法对管理区域内的经济和社会行政事务以及森林、草原、水流、山岭、土地、矿藏等自然资源实行统一领导和管理。管委会是正厅级建制,具有相当于吉林省其他九个市(州)政府的行政管理职权,省政府对长白山保护开发区管理委员会(以下称长白山管委会)实行"9+1"管理模式。长白山管委会下设池西、池北、池南三个经济管理区,具有相当于县级政府的行政管理职能和权限。具体管理体制如表6-6:

表6-6 长白山保护开发区管理委员会机构设置

长白山保护开发区管理委员会(正厅级建制)	行政机构(21个)	办公室、党群工作部、机关党委、环境资源局、规划建设局、经济发展局、水利局、招商局、旅游管理局、交通局、社会办公室、民政局、财政审计局、劳动人事局、国土资源局、长白山公安局、工商局、质监局、国税局、地税局、药监局
	事业单位(8个)	政务中心、文化传播中心、保护中心、执法支队、接待中心、科学研究院、长春办事处、北京联络处
	企业单位(1个)	长白山旅游股份有限公司
	行政范围	池北区、池西区、池南区

在向此管理阶段变革的过程中,主要由以下两种利益相关者关系需要处理:

首先是政府之间的关系。长白山管理体制变革采取的是自上而下的形式,在吉林省政府的行政命令下设立长白山管委会,并划定区划范围和规定管理权限。由长白山管委会通过与相关市、县的沟通和协调,解决他们之间的利益分割和权限重叠的矛盾。但是截至目前,在行政管理方面,长白山管委会与安图县、抚松县之间仍有交叉,改革仍待加强。

第六章 自然遗产旅游可持续发展模式创新与管理体制改革——以长白山为例

其次是政府与居民之间的关系。居民的支持或者反对是社会心理的外在反映。社会心理与制度变迁之间存在共生互动的关系，任何持否定态度的做法都可能会使管理体制的变革增加成本或者走向歧途。在大多数居民支持或者不反对的情况下，管理体制的变革就可以按照预期展开。笔者在对当地居民访谈时了解到，大部分居民得知要成立长白山管委会对长白山统一管理时都很期待，原因是他们都希望开发区的成立能推动当地经济发展，拓宽居民收入来源的途径和提升居民生活水平。所以，居民作为利益相关者之一，没有对管理体制改革的进程造成障碍，省政府直接通过行政命令将漫江镇、东岗镇、二道镇的居民划归长白山管委会的管辖范围之内。但是，社会心理的表达是一个迅速的反应，社会心理的适应和成熟是一个渐进的过程。如果体制变革的实际方向或者产生的绩效没有达到当地居民的心理预期，可能居民会对管理体制的变革产生不满的情绪，增加管理体制变革走向成熟的摩擦成本，这一点会在下面关于长白山管理体制变革的绩效评估中具体论述。

2. 长白山管理体制变革动力和障碍

(1) 旅游发展拉力和资源保护推力

通过梳理长白山自然保护区管理体制变革的历程，对比其两个阶段的体制特点，可以发现，形成第二阶段的统一管理体制有其根本的驱动因素。

① 拉力——地方发展旅游业的利益诉求

随着全国旅游业发展的逐步升温，吉林省也开始思考如何改变旅游业发展落后的局面。由于受多方管理格局的制约，长白山景区没有统一科学的长远规划，旅游业低水平重复建设，服务设施管理混乱，致使游客"旅多游少"，严重地影响了资源保护和旅游事业的快速发展，也严重地制约了地区经济发展和群众生活水平的提高。作为国家首批5A级景区，中华十大名山之一，2005年长白山全年游客不足50万人次，收入不足4 000万元，远远落后于国内其他著名景区；2005年区域社会人均收入不足700美元，甚至达不到全国和全省平均水平的一半。在人才建设方面，自20世纪90年代起，在15年的时间里没有大学毕业生到保护区工作，专业人才出现断层。

2005年1月5日，吉林省全省旅游工作汇报大会上提出了景区受多部门管理的体制是制约全省旅游业发展的瓶颈，改变旅游业发展的落后局面只有从理顺体制开始。长白山自然保护区作为吉林省的旅游业龙头，省政府领导决定理

149

顺体制从长白山开始，因此，就有了2005年长白山管理体制的大变革。可见，长白山管理体制变革是地方需要以旅游业带动区域经济发展的利益诉求结果。

② 推力——资源的竞争使用及利益冲突

虽然自然保护区所依托的自然生态资源在产权上归国家所有，但是与产权相伴随的使用权、收益权、处置权等多方面的权利存在着边界模糊的问题。特别是资源处置权的重叠导致资源占有的失控，从而导致遗产地的开发性破坏。

多年以来，由于长白山区域的管理体制，涉及省林业厅直属的长白山保护局、延边州的安图县、白山市的抚松县和长白县等诸多单位，形成了"三国四方"条块分割、多头管理的格局。在保护工作方面，保护局职责权限、资金实力所限，"有护无保"，力度不足，并且常受掣肘。而在争夺利益方面，各家经常产生争议和纠纷，导致了长白山区域发展只顾眼前利益，把精力集中于旅游创收方面，规划和保护工作多年来受到忽视。例如在长白山自然保护区最核心的松花江大峡谷（俗称U型谷）内，就存在50多处各类建筑物，总面积达14万平方米。保护区各管理站的站舍、瞭望塔、巡护车辆、通讯及扑火设备都十分简陋。

因此，为了解决这种由资源排他性不强所引发的资源竞争性和掠夺性使用的局面，吉林省政府决定进行一次强有力体制变革。

(2) 摩擦成本和多重博弈成本

① 摩擦成本

根据制度经济学的理论，在新旧制度转换的过程中，会产生制度变迁的摩擦成本，原有体制下的受益者是其中之一的阻力。

长白山管委会成立之前，长白山归长白山自然保护区管理局和长白县、抚松县、安图县分别管理，长白山的门票收入25%给各县，各县每年约有2000万元的税收，但是改革之后这部分财政来源必然消失；另外，各县在长白山前期开发过程中投入了大量资金进行基础设施建设（如开发山路等），如果体制改革必然意味着这部分前期投入的成本无法继续产生收益，所以，如何在经济利益上与各县协调是体制改革面临的巨大障碍。

② 多重博弈成本

从博弈的本义来讲，博弈过程就是制度的被束缚者寻找制度的漏洞和薄弱环节以削弱制度对其的约束，并谋求某种机会和途径来利用制度的漏洞和薄弱环节以增加自己的利益；而制度的制定者和约束者需要为了某种目的的

第六章 自然遗产旅游可持续发展模式创新与管理体制改革——以长白山为例

完成而不断地完善制度以最大限度地减少搭制度便车的可能。

变革是对以前的管理体制的一种否定，变革之后新的管理体制如何激发旅游业发展的活力，如何在遗产地资源保护方面取得更好的效果，如何在尽可能短的时间内完善行政管理机构，避免与邻县（市）的交叉管理，如何最大程度发挥旅游业的关联带动作用，促进当地社会经济发展的人民生活水平提高，都是变革之后长白山地区面临的巨大压力。此外，在变革前，管理者需要协调与邻县（市）之间以及与当地居民和企业之间的利益关系，并在与之博弈之中建立较为完善的管理制度，这是变革前管理者面临的巨大政治压力，也是多年来管理体制改革一直没有启动的重要原因，同时也使变革之后的一段时间内管理者面临非常复杂的局面。

（四）长白山创新管理体制下的保护和开发绩效评估

1. 保护和开发绩效的表现形式

（1）长白山创新管理体制下的遗产地保护

长白山管委会始终坚持"保护第一"原则，把保护作为长白山永恒的主题。管委会成立之后，立即着手编制新的《长白山保护规划》，为未来的保护建设工作指明了方向。从2006年1月长白山管委会成立到2007年11月，近两年的时间内涉及保护工作的资金投入达到7.1亿元，主要在三方面做了遗产保护工作：

一是改善生态环境的保护系统。启动了投资5亿元的垂直景观分布带的保护工程和长白山种质资源保护工程项目；在铺设景区木栈道、建设环保公厕、设置环保标识、购置环保大巴的同时，逐步对景区内破坏生态和影响景观的建筑设施进行拆迁或拆除；推广长白山生态特有的树种、花卉，截至2006年上半年，已新铺装草坪9.2万平方米；放弃了5 000万元收益，全面禁止红松籽采集承包行为；加大湿地保护宣传力度与恢复、治理工作，严厉打击捕杀林蛙的违法行为，开展反盗猎和保护野生动物宣传活动，使生态系统食物链逐步得到恢复。

二是完善森林防火系统。始终把春秋森防摆在重要工作日程，科学划定包保区域，层层签订包保合同，深入开展森林防火宣传教育，全面落实森林防火责任制和野外火源管理等各项措施。先后制定了《重大林业生态破坏事故应急预案》等7部应急预案，组织开展了全区范围的"森林火灾扑救应急演练"，确保无重大森林火灾发生。

三是启动了一批涉及河段综合治理、污水处理、服务功能设施等保护性项目，2007年投入3亿元左右，开展了松花江大峡谷综合整治、景区封闭管理、红松种源保护、保护站基础设施改造、长白山自然资源本底调查等20多个资源保护项目。所有工程选址尽量不占林地，施工中最大限度地使用当地石材、木材为建筑材料，使保护区内的自然资源得以休养生息，生态系统功能得到恢复。

(2) 长白山创新管理体制下的遗产地开发

《长白山经济社会发展规划》、《长白山旅游规划》、《长白山资源保护规划》、《长白山土地利用规划》等五个规划文本确定了长白山未来发展的基本框架，奠定了长白山统一开发的基础。从2005年至今，在"9+1"平台的支持下，在长白山管委会的组织和领导下，投融资环境得到突破性改善，大量资金投入到景区项目建设，在基础设施和旅游服务设施建设、旅游招商引资、旅游推广与市场营销等方面取得了重大进展。

(1) 基础设施和旅游服务设施建设

一是景区发生了根本性变化。"冬季封山"成为历史，游客拥堵现象基本消除。门区服务设施、中转服务设施建设扎实推进；景区公路、步行栈道交错畅通，辅助性设施配套齐全；高标准旅游服务设施全速推进；景区标识系统已覆盖北、西、南三景区；以恢复自然生态为目标的松花江大峡谷拆迁整治工作正在组织实施。

二是功能服务区环境大为改观。池北、池西、池南三个旅游经济区环境综合整治成效明显。池北的重点是搞好旅游城市景观风貌塑造，提升旅游服务接待能力和服务水平。长白山管委会聘请了国内外著名专家对池北南部观光区、美人松雕塑园、翠湖公园、迎宾广场、站前广场、三角广场、和谐广场和科技广场以及关东风情园等景点进行了设计。池西的规划重点是成为长白山最主要的旅游交通枢纽，成为长白山旅游发展的支撑管理基地和优美的文明城市。重点对长白山大街、棚户区进行改造，开展新农村建设项目。池南是望天鹅冰雪主题功能区的依托，是冬季冰雪运动的最主要基地。相继进行了棚户区改造、综合服务楼、南景区山门建设、南景区观景台、漫江堤防改造、南景区主峰停车场建设等项目建设。

三是交通整体状况不断改进。为改善长白山的交通条件,吉林省委、省政府对长白山区域的基础设施建设给予了高度的重视。2006年7月,总投资3.6亿元、长白山区域唯一的旅游机场在长白山管委会池西区开始动工。与此同时,总投资2.8亿元,贯通长白山区域周边的东边道铁路正式启动,吉珲高速公路、长抚高速公路、吉松高速公路、松吉高速公路也相继完成可行性研究报告,并开始动工。这些工程都已于2008年全部竣工投入使用,形成了以长白山旅游机场为中心的区域立体化、现代化的交通骨干网络。与此同时,长白山管委会组织对区内道路进行了改造修建。由于用于森林防火、资源巡护、林业生产的路都是山路,改造后就可以把交通功能和旅游发展连在一起,形成贯通辖区池北、池西、池南的环区高等级公路网。长白山管委会还组织对和平营至新山门公路、长白山巡护路、池北至露水河公路进行修复,同时还开展了环长白山旅游公路、池北区客运站、西山门至漫江公路、池北区至露水河公路、池南区至长白山旅游机场公路、池南区至西坡山门公路、望天鹅至滑雪场公路、长白山旅游公路外环连接线及池北段改线等项目的工作,并已陆续完工,使长白山的交通条件大为改善,为实现"保护资源、科学利用、可持续发展"的目标提供了条件。

(2) 招商引资政策和活动

管委会成立以后,充分认识到交通等基础设施和旅游服务设施对旅游发展的制约,在资金紧张的情况下,以长白山开发建设集团为融资平台,与国家开发总行、各商业银行等金融机构紧密合作,保证了旅游重点项目资金的需要。省政府规定,2009—2010年,在长白山管委会管辖区内的所有企业享受省级开发区的优惠政策,在用地方面享受国家级开发区的优惠政策。长白山开发建设集团被纳入吉林省综合融资信用平台,"9+1"模式使得融资途径进一步拓展。2006到2008年,先后实施重点建设项目87项,总投资58.7亿元,实际完成22.1亿元,签订招商合同项目56个,合同引资额44.47亿元,实际到位资金10.49亿元。2009年,组团开展招商活动,接触了香港中旅、北大青鸟、上海复星、广东大中、浙江新和成等一批具有较强实力和投资意向的企业,重点在酒店、温泉、滑雪等方面开展了洽谈对接,全年合同引资额21亿元,实际到位资金5.7亿元,吸引了3家域外企业在长白山自然保护区设立总部,全年启动重点建设项目40余项。管理体制的变革为优化投融资渠道提供了良好的制度保障,从而为景区开发奠定了良好的基础。

(3) 旅游推广和市场营销活动

依托长白山首批进入全国 5A 级景区的品牌价值，不断创新营销思路、加大投入力度。

在整体形象包装方面，投入 2000 多万元，在央视、地方台做硬性广告，组织开展了"大篷车促销团"宣传推广活动，"大美长白山"的主题形象不断确立。尤其是借助"东北亚博览会"的商机，长白山管委会第一次以独立管理区的形象参加，全面地展示了长白山保护开发区的整体形象，很好地对公众，特别是对商业企业进行了宣传和推广，使得社会各界对长白山有了更清晰的认识。

在节庆旅游营销方面，每年投入近千万元，邀请重要媒体、旅行商，联系"瓦腾"等国际知名赛事组织，举办"国际旅游节""雪文化旅游节""长白山之夏国际滑雪节""森林公路自行车节"等节庆活动，彰显避暑度假、运动休闲的旅游特色。

在旅游产品开发和营销方面，开发了绿渊潭、温泉康疗、雪廊栈道、风情艺术演出等新的旅游产品；开放了南景区、北景区冬季旅游；组合了贯穿冷水泉、狩猎场、药仙园等景点的近十条旅游线路；开辟了科考、摄影、滑雪等特种旅游专线；建设了亚洲最大的、以天然雪为主题的滑雪公园，有效提升了长白山冬季旅游的影响力和吸引力，长白山旅游正在实现由"半年闲"向"全年候"转变。在产品营销上，采取与主要客源地市场以及着力重点开发的客源地市场旅游企业合作推广长白山旅游产品的方式进行营销，使形象营销与产品营销有机结合起来。

2. 对保护和开发绩效的评估

为了对创新管理体制下的保护和开发绩效做一个客观公正的评价，笔者分别于 2010 年 7 月 21 日至 8 月 3 日和 8 月 31 日至 9 月 6 日分别赴长白山进行两次深入调查，采用田野调查法对遗产管理质量进行评估；分别访谈了长白山管委会的旅游局的负责人以及各个区的负责人，对旅游经济贡献有了较为深入的了解；然后采用问卷调查法对政府、游客、居民、当地旅游业经营者等各方利益相关者进行抽样调查，了解了他们对管理体制改革前和改革后的不同评价，以下分别从遗产管理质量、旅游经济贡献和利益相关者评价三方面进行评价。

(1) 遗产管理质量

① 资源与环境保护质量

根据笔者的田野调查,发现长白山的资源和环境质量是比较好的。目前,区内水质达到国家一类水标准值,空气质量达到国家一类区一类标准;自建立长白山自然保护区以来,没有发生过一次森林火灾,保证了森林资源的完好成长;建立了8个森林火灾观测站实时观测,进一步完善森林防火系统,防止森林火灾的发生;为了给山上的动植物营造良好的生长环境,景区内全部采取环保大巴,定时、定线、定点、定量运行,最大限度地减少对动植物生长环境的干扰;在原始森林中布置灭虫设施,防止害虫对林木的损害;为了保证原始森林系统的原真性和完整性,严格采取不动山上的一草一木的原则,自然老死的树木任其留在原地;严厉打击盗猎和破坏植物的行为,尽可能地保证长白山资源的完整性;启动一批涉及河段综合治理、污水处理、服务功能设施等保护性项目,完善了生态环境的保护系统。但是,资源与环境保护质量也存在不尽如人意的地方,前期的旅游开发活动造成了景观破坏,如瀑布右侧山体上的登山长廊,就是由于当时的旅游开发活动缺乏科学性和前瞻性而对山体景观造成的一种破坏。不过,从总体上讲,长白山的资源与环境保护效果是较好的。

(2) 景区设施质量

景区设施主要包括游道、厕所、标识牌、安全设施、景区内交通等方面。自长白山管委会成立以来,主要在景区建设方面投入了大量的资金,逐渐形成了较为完善的景区设施系统。为了更好地体现长白山遗产地的真实性,长白山景区内的栈道、标识系统、围栏、垃圾箱、椅凳、环保厕所等旅游设施都就地取材,采用木质或者石质材料,较好地体现了景区设计的科学性。游客是景区设施的主要使用者,他们的评价最具有普遍意义和参考价值。笔者通过对279名游客的问卷调查表明,游客对长白山景区内公共厕所的评价接近一般满意(3分),其余的四项都接近满意(4分)(图6-1)。根据笔者的实地调研,景区内公共厕所打扫不及时、环境卫生差、人流集中处厕所位数量少是长白山景区公共厕所的突出问题,确实需要进一步提高。虽然问卷调查的结果显示,游客对景区内交通的便利程度比较满意,但是它却是游客反映最强烈的问题。大部分游客反映等车排队时秩序太混乱,容易挤伤游客或者引起游客间的冲突,这些都使得游客体验质量大打折扣。笔者认为排队秩序混乱主要是因为景区交通设施不够完善，建议进一步建设完善排队回廊，引导游客按秩序排队，提升景区管理质量。

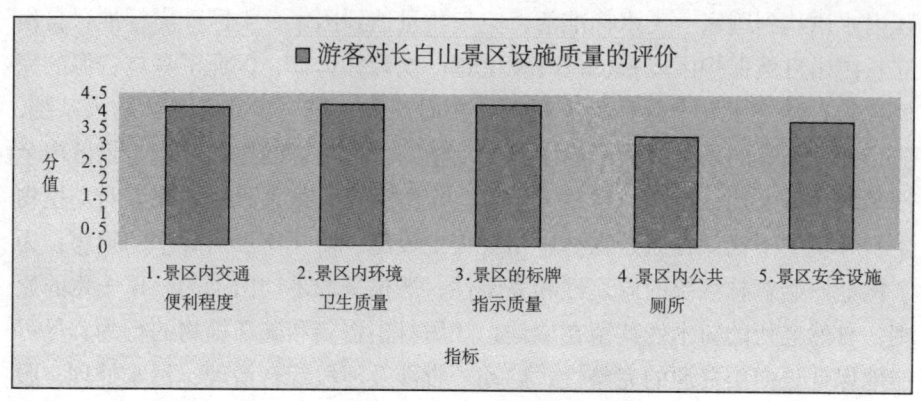

图6-1　游客对长白山景区设施质量的评价

（2）旅游经济贡献

自长白山管委会成立以来，遗产地开发和保护带来的经济效益明显提高。据相关资料显示，2005年长白山全年游客不足50万人次，收入不足4000万元，远远落后于国内其他著名景区；实现地区生产总值7.5亿元，人均地区生产总值仅为5126元，不足700美元，而当年全国人均GDP已经达到1700美元，全省人均GDP也已达到了1500美元，可见长白山当时的旅游经济效益是比较差的。自2006年初长白山管委会成立后，基本上各经济指标呈逐年增长的趋势，而且增幅较大。与管委会成立前的2005年相比，2006年长白山旅游人数和景区收入分别增长24%和268%，达到70万人次和1.3亿元。2006至2010年，经过五年的努力，长白山旅游接待人数达到794.2万人次，旅游总收入达到60.1亿元，年均递增30.5%和37.5%，成为吉林省旅游发展速度最快的地区。

从根本上讲，是遗产地管理体制的改革激发了组织的活力，从而为旅游业发展得以顺利进行提供了坚实的制度和组织保证。

① 总量指标

由图6-2和图6-3可以看出，2006—2010年间，长白山地区生产总值、全社会固定资产投资、全区旅游总收入、全口径财政收入、地方级财政收入、长白山景区收入都呈现出明显的上升趋势，五年内地区生产总值增长了1.1

第六章 自然遗产旅游可持续发展模式创新与管理体制改革——以长白山为例

倍,全社会固定资产投资增长了 4.9 倍,全区旅游总收入增长了 3.8 倍,全口径财政收入增长了 4.6 倍,地方级财政收入增长了 7.7 倍,长白山景区收入增长了 0.6 倍。这在一定程度上说明变革之后的管理体制是比较有效的,为遗产地的经济发展提供了良好的组织保障和坚实的制度基础,促进了长白山地区各项经济指标呈现出迅猛的发展势头。

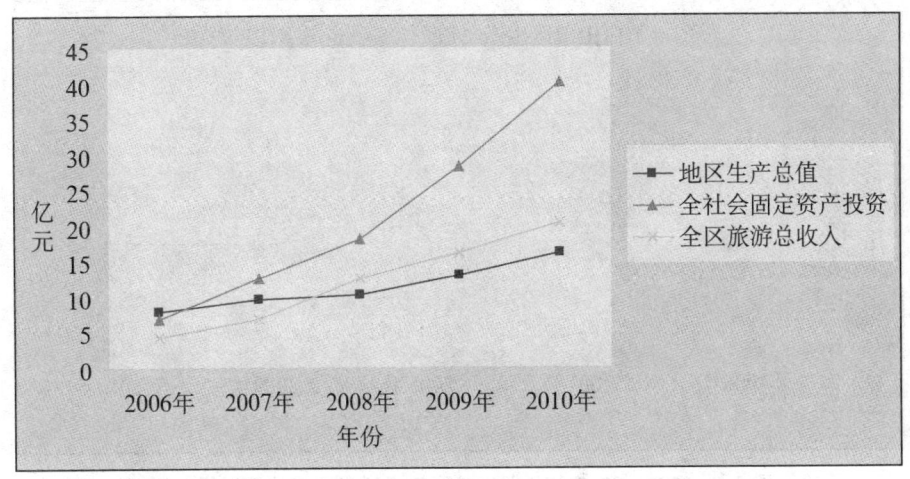

图 6-2 长白山地区 2006—2010 年经济和社会发展总量指标之一

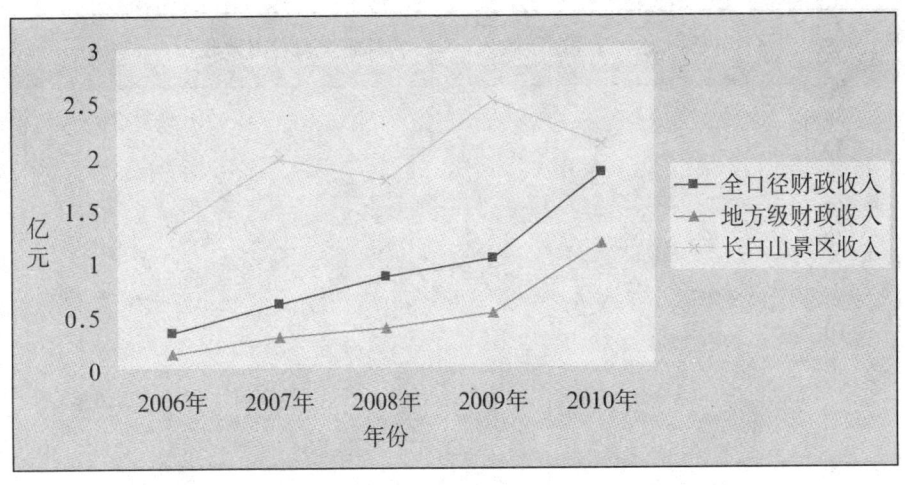

图 6-3 长白山地区 2006—2010 年经济和社会发展总量指标之二

② 增量指标

将长白山地区和吉林省从地区生产总值、全口径财政收入、地方级财政收入、社会固定资产投资四个指标进行对比，可以看出（图6-4，图6-5，图6-6，图6-7），长白山地区的各项指标年增长率明显高于全省的平均水平，

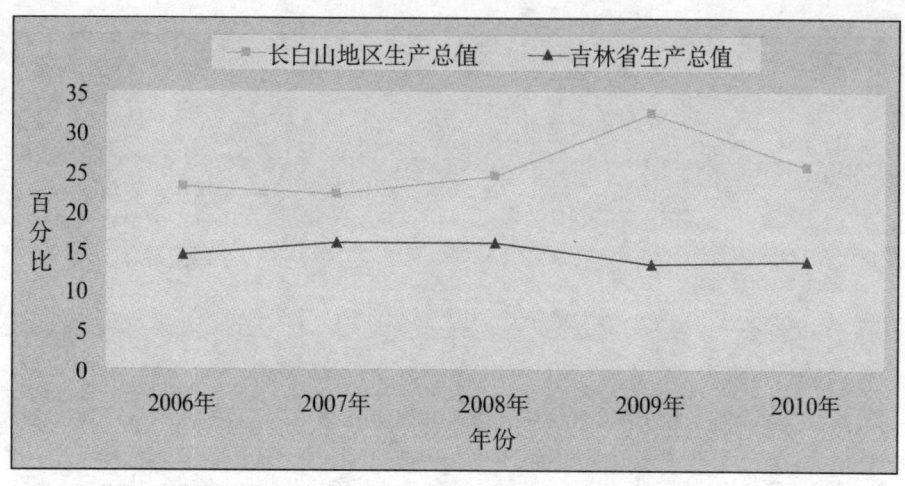

图6-4 2006—2010年长白山地区和吉林省生产总值增量对比

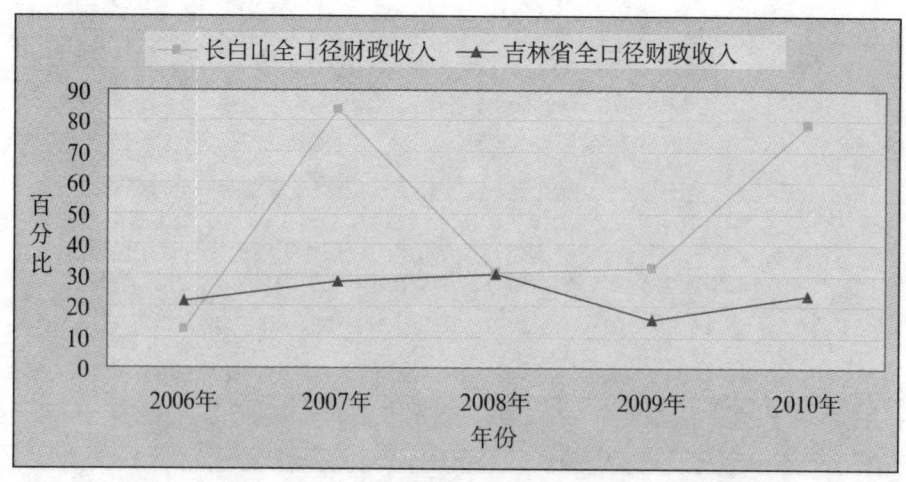

图6-5 2006—2010年长白山地区和吉林省全口径收入增量对比

第六章 自然遗产旅游可持续发展模式创新与管理体制改革——以长白山为例

由此可见，长白山体制具有明显的优越性，改革之后激发了地区发展的活力，从而带动了各项指标的快速增长，显示出了长白山地区作为吉林省旅游业发展龙头的示范带动作用。

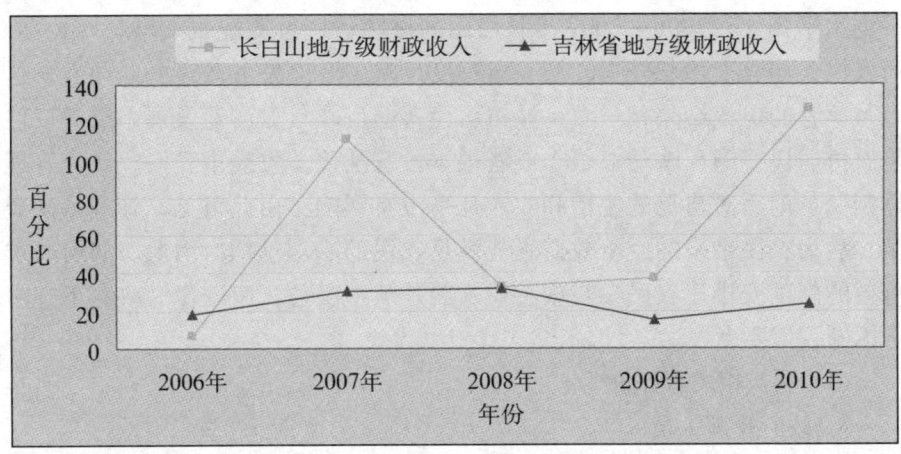

图 6-6　2006—2010 年长白山地区和吉林省地方级财政收入增量对比

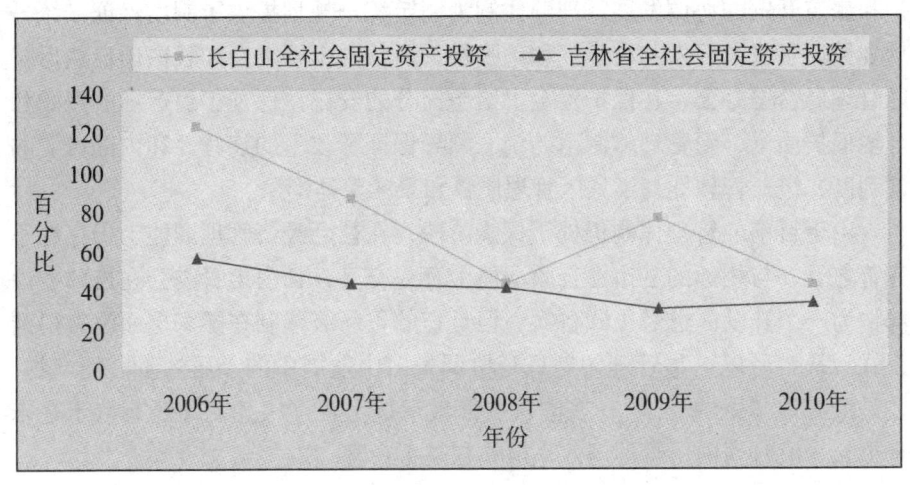

图 6-7　2006—2010 年长白山地区和吉林省全社会固定资产投资增量对比

③ 平均指标

从平均指标来看，近几年长白山地区城镇居民可支配收入和农村居民人均收入持续增加。但是，城镇居民的可支配收入小于吉林省的平均水平，说明城镇化程度不高，这与体制变革时划归长白山保护开发区区划范围内的城镇经济发展基础水平有关。从图6-8和图6-9可以看出，与吉林省的平均水平相比，2006—2009年长白山的城镇居民可支配收入增长率较高，而农民人均收入增长较慢，从一定程度反映了政府发展政策的倾向性。这点与笔者的访谈结果相一致，城镇居民普遍反映从旅游业发展中受益，但是农村居民普遍反映受益很小或者根本没有从旅游发展中受益，认为管理体制变革前后对自己的生活和收入几乎没有影响。由此可见，管理体制变革之后为农民带来的经济效益不能满足农民的心理预期。因此，如何通过有效的制度安排让农民参与旅游业发展并从中受益，应该作为政府下一步考虑的政策要点。

（3）利益相关者评价

① 政府管理人员

了解政府管理人员对管理体制变革前后的评价，主要通过访谈的方式进行。笔者通过访谈长白山管委会旅游管理局孟凡迎副局长，了解了政府管理人员对管理体制变革前后的评价。总体来讲，管理体制变革促进了遗产地保护和旅游开发的协调发展。理顺体制为制定统一规划提供了制度保证，统一规划保证了旅游开发的科学性和前瞻性，而长白山管委会和长白山自然保护区管理局合署办公，在保护资金上给予充分的安排，保证了遗产地的资源和环境保护质量，新管理体制下的统一领导保证了政策的连续性和内部协调的便利度，统一管理提高了景区管理质量和景区整体形象。

由于目前的管理体制仍处于探索阶段，在社会经济管理职能上仍存在不完善之处，与相邻的县市在行政职能上存在交叉，长白山管委会在吉林省内部作为一个开发区已经正式备案，但是它的正厅级建制在国家层面没有得到正式承认，所以这种管理体制只是协调长白山发展中的矛盾的阶段性产物，还是最终能"修成正果"，在国家层面被承认为正厅级建制，还有待于在未来更长一段时间内用管理绩效来检验它是否合理。

② 当地居民

通过实地考察，笔者发现，无论是长白山管委会成立之前还是之后，池

第六章 自然遗产旅游可持续发展模式创新与管理体制改革——以长白山为例

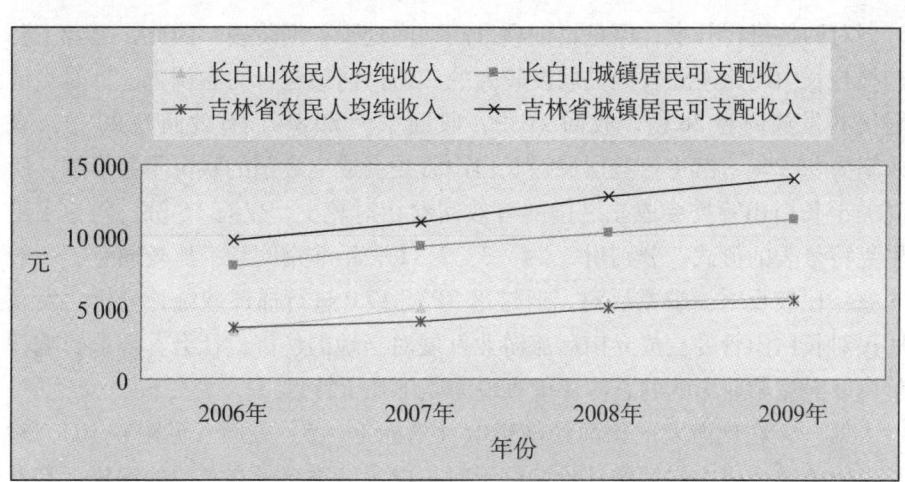

图6-8 2006—2009年长白山地区与吉林省旅游相关收入平均指标对比

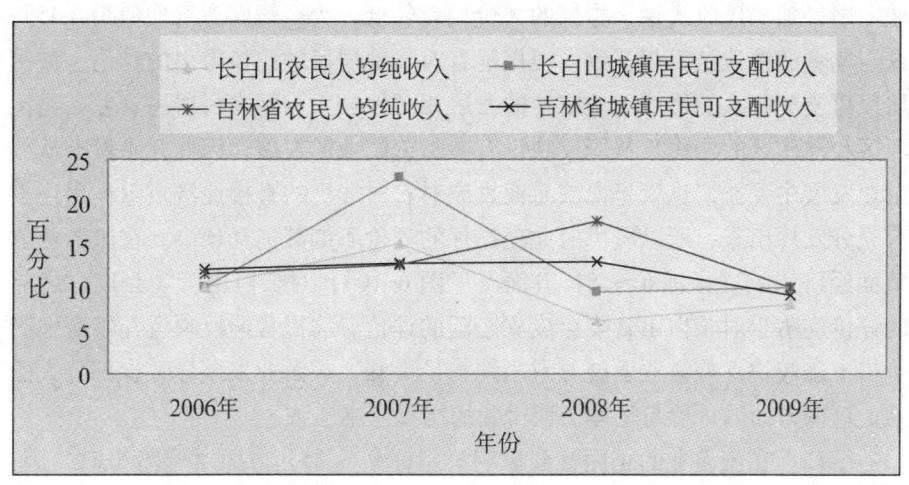

图6-9 2006—2009年长白山地区与吉林省旅游相关收入平均指标增长率对比

资料来源：根据长白山管委会网站和吉林省人民政府网站相关资料整理
说明：2009年数据是全区工作会议上公布的预测数据，缺乏2010年数据

西区的东岗镇和池南区的漫江镇与长白山旅游业发展关联度都很小。主要原因是两地地缘偏僻，没有与长白山旅游线路相连接。长白山管委会成立之后，

计划对两地进行开发，但是目前项目启动尚处于初期阶段。因此，笔者主要选择与长白山旅游业发展关联度较大的二道白河镇进行问卷调查。针对当地居民共发放问卷26份，收回21份，收回率为80.8%，有效问卷20份，有效率为95.2%；其中一些居民对长白山管委会成立之前的状况不甚了解，所以关于长白山管委会成立之前的有效问卷相对较少，仅有16份。问卷采用里克特量表的形式，分别用5、4、3、2、1表示非常同意、比较同意、一般同意、比较反对、非常反对。通过用SPSS.17.0进行描述性统计分析，发现居民对长白山管委会成立前后旅游业发展对当地的经济、社会、环境影响评价以及对旅游业影响的总体评价表现为以下几个特点：

第一，在旅游业的正面经济影响（指标1～5）方面（见图6-10），对长白山管委会成立之后的评价均好于对长白山管委会成立之前的评价，且对比明显。尤其对旅游业促进当地经济发展、吸引投资、增加就业机会和改善基础设施四方面比较同意（均值分别为4.47、4.15、4.05、4.45），对旅游业发展增加居民收入这一指标的评价相对较低，为一般同意（均值为3.45），这与笔者的访谈结果相一致。根据笔者对当地居民的访谈得出的结论，城镇居民可支配收入的增加与旅游业的发展相关性较大，而农村居民（尤其是池西区和池南区的居民）普遍反映没有参与旅游业的发展，因此几乎没有从旅游业发展中受益，也就是说旅游业发展对农村居民的直接经济贡献作用还没有充分发挥出来，所以居民对此项指标的评价不如其他几项高。在旅游业的负面经济影响（指标6～8）方面（见图6-10），对长白山管委会成立之后的评价均劣于对长白山管委会成立之前的评价。居民普遍反映近几年房地产价格上涨较快，旅游业发展导致当地物价上涨，旅游业发展导致少部分人受益。这两方面的评价与笔者访谈得到的结果基本一致。

第二，在旅游业的正面社会影响（指标9～15）方面（见图6-11），对长白山管委会成立之后的评价均好于对长白山管委会成立之前的评价，尤其对"提高了当地知名度"这个指标评价较好（4.55），说明长白山管委会成立之后的旅游营销措施较为有效。对其他指标的评价变化不是很明显。在旅游业的负面社会影响（指标16～20）方面（见图6-11），居民认为无论是长白山成立之前还是之后旅游业发展带来的社会负面影响都较小，但是认为在长白山管委会成立之后，人们之间信任度和本地社会道德标准比之前稍微有所下降。

第六章 自然遗产旅游可持续发展模式创新与管理体制改革——以长白山为例

第三，在旅游业的正面环境影响（指标21～26）方面（见图6-12），对长白山管委会成立之后的评价较好，且均明显好于对长白山管委会成立之前的评价。在旅游业的负面经济影响（指标27～28）方面（见图6-12），认为旅游业对宁静的环境氛围负面影响较小，但是管委会成立之后的负面影响稍微有所提升。对管委会成立之前旅游业发展导致生活垃圾多、处理不及时的现象持一般同意（均值为3.00）的态度，但是管委会成立之后，这种现象有所好转（均值为2.55）。

第四，在旅游业的总体影响评价方面（见图6-13），对长白山管委会成立之后的评价较好（均值为3.53），且明显好于对长白山管委会成立之前的评价（均值为3.09）。

第五，从指标之间的对比来看，长白山管委会成立之后，在旅游业发展正面影响方面，居民对经济影响、环境影响的评价较高，对社会影响评价次之；在旅游业发展负面影响方面，居民对社会影响和环境影响的评价比对经济影响的评价好。

需要说明的是，虽然政府对池西区和池南区有长远的规划，但是由于很多项目还在实施过程中，笔者在访谈的过程中发现目前池西区的东岗镇和池南区的漫江镇几乎没有从旅游业发展中得到实惠，居民的意见比较大，所以建议政府与居民之间做好沟通，以降低社会逆反心理，减少管理体制变革的博弈成本。

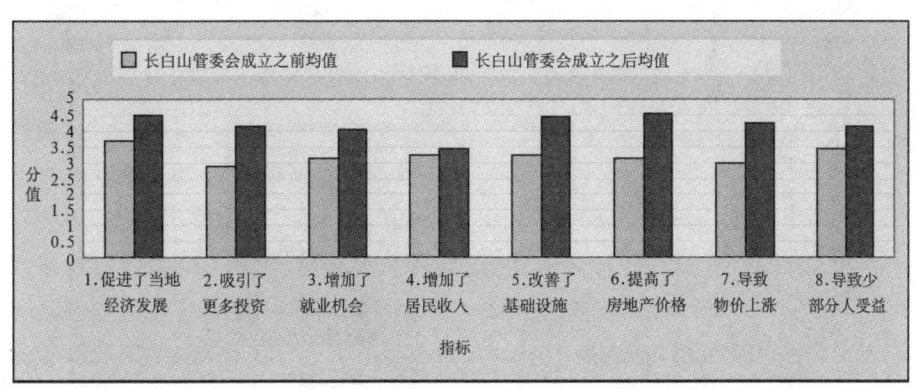

图6-10 当地居民对长白山管委会成立前后旅游业发展经济影响的评价对比

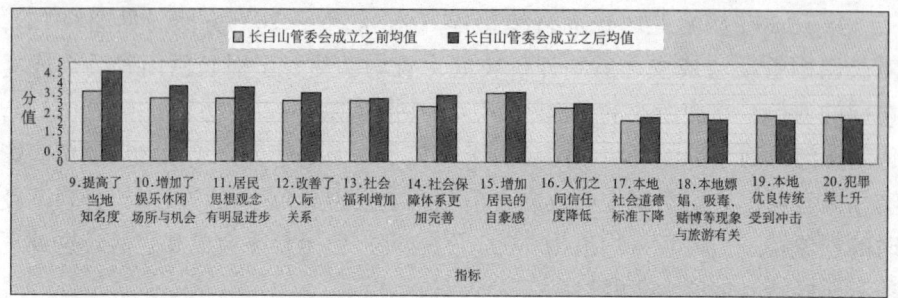

图 6-11　当地居民对长白山管委会成立前后旅游业发展社会影响的评价对比

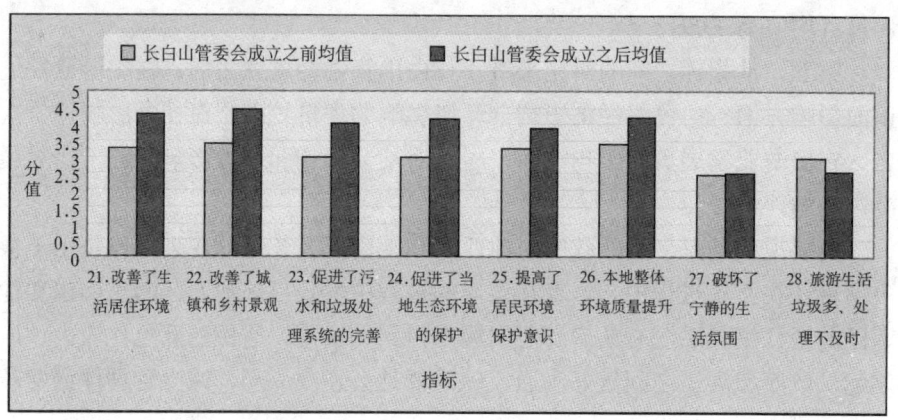

图 6-12　当地居民对长白山管委会成立前后旅游业发展环境影响的评价对比

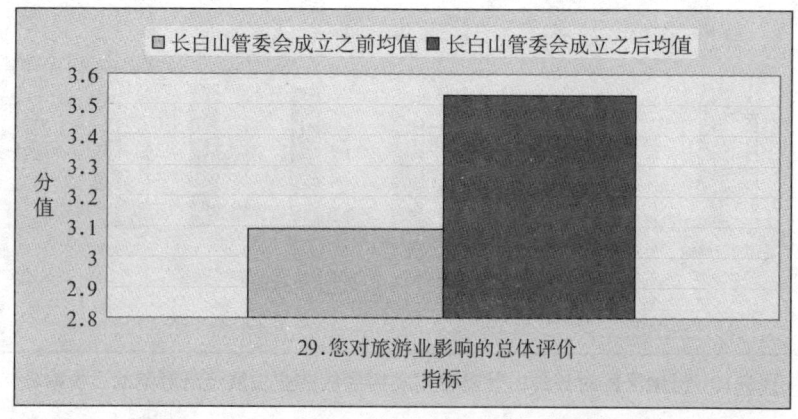

图 6-13　当地居民对长白山管委会成立前后旅游业发展总体影响的评价对比

第六章 自然遗产旅游可持续发展模式创新与管理体制改革——以长白山为例

③ 旅游业经营者

对旅游业经营者的问卷调查同样采用里克特量表的形式，分别用 5、4、3、2、1 表示非常满意、比较满意、一般满意、比较不满意、非常不满意。笔者在二道镇选取 23 家旅游业经营者进行问卷调查，收回 15 份，收回率为 65.2%，有效问卷为 11 份，有效率为 73.3%；样本情况如表 6-7 所示：

表 6-7 长白山地区旅游经营者问卷调查样本情况

样本特征		样本数（个）	比重（%）
性别	男	5	45.5%
	女	6	54.5%
年龄	15～24 岁	2	18.2%
	25～44 岁	9	81.8%
民族	朝鲜族	1	9.1%
	汉族	9	81.8%
	其他	1	9.1%
受教育程度	初中以下	1	9.1%
	高中	8	72.7%
	大专	2	18.2%
是否为本地经营者	是	10	90.9%
	不是	1	9.1%
所在的行业	宾馆饭店	4	36.4%
	旅游商品销售	5	45.5%
	其他	1	9.1%

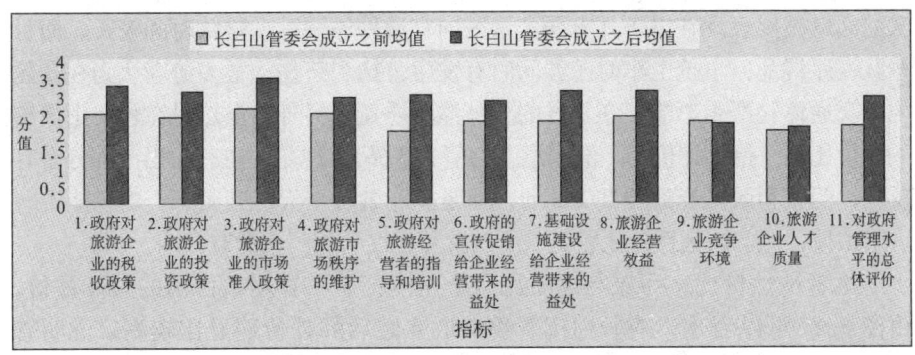

图 6-14 经营者对长白山管委会成立前后行业管理水平的评价对比

通过数据分析可以看出（图6-14），在绝大部分指标上，对长白山管委会成立之前的行业管理水平评价为比较不满意（均值接近2），但是，对长白山管委会成立之后的行业管理水平评价为一般满意（均值接近3）。但是，在旅游企业竞争环境这一指标上评价稍微下降，说明随着旅游业发展和旅游企业数量的增加，政府对它们之间的竞争管制力度不够。笔者成员通过访谈了解到，部分类型的经营者数量过多，各经营者之间竞争激烈，经营者反映经营效益不理想。

④ 游客

针对游客发放问卷322份，收回305份，收回率为94.7%，有效问卷为279份，有效率为91.5%。问卷调查同样采用里克特量表的形式，分别用5、4、3、2、1表示非常满意、比较满意、一般满意、比较不满意、非常不满意。通过据分析可以看出，在硬件指标（1～9）的评价上（见图6-15），对长白山管委会成立之后景区的评价均优于长白山管委会成立之前景区的评价，说明管委会成立之后景区的建设工作取得了较好的效果。其中对景区资源的保护程度（指标4）的评价最好（均值为4.31），对景区内公共厕所的评价最差（均值为3.28）。但是在软件指标（10～22）的评价上（见图6-16），对景区拥挤程度（指标17）、餐馆菜肴质量（指标19）两个指标的评价是下降的，其余指标的评价均上升。其中对当地导游服务质量的评价最好（均值为3.96），对景区拥挤程度的评价最差（均值为2.77）。

从游客对长白山管委会成立之后硬件指标与软件指标的评价之间的对比来看，游客对硬件指标的评价更好，说明在软件上还需要进一步努力。

需要说明的是，在部分指标的评价上，问卷调查的结果与实际情况有所偏差。虽然问卷调查结果显示对景区内交通便利程度的评价是比较满意（均值为4.07），但是，实际上笔者发现这是游客反映最强烈、抱怨最多的方面。游客反映的问题主要表现在以下几方面：景区内交通秩序混乱，排队时间较长，而且排队秩序混乱，争抢上车时游客间时有发生争执和挤伤。很多游客认为在景区内的交通体验严重影响了在景区的整体体验质量。另外，虽然对在长白山旅游的性价比这一指标评价为一般满意（均值为3.66），但是，也有相当一部分游客反映，门票和景区交通费共248元，但是只能游玩一天，其实一天内只能游玩一个山坡，他们认为性价比较低，所以游客建议延长门票的有效期。

笔者从性价比、印象与期望比两个角度衡量游客对长白山的总体评价，由图6-17可以看出，对长白山管委会成立之后的评价明显比较高。说明管委会成立之后对长白山的管理取得了明显的绩效，得到了普遍认可。

第六章 自然遗产旅游可持续发展模式创新与管理体制改革——以长白山为例

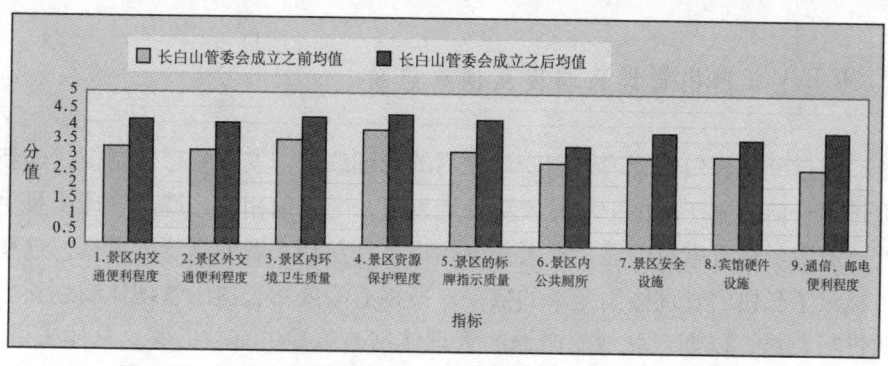

图 6-15 游客对长白山管委会成立前后景区硬件设施的评价对比

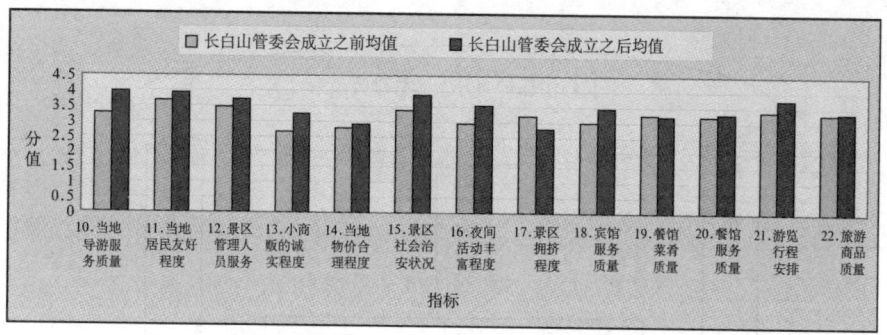

图 6-16 游客对长白山管委会成立前后景区软件设施的评价对比

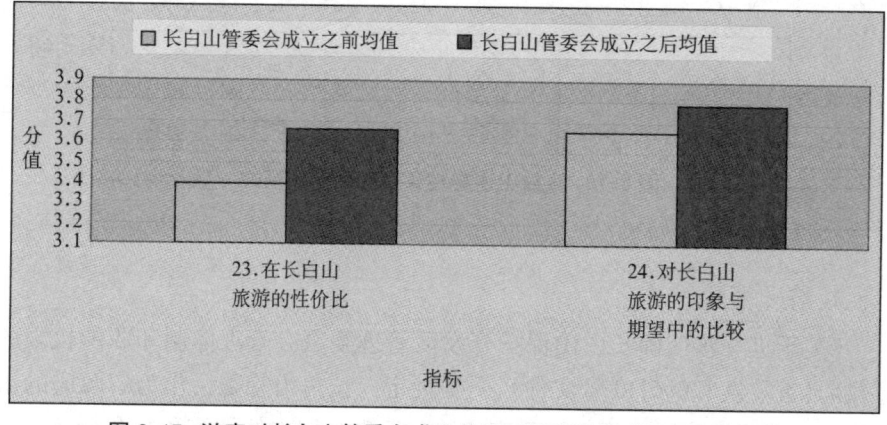

图 6-17 游客对长白山管委会成立前后对景区整体感知的评价对比

（五）长白山管理体制模式创新总结

通过分析长白山管理体制变革之后的管理绩效，发现管理体制模式创新促进了长白山遗产地保护和开发更好地发展，与以前相比，遗产管理质量更好，旅游经济贡献更明显，在大部分指标上利益相关者的满意度更高。这初步显示了长白山管理体制变革的效果，所以有必要对长白山管理体制创新模式进行总结，以期对其他旅游地的管理体制改革提供有益借鉴。总体来讲，"9+1模式"下的长白山管理体制实现了遗产地管理的统一领导、政景合一、政事企分开、分级管理（图6-18）。

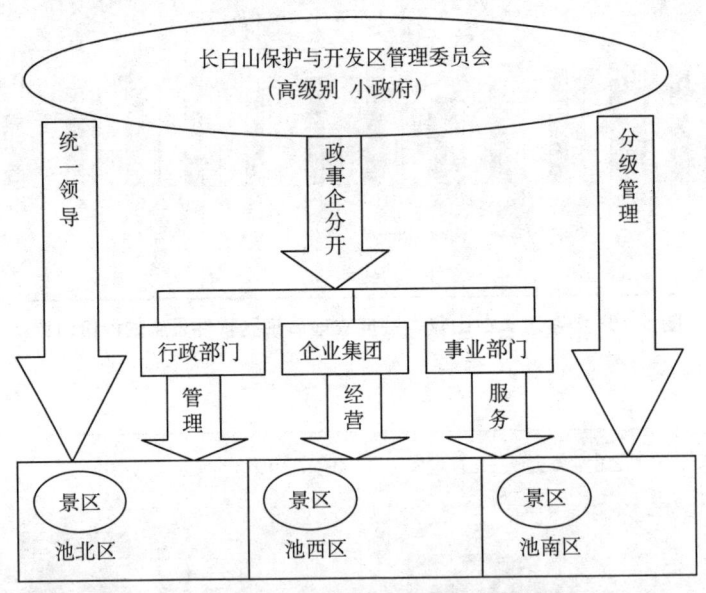

图6-18 长白山遗产地管理体制创新模式

1. 统一领导

《关于进一步明确长白山保护开发区管理委员会管理体制和职能权限的意见》（吉政发[2006]30号文件）明确规定：长白山管委会作为省政府的派出机构，正厅级建制，代表省政府依法对管理区域内的经济和社会行政事务

第六章 自然遗产旅游可持续发展模式创新与管理体制改革——以长白山为例

以及森林、草原、水流、山岭、土地、矿藏等自然资源实行统一领导和管理。省政府授权长白山管委会统一制定长白山保护与开发总体规划和土地利用总体规划，并搞好与延边州、白山市经济社会发展总体规划的协调衔接，对长白山的保护、开发与建设等相关工作实施统一协调和指导。长白山管委会作为一个以景区资源保护和合理利用为根本职责的、权威的、权力相对综合的、专业性较强的、具有适当级别的自然保护区管理机构，对长白山实行统一规划、统一保护、统一开发和统一管理，对促进长白山地区经济社会和生态环境全面协调可持续发展具有重大战略意义。

2. 政景合一

长白山管委会成立以后，下设池北区、池南区和池西区，三个区的行政范围分别包括二道镇、漫江镇和东岗镇，三个镇的行政事务分别归三个区管理，这样，长白山管委会的实际管理范围包括景区和三个镇的各种经济、社会、文化事务，形成了景区和行政区合二为一的管理格局。这种社区自治的管理模式可以充分发挥景区的辐射效应，为当地的经济发展和社会稳定提供保障。将景区和行政区合二为一可以使当地居民形成一种自豪感和保护景区的意识，避免了将他们作为局外人而产生的孤立感和嫉恨感，并由这种社会心理而引发的资源掠夺式使用和破坏，可以将居民与景区的矛盾降到最低。而且，如果政景分离，在行政区人员和企业从事旅游业相关活动，并且对景区的形象造成了不良影响时，而景区行政机构却无权对其规范管理，必要时只能通过与行政区的行政机构进行协调解决，这样必然增加行政成本，所以，政景合一可以降低解决矛盾的行政成本，有效地做到景区自治。

3. 政事企分开

长白山管委会共组建3个经济管理区（池北区、池西区、池南区），1个集团公司（长白山旅游股份有限公司），另外还有21个行政机构，8个事业单位。长白山旅游股份有限公司由长白山开发建设集团、中国吉林森林工业集团有限责任公司和吉林延边林业集团有限公司共同发起，于2010年12月成立，注册资本金为2亿元人民币，长白山旅游股份有限公司作为长白山保护开发区第一家国有控股公司，是长白山旅游产业发展的重要载体，是区域开发建设的主要投融资平台，也是区域产业发展龙头样板企业。长白山旅游股份有限公司与行政机构相互独立，意味着长白山自然保护区的所有权与经营权相互分离。政企分开有利于景区开发的市场化运作，有利于管委会对景区开发的监督和管理。管委会在宏观层面上更多的是加强行政审批和资源保护的监督检查，而长白山旅游股份有限公司则负责景区的招商引资、开发、经营等具体工作，从而形成责权明确、产权清晰的经营管理格局，为景区的建设、经营活动提供制度保证，使景区运行质量显著提高。事业单位与企业分开有利于事业单位更好地扮演公共服务提供者的角色，能够实现社会的公平，与行政部门分开有利于事业单位减轻压力，提高运作效率。

4. 分级管理

长白山管委会下设的池西、池北、池南三个经济管理区，具有相当于县级政府的行政管理职能和权限。它们在长白山管委会的统一领导下分别负责各区域内的开发建设。在这样的分级管理体制下，长白山管委会作为上级对各分区统一指导，各分区在上级的领导下组织落实，这种管理体制是在集权的基础上适当分权，分权有利于减轻集权部门的压力，使长白山管委会集中精力研究宏观决策，同时又可以充分发挥地区优势，调动地方的积极性和主观能动性。

三、总结与讨论

不论安排何种形式的管理体制，最终目的都是要实现遗产地保护与开发的协调发展。笔者以长白山管理体制变革为例，发现遗产地管理体制变革对保护与开发的绩效有明显的影响，说明不同的产权制度安排会影响资源的运动价值。不当的产权制度安排容易产生公地悲剧，导致遗产地开发和保护的效率低下。在此情况下，经济发展拉力和资源保护推力共同构成遗产地管理体制变革的动力，诱发进行更好的体制安排，以产生更好的管理绩效。以上结论是对产权影响价值运动理论、公共资源治理理论和制度变迁理论的进一步验证。

第六章 自然遗产旅游可持续发展模式创新与管理体制改革——以长白山为例

长白山管理体制变革激发了旅游发展和遗产保护的巨大活力，有效地证明了统一领导可克服多头管理的缺陷，建立级别较高的"小政府"（政府派出机构）可以降低委托代理的层次，由派出机构和相关主管部门共同提高遗产资源处置权的排他性；行政区和景区合一的管理体制有较强的包容性，将各级政府、企业、非政府机构、社区等各种利益相关者都容纳在一起，形成一个相互制约的利益共同体，共同保护遗产地资源并共享遗产地旅游发展的成果，可有效减少外部性；政事企分开可充分发挥政府、事业单位和企业的优势而提高资源配置效率，达到公平与效率的均衡。

因此，笔者认为，在我国遗产管理体制不顺和限于国家财政压力而国家公园体系较难实行的背景下，建立级别较高的政府派出机构，并形成政景合一的管理格局，实行所有权与经营权分离的经营形式，必要时（根据行政区域的大小而定）实行分级管理的形式，将是一种比较有效的管理体制。但是，有一个前提条件是：在属地管理的条件下实行政企分开的经营形式时，当地政府应建立完善的监督机制，避免企业对遗产资源造成破坏。中央政府也应建立比较完善的监督机制，防止地方政府为了政绩和企业同谋。

目前，我国很多遗产地采取了由市政府派出机构进行统一管理的模式，但在其他方面或多或少地存在弊端。笔者认为，目前长白山这种管理体制对我国其他自然遗产地有较好的借鉴意义。例如：为了改变武陵源多头管理的弊端，湖南省政府应该做出决定成立一个正厅级的政府派出机构统一领导，结束目前资源处置权排他不强导致的多方处置资源的混乱局面。为了改变因政景分离而引发的社会矛盾，黄山应借鉴长白山的模式将黄山风景名胜区的管理权划归与其区位比较近的黄山区，这样可以减少外部性，利于整个黄山区的和谐发展。三清山应借鉴长白山政企分离的经营形式，明确划分政府与企业各自的职责、权利和权属关系，克服目前政府与企业之间分而不离、藕断丝连的局面，彻底地做到政企分离。

第七章
文化遗产旅游可持续发展模式创新与管理体制改革——以八达岭长城为例

一、八达岭长城概况

二、八达岭长城资源保护与旅游开发协调机制

三、八达岭长城管理绩效评价

四、总结与讨论

中国遗产旅游可持续发展模式创新与体制改革

八达岭长城作为我国世界文化遗产的典型代表，其在管理体制的选择上经历了事业与企业、保护与开发的博弈与抉择，也颇具研究价值。本章以八达岭长城作为研究对象，通过对其管理体制的调查分析，旨在找出八达岭长城管理体制的典型性和适用性。

一、八达岭长城概况

（一）典型性

八达岭长城作为我国世界文化遗产的代表，在管理体制上经历了事业与企业、保护与开发的博弈与抉择，颇具案例价值。现以八达岭长城作为案例，对其管理体制进行描述，试寻其典型性和借鉴意义。

从八达岭长城的管理体制，能够窥见我国文化遗产管理的演变过程和存在的管理难点问题。2006年，全长7600米的八达岭长城经营权终于全部被国家收回，经营权由上市公司退还给八达岭特区办事处，此举曾经在全国引起很大反响，对其他文物保护单位按《国家文物保护法》行事也起到了示范作用。

八达岭长城是我国接待旅游人数最多的世界文化旅游遗产。众多的游客给管理提出了高要求，如何实现旅游发展与文物保护的平衡，并避免经营性破坏是八达岭长城管理者要回答的问题。

八达岭长城管理中，曾经出现游客、地方政府的利益激烈冲突的问题。从2001年到2003年，八达岭三年总收入分别为1.2328亿元、1.3695亿元和1.2688亿元，上缴延庆县财政分别为0.4331亿元、0.4674亿元和0.3287亿元。三年间，延庆县政府并未对八达岭特区办事处予以返还或者补贴。地方政府的抽血机制导致八达岭长城保护经费严重不足，曾计划通过门票票价上涨填补修缮经费空缺。

目前，八达岭长城的管理体制是典型的特区事业化经营模式，相对于文物部门主管的模式而言，具有代表性。

第七章 文化遗产旅游可持续发展模式创新与管理体制改革——以八达岭长城为例

表 7-1 近年来新闻媒体对八达岭长城相关事件的报道

时间	事件	主要相关报道
2001.4	建磁悬浮铁路	《北京晨报》2001年4月12日：北京将在八达岭长城修建磁悬浮铁路
2004.12	门票涨价争议	专家谈北京六景点门票涨价 世界遗产不是摇钱树 新华网2004年12月10日：世遗景点故宫、颐和园、八达岭均表示门票涨价有理
2005	长城毁容事件：经营性破坏	《人民日报·海外版》2005年11月30日：万里长城"毁容"忧人心，"整容"方案已收千条
2006.4	八达岭经营权收回	东方网2006年4月8日：还有多少个"长城"被出卖 人民网2006年4月7日：八达岭长城收归"国营"，门票收入全用于文保
2006.5	长城立鼎	《北京娱乐信报》2006年5月8日：八达岭长城立鼎遭质疑 游客：感觉有点不伦不类

（二）概况

八达岭长城是中国万里长城的精华地段，游览面积119万平方米，享誉全球。1991年被评为中国旅游胜地40佳之首、1993年被评为北京旅游"世界之最"、2000年被评为全国文明旅游风景示范区、2001年被评为中国首批4A级旅游景区，2007年成功荣升国家首批5A级景区。

八达岭长城位于八达岭镇辖区范围内。八达岭关城开放景区面积为33平方公里。八达岭重点保护区，即八达岭长城国宝段，总面积3.77平方公里。八达岭长城景区内原有少量居民，但是目前居民基本上都已搬迁至八达岭镇。八达岭镇位于延庆县东南部，八达岭长城脚下，辖1个社区（八达岭镇社区）、15个村委会（图7-1）。

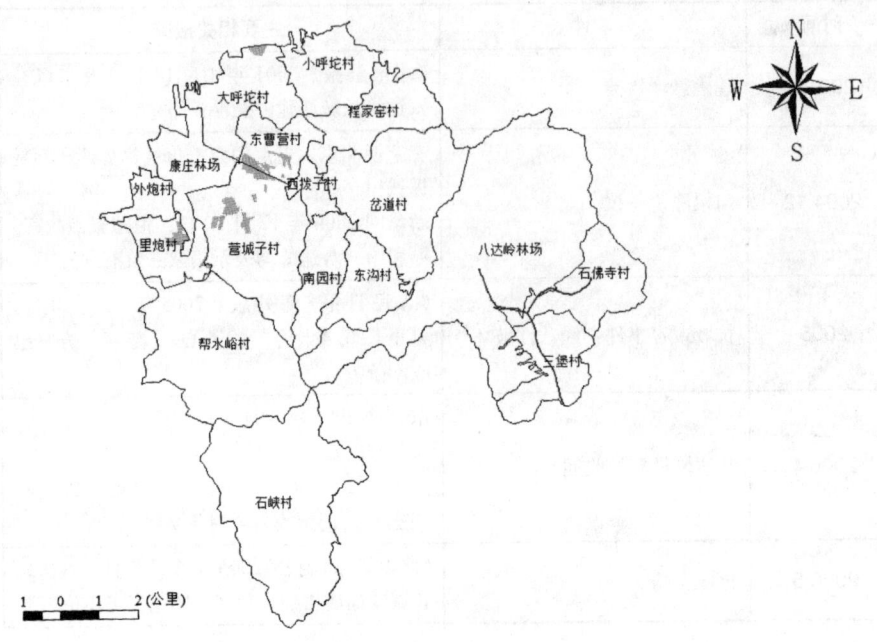

图 7-1 八达岭镇所辖行政村

来源：http://nongye.bjyq.gov.cn/yanqingweb/zttj-trza.html

表 7-2 八达岭长城发展历程

时间	事件
1952 年	国家文物部门按照当时政务院副总理郭沫若同志提出的"维修长城，向国内开放"的意见，首先选择了八达岭长城，进行勘察、设计和维修，并随即向游人开放
1961 年	八达岭长城被国务院列为全国首批重点文物保护单位
1979 年	八达岭开始出售长城门票
1982 年	国务院批准八达岭－十三陵风景名胜区为第一批全国重点风景名胜区之一
1984 年	《北京日报》、《经济日报》等七家新闻单位联合发起了声势浩大的"爱我中华、修我长城"的社会赞助活动
1987 年	长城被列入《世界遗产名录》
1992 年	国务院通过《八达岭－十三陵风景名胜区总体规划》
2007 年	《八达岭－十三陵风景名胜区总体规划（2007 年—2020 年）（修编）》
2010 年	八达岭长城文化旅游产业集聚区晋升市级文化创意产业集聚区

第七章 文化遗产旅游可持续发展模式创新与管理体制改革——以八达岭长城为例

在中国的景区中，八达岭长城是对外开放最早、接待国家最多、接待游人最多、接待外宾最多的景区之一。根据福布斯的统计，2007年国内和国际游客访问最多的旅游景点如表7-3所示，八达岭长城名列第11位。

表7-3 2007年国内和国际游客访问最多的旅游景点

世界排名	旅游景点	地点	所在国家	旅游人数
1	时代广场	纽约	美国	3 500万
2	国家广场和纪念公园	华盛顿特区	美国	2 500万
3	迪士尼世界的神奇王国	维斯塔湖，佛罗里达州	美国	1 660万
4	特拉法加广场	伦敦	英国	1 500万
5	迪士尼乐园	阿纳海姆，加利福尼亚州	美国	1 470万
6	尼亚加拉瀑布	安大略省和纽约	加拿大、美国	1 400万
7	渔人码头/金门国家游乐区	旧金山，加利福尼亚州	美国	1 300万
8	东京迪士尼乐园/迪士尼海洋	东京	日本	1 290万
9	巴黎圣母院	巴黎	法国	1 200万
10	巴黎迪士尼乐园	马恩香格里拉-瓦利	法国	1 060万
其他入选的旅游景点				
11	万里长城	八达岭	中国	1 000万

来源：http://www.toptentopten.com/topten/most+visited+tourist+attractions

（三）八达岭长城模式的特征

1. 行政机制效率高

目前，许多世界文化遗产归文物部门管理，而实际上文物部门只是在文博业务方面给予指导，主要强调遗产的保护。随着社会的多元化发展，世界文化遗产已经不仅仅是要被保护的文物，同时它也是要被利用的文化产品。因此，世界文化遗产面临着多个利益相关者的权益需求，而文物部门作为一个文博技术部门，在对遗产的综合管理方面，缺乏科学知识和技术，难以实现对遗产管理具体实施者的有效监督和指导。

我国文化遗产管理体系中，尽管由文物管理机构或类似机构直接管理，但工商、公安、林业、建设、宗教、文物、旅游等单位，都有权对文化遗产的某一领域进行管理。因此，将这些单位的职能统一有利于提高管理的效率。八达岭长城特区办事处集合了文物管理、规划建设、旅游等部门人员，采取联合执法、统一领导，形成景区秩序层层有人抓，处处有人管，部门密切配合、齐抓共管的管理网络，达到了精简机构、强化职能、资源与市场相结合、保护与开发相结合，既弥补了文物部门直接管理的资源不足的问题，又避免了各路诸侯的多头干预、条块分割。

2. 资源处置权比较清晰

《北京市人民政府关于加强八达岭、十三陵风景名胜区规划管理的规定》中明确指出：在八达岭—十三岭风景名胜区进行工程建设，凡属文物保护单位保护范围或建设控制地带范围内的，均须先经文物行政主管部门同意。属于违反文物保护管理法律、法规的，由文物管理机关依法处理。规定执行中的具体问题，由市城市规划管理局负责解释。

3. 经营权分类清楚

八达岭长城文化遗产，由八达岭长城特区办事处经营，而景区内的旅游业务（包括吃、住、行、购、娱等）由八达岭旅游总公司开发经营。并且，在八达岭长城大景区统一规划的前提下，将八达岭长城周边较低级别的文物资源的经营权出让给八达岭旅游总公司开发经营，这样有利于发挥八达岭旅游总公司在开发旅游产品方面的积极性，有利于打造八达岭长城文化创意区，实行集群化发展（图7-2）。

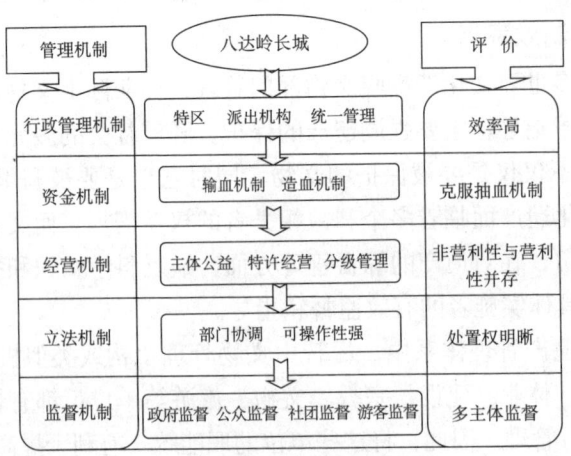

图7-2 八达岭长城管理体制

二、八达岭长城资源保护与旅游开发协调机制

八达岭长城管理体制演变经历了：单一的事业化管理——企业化经营——改制上市——经营权收归国有、业务特许经营的发展过程（表7-4）。

表7-4 世界遗产地八达岭长城发展史上相关重要事件表

时间	事件
1981年	北京市政府设立八达岭特区，定名为北京市延庆县八达岭特区办事处
1997年	八达岭旅游发展有限公司成立，该公司属中外合资经营企业 八达岭长城被北京控股有限公司（下称"北控"）捆绑上市，正式由上市公司管理 动工兴建八达岭温泉度假酒店
2002年	北控把酒店和旅游业务绝大部分出售给北京旅游发展有限公司
2003年	实施"政企分开""企企分开"改革方案，成立八达岭特区工委，八达岭特区办事处与八达岭镇合署办公。八达岭股份公司、八达岭旅游总公司独立经营，并成立党委
2003年	北京市政府、延庆县政府及相关文物保护单位开始了长达三年的谈判协调工作
2004年	成立八达岭特区工委机关党委。撤销八达岭旅游股份公司党委和八达岭旅游总公司党委，改为两个党总支
2004年	北控将直接持有的八达岭权益转拨给另一家附属公司
2006年	上市公司退出经营管理，经营权移交至八达岭特区办事处

（一）行政隶属

延庆县八达岭特区办事处作为一个处级单位，是1981年北京市人民政府批准成立的旅游特区，是延庆县人民政府的派出机构，在县政府的领导下，在管辖区内行使行政管理权。在文物保护和风景名胜区保护方面，接受市文物行政主管部门和市城市规划管理局的指导。在实际的工作中，八达岭特区办事处具有非常大的独立性。市文物行政主管部门和市城市规划管理局则仅仅是在业务上给予指导。

八达岭特区办事处内设办公室、党委办公室、人事科、财政科、规划基建科、综合治理办公室、文物管理科、外事办公室、监察科、保卫科、旅游应急办公室、经济合作办公室12个职能科室。下设宣传营销中心、票务管理中心、后勤服务中心、绿化保洁中心、游客服务中心、景区综合监察管理大队6个自收自支的事业管理单位。特区办事处现有正式职工400人，临时工209人，外聘人员8人，退休职工97人（图7-3）。特区办事处的主要职能是：

（1）保护辖区内的文物古迹和风景。
（2）组织制定和落实景区总体规划。
（3）管理辖区内的旅游事项。
（4）统一管理长城门票及其收入。
（5）对景区的建设、经营、广告等事项进行管理。
（6）负责领导、组织和协调公安、工商、城管等职能管理部门，对景区的社会治安、环境、旅游秩序进行综合治理。
（7）领导解决在八达岭大景区规划实施中与周边镇、村的各类问题。
（8）统一组织景区宣传、外事接待及各类大型活动等。
（9）承办县政府交办的其他事项。

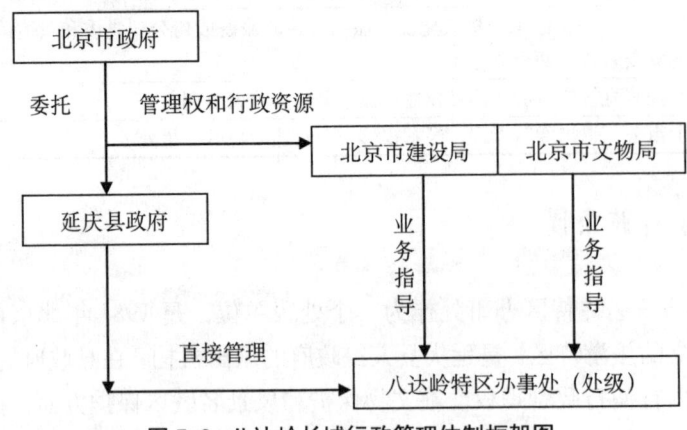

图7-3 八达岭长城行政管理体制框架图

第七章 文化遗产旅游可持续发展模式创新与管理体制改革——以八达岭长城为例

（二）资金机制

北京市在成立八达岭特区办事处时规定：特区办事处应努力改善经营管理，在经济上不仅要做到以收抵支、自给自足，而且应积极发展特区事业，争取更多收入。其经济来源，主要是出售游览票的收入；自营商业、服务业的利润收入（包括代销费）；联营商业、服务业的利润分成收入；导游收入；经营林业、果树、花卉、养殖等的收入和部分罚没收入。全部收入均留作特区经费，可用于人员工资；行政开支；职工福利；文物古迹的小修；市政、公用设施的维护和改善，以及用于改进服务事业，奖励先进等。除此之外，不得挪作他用。

从 1987 年开始，特区每年按一定比例从长城的门票中提取长城修复（1995 年后比例为 20%），作为保护长城专项资金，专款专用。近年来，市、县政府和八达岭特区共投入近 11 亿元用于文化遗产保护、基础设施建设和环境整治，完成了 1981 年特区成立以来最大规模的两期，总共 4 大类 43 项升级改造工程。八达岭长城于 2005 年设立了长城基金会，以接受国内外关心爱护长城的企业、社会团体及相关人士的赞助和捐赠，为八达岭长城的文物保护筹集资金。可见，八达岭特区的日常开支及保护费用主要通过以下四条途径解决：门票收入；政府拨款及上级部门拨款；特许费用及资源保护费；外界赞助，基本建立了财政拨款、个人、企业或社团捐助的"输血"机制以及文化遗产单位提高自身经营收入的"造血"机制。

（三）经营机制

遗产保护与开发要实现平衡，最大的问题是模式问题，包括保护的模式、开发的模式和管理模式。因此，文化遗产的经营模式，所有权、管理权、经营权、监督权的分离和行使成为文化遗产管理和经营好坏的关键一环。

八达岭长城经营模式是特区办事处监督下的旅游业务特许经营，主要特点包括：国宝级文物由特区办事处经营和管理，市县级文物由八达岭旅游总公司经营，旅游业务实行特许经营。

（1）遗产核心保护区由办事处经营和管理。该区域的保护和经营管理由八达岭特区办事处垄断经营，门票收入只能用于：管理人员的工资、必要的管理费用、世界遗产的保护和维修。不许任何单位或个人到重点保护区单独开办商业、服务业或进行商业活动。

(2) 市县级文物由企业经营。八达岭长城周边的北京八达岭水关长城、北京八达岭残长城自然风景区、万里长城第一楼——九眼楼长城自然风景区、北京古崖居风景名胜区由八达岭旅游总公司经营。

(3) 功能区旅游业务特许经营。对营利项目，包括以世界遗产资源为依托所进行的餐饮、住宿、交通、运输、购物、文化娱乐、运动项目、旅游服务实行特许经营。北京八达岭国际旅行社、北京八达岭索道有限公司、全周影院、八达岭饭店、八达岭工艺品公司、北京长城影视技术研究所、北京八达岭工程公司、北京市八达岭双通滑道输送有限责任公司等都是北京市八达岭旅游总公司的下属企业。为解决当地农民就业，八达岭长城允许部分人在景区周围有固定摊位，由工商部门收取管理费用，同时经营者在经营规模、经营质量、价格水平等方面必须接受管理者的监管（图7-4）。

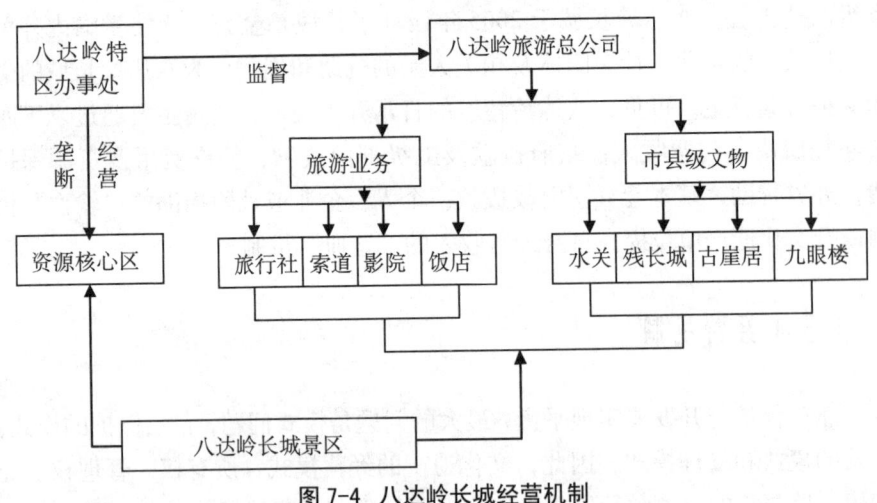

图7-4 八达岭长城经营机制

（四）法规规章和监督机制

八达岭长城相关保护法规主要有：《中华人民共和国文物保护法》、《长城保护条例》、《中华人民共和国文物保护法的实施办法》、《北京市实施〈中华人民共和国文物保护法〉的办法》、《北京市长城保护管理办法》、《长城保护条例》、《延庆县长城保护行动纲要》、《关于划定长城临时保护区的通知》、《关于加强八达岭、十三陵风景名胜区规划管理的规定》。相关的规划有：《八达岭长城旅游区的发展规划》、《八达岭长城保护规划文本》、《八达岭—十三陵风景名胜区总体规划》（1993年）、《八达岭—十三陵风景名胜区总体规划修编（2007—2020年）》。这些法规从保护资金的来源、资金的使用、经营内容和范围、建设项目审批、保护范围及建设控制地带管理等都给出了详尽、严格的规定，操作性较强。

八达岭特区建立三级服务监督体制，在全景区设立投诉站并公布游客投诉电话，加强社会监督和游人监督力度。

八达岭长城形成了外部专家和社团的协商与监督制度，不定期举办"关于八达岭长城保护与利用座谈会"、"世界文化遗产国际学术研讨会"等会议，听取外部专家关于遗产保护的意见和建议。八达岭长城与中国长城学会、中国长城博物馆学术研究会等建立了良好的合作关系，社团组织的监督在八达岭长城保护中发挥了重要的作用。

三、八达岭长城管理绩效评价

（一）遗产管理质量

1. 遗产修复及安全措施

1983年，八达岭长城维修了北五、六楼和北四至北六敌楼间的墙体。随后，利用社会赞助款维修、修复了北七至北十二楼、南五至南七楼和它们之间的墙体。这两次大规模的维修，使长城可供游览的长度由原来的1 200米增加到3 700余米。2006年，八达岭长城南7楼至南16楼半1 245米未开放段实施抢险加固工程；2008年，北13楼至北19楼2 455米未开放段长城进行抢险加固，八达岭长城已修复的未开放段长度达到了3 700米。从1987

中国遗产旅游可持续发展模式创新与体制改革

年开始,特区每年按一定比例从长城的门票中提取长城修复资金(1995年后比例为20%),作为保护长城专项资金,专款专用。近年来,市、县政府和八达岭特区进行了多项升级改造工程。安全方面,八达岭地区在三堡村设有一个消防中队,负责消防保卫工作,开展消防宣传教育活动。

2. 科研与公众教育

为了满足游客游览长城,同时想更多地了解长城的要求,1990年和1994年,八达岭长城特区在景区内远离核心保护区的地方,先后建成开放了"长城全周影院"和"中国长城博物馆",增强了长城文化展示的丰富性。未来,八达岭长城将围绕"长城文化",深入挖掘长城文化、长城历史,创意打造集文化旅游业、文艺演出业、广告会展业、设计创意业四大主导产业于一体的文化旅游产业集聚区。目前,该区已经成功跻身北京市30个文化创意产业集聚区行列。

八达岭长城旅游业的发展,也唤起了民众的文物保护意识。八达岭长城开放之前,附近村民拆毁城墙,用城砖砌院墙、盖房子、垒猪圈的屡见不鲜,对长城造成了严重破坏。随着长城旅游的发展,八达岭长城附近的村民从旅游发展中获得了实实在在的利益,摆脱了贫困,走上了致富之路。他们逐渐认识到长城是一只"金碗",只有保护好长城,才能不断创造财富。

(二)游客体验质量

笔者以实际到八达岭长城游览的游客为调查对象,从游客的立场设计问卷并调查(符合要求样本286份)。游客对八达岭长城之旅的总体评价比较高,70.3%的游客认为"基本满意"或者"满意",还有16.1%的游客认为"非常满意",这表明游客对八达岭长城的感知处于一个总体满意度比较高的水平。

游客对八达岭长城保护程度给予了较高的评价,满意率达到83.9%,对遗产保护状况表示"非常不满意"和"不满意"的游客仅有3.1%,这表示游客对八达岭长城遗产保护程度普遍表示满意。

长城是我国古代劳动人民智慧的结晶,是中华民族伟大而悠久历史的见证。因此,长城需要保护的不仅仅是核心景区,而是要将长城所包含的精神

第七章 文化遗产旅游可持续发展模式创新与管理体制改革——以八达岭长城为例

生动形象地展示给中外游客。八达岭长城较早围绕长城文化建立的中国长城博物馆、长城全周影院等,一定程度上增强了遗产展示的丰富程度。但是由于旅游线路的设计,相当一部分游客并没有参观中国长城博物馆,体验长城全周影院的宣传片。

(三)遗产经营效益

1. 旅游集群化发展

八达岭长城旅游业的发展,带动了八达岭周边地区一系列旅游相关产业的发展,首先形成了以长城为中心的旅游景区群,包括八达岭水关长城、八达岭残长城景区、八达岭野生动物世界、八达岭熊乐园、八达岭森林公园、八达岭索道、八达岭滑雪场等,形成了八达岭地区集旅游观光、休闲度假、体育健身等于一体的旅游大景区格局。据调查,八达岭的游客占延庆县游客总量的近50%,其中外地和国外游客达80%以上。2008年以上景区入库税款合计202万元,占全部完成税收的7%。

延庆县委县政府以八达岭长城为龙头,以水关长城、岔道古城、残长城等二级景区为依托,进一步规划,推出了一批长城高端旅游休闲项目,并打造出了一个"一轴两带多辐射"的长城旅游文化产业集聚区,实现了旅游集群化发展。

围绕八达岭长城旅游业发展起来的农家乐、乡村旅游接待项目,在带动当地农民致富、稳定地方经济方面也发挥了重要作用。

2. 拉动相关产业发展

八达岭长城旅游业的发展还带动了房地产业投资和开发,已经形成的两个最大的项目是"清凉盛景"和"阳光假日"别墅,分别由北京靖夏仲清房地产开发有限公司和北京广厦房地产开发公司八达岭山庄分公司开发。2008年,两大房地产业共计入库税款1 293万元,贡献了八达岭地税所45%的税收。

表 7-5 八达岭长城历年游客人次统计

年份	客流量（万人次）
1991	496.67
1992	540.55
1993	472.26
1994	430.02
1995	420.78
1996	412.4
1997	441.07
1998	504.39
1999	509.36
2000	543.6
2001	584.33
2002	105.53
2003	234.73
2004	444.2
2005	519.17
2006	593.07
2007	580

资料来源：《八达岭长城大景区现状资料汇编》

但由于八达岭长城八达岭地区的大型宾馆只有八达岭饭店、八达岭庄园饭店、玫瑰山谷酒店、八达岭青龙泉休闲度假村等 4 家，2008 年全年，八达岭地区住宿业共计入库税款 25 万元，占全部税收 2 868 万元不到 1%。因为中午是游人到达的高峰期，景区内的小食品销售、餐馆生意很红火，餐馆以经营老北京风味的中式快餐为主。八达岭地区餐饮业 2008 年入库税款 208 万元，占总收 2 868 万元的 7.3%。

（四）社区获益情况

1. 旅游就业

八达岭镇共辖石佛寺村、岔道村、程家窑等 15 个村委会和八达岭镇居委会（表 7-6）。其中，岔道、石佛寺、三堡村的经济受到八达岭长城的经济

第七章 文化遗产旅游可持续发展模式创新与管理体制改革——以八达岭长城为例

拉动比较明显，三产的结构为：第三产业为主，第一、二产业发展缓慢，劳动力的 70%～75% 从事旅游服务业。而东沟、营城子、小浮坨、里炮、大浮坨、西拨子等村落受八达岭长城的经济辐射较弱。

表 7-6 北京市级民俗旅游村一览表

区县	乡镇	民俗村
延庆县	八达岭镇	岔道村
		石佛寺村
		东沟村
		里炮村（红苹果度假村）

八达岭长城景区附近居民的旅游就业方式主要包括：开办农家乐、开办旅游餐馆、村办旅游企业、景区经营门店（摊位、景区商店、工艺品店等）、景区工作、给其他经营者打工（包括给摊主、旅游商店、旅游饭店打工）等。其中，岔道城村 80% 以上的劳动力从事旅游业，包括在八达岭景区内拥有的大量摊位，拥有众多旅游直接岗位和较稳定的旅游收入来源。

2. 旅游收入

根据延庆县地税局统计，2008 年八达岭地区从事农家院经营的个体户约 105 户，在景区从事旅游纪念品销售、食品零售的个体户约 90 户。八达岭地区的个体户 2008 年纳税 47.4 万元，纳税额占总收入的 1.5%。

表 7-7 旅游就业、收入调查结果

样本区域	统计数据	家庭就业人数	旅游就业人数	家庭收入（万元）	旅游从业收入（万元）
岔道	平均值	2.6667	2.0741	6.5793	5.9170
	样本数	27	27	27	27
石佛寺	平均值	2.4444	1.3333	2.6333	1.4022
	样本数	9	9	9	9
小浮坨	平均值	2.6667	1.3333	3.2556	1.6500
	样本数	9	9	9	8

续表

样本区域	统计数据	家庭就业人数	旅游就业人数	家庭收入（万元）	旅游从业收入（万元）
营城子	平均值	2.1154	0.3077	1.7754	0.3315
	样本数	26	26	26	26
大浮坨	平均值	1.7059	0.5882	1.4235	0.5371
	样本数	17	17	17	14
里炮	平均值	2.2000	0.2000	8.1700	3.0000
	样本数	10	10	10	10
总计	平均值	2.2857	1.0204	3.0951	2.4651
	样本数	98	98	98	94

资料来源：牛亚菲，宋涛，刘春凤，等.基于要素叠加的旅游景区经济影响域空间分异研究：以八达岭长城景区为例.地理科学进展，2010, 29(2):225-231.

从表 7-7 中可以看出，对岔道村的居民而言，旅游从业收入是其家庭收入的主要来源，家庭大部分成员都以不同形式加入到旅游从业中。而对石佛寺村、小浮坨村而言，旅游从业收入基本占到家庭收入的一半左右。

表 7-8 八达岭长城旅游经济影响域

影响域	岔道村
旅游经济影响间接区	石佛寺、小浮坨、营城子
旅游经济影响外围区	大浮坨、里炮

由于岔道村离八达岭长城距离最近，因此，得到八达岭长城旅游经济辐射最强（表 7-8）。过去，岔道村村民只是在八达岭长城景区内做生意，收入来源比较有限。从 2001 年开始，延庆县政府、八达岭镇、岔道城村先后投入资金进行民居拆迁、古建筑复建等工作。岔道村还积极开展招商引资，先后与龙地集团、法资企业影佳集团合作。2008 年 3 月，八达岭特区旅游总公司与岔道村进行古城旅游项目开发。通过不断的建设和改造，岔道村逐渐成为民俗旅游新村。村民们纷纷回村经营，更多的村民通过开办乡村旅游接待等方式致富，缩小了贫富差距。经过二十年的发展，岔道城村每年税后收入达到在三百万元。岔道城的修复和发展不仅丰富了八达岭长城的旅游内容，还推动了文物保护事业的发展，使文物保护与地区经济建设结合得更加紧密，

第七章 文化遗产旅游可持续发展模式创新与管理体制改革——以八达岭长城为例

充分发挥了文物资源的价值,是世界遗产周边相对低级别遗产依托当地社区发展的典型模式;岔道村集体融资修复古城,是文物保护地区乡村为发展旅游而自觉保护历史遗存,为保护历史遗存而在政府引导下向受益者融资的典型事例。

八达岭长城景区一定程度上带动了周边社区的经济发展,但是由于八达岭长城景区以观光为主,游客逗留时间较短,其经济辐射作用比较有限。另外,景区内出售旅游纪念品的商店,没有形成本地化的产业链,商品大多不是本地生产,因此利润空间也十分有限。

四、总结与讨论

通过对八达岭长城遗产管理体制的特征总结,得出八达岭长城管理体制有一定适用条件的结论。

(一)行政管理体制适用条件

由于我国文化遗产资源类型丰富、特征各异、赋存量大,因此,八达岭长城行政管理体制并不适用于所有的文化遗产,而是主要适用于占地面积较小、遗产内无居民或居民较少的文化遗产:

当遗产区域面积较小,且景区内居民较少时,遗产行政管理体制设置可以采用八达岭长城的模式,将长城所在区域单独划出来,成立特区,实行统一管理。这样可以使遗产管理机构比较精简,避免机构臃肿,也可以使遗产管理者集中精力保护遗产。如果景区内居民较多,遗产地与行政区域叠加时,遗产保护与居民日常生活之间的矛盾可能比较突出,因此,要么搬迁原住居民,要么实行区镇合一,将居民纳入到遗产管理机构的直接管辖范围内,如武当山旅游经济特区的模式,有利于统筹遗产保护与社区发展之间的关系。

（二）经营机制适用条件

八达岭长城的经营机制是典型的业务分类特许经营的模式。即：文化遗产的规划、保护、解说及游客服务与管理等业务由遗产管理机构经营，遗产管理机构掌握门票经营权，而与旅游六要素相关的，如住宿、餐饮、索道等业务等都特许给企业来经营。这种机制可以避免将遗产本身作为资产来经营所导致的遗产保护经费被挪用以及掠夺性开发等问题，并且可以使遗产的经营收入反哺遗产保护。

将旅游业务特许给具有一定资质的营利性社会力量来经营，既可以使遗产管理部门减轻经营的负担，集中精力致力于遗产的保护，又可以发挥营利性力量的创造性，开发差异化、有特色产品以满足不同人群的需要，提高服务质量，为行政管理体制补充力量。此种经营机制适用于遗产管理机构对民营资本参与遗产管理素质的甄选能力较强，并且法律法规环境、监督机制较完善的文化遗产。

参考文献

[1] Aas C., A. Ladkin, J. Fletcher. Stakeholder collaboration and heritage management. Annuals of Tourism Research, 2005, 32(1):28-48.

[2] Alexandros Apostolakis. The Convergence Process in Heritage Tourism. Annals of Tourism Research, 2003, (30):795-812.

[3] Alison J Mclntosh, Richard C Prentice. Affirming authenticity: Consuming cultural heritage. Annals of Tourism Research, 1999, 26(3): 589-612.

[4] Antonio Paolo Russo. The "vicious circle" of tourism development in heritage cities. Annals of Tourism Research, 2002, 29(1): 165-182.

[5] Arzu Kocaba. Urban conservation in Istanbul: evaluation and reconceptualisation. Habitat International, 2006, 30(1):107-126.

[6] Athanasios D Styliadis, Ipek I Akbaylar, Despoina A Papadopoulou, etc. Metadata-based heritage sites modeling with e-learning functionality. Journal of Cultural Heritage, 2009(10):296–312.

[7] Avital Biran, Yaniv Poria, Gila Oren. SOUGHT EXPERIENCES AT (DARK) HERITAGE SITES. Annals of Tourism Research, 2011, 38(3):820–841.

[8] Barry Cunliffe. Iron Age Britain-English Heritage. Batsford Ltd, 2004.

[9] Bob McKercher, Pamela S Y Hoa, Hilary du Cros. Relationship between tourism and cultural heritage management:evidence from Hong Kong. Tourism Management, 2005(26):539–548.

[10] Brian Garrod, Alan Fyall. Management Heritage Tourism. Annals of Tourism Research, 2000, 27(3):682-708.

[11] Cheung,Sidney C H. The Meaning of a Heritage Trail in Hong Kong. Annals of Tourism Research, 1999, 26(3):570-588.

[12] Chia-Hui Huang, Jen-Ruey Tsaur, Chih-Hai Yang. Does world heritage

list really induce more tourists? Evidence from Macau. Tourism Management, 2012:1-8.

[13] Christina Aas, Adele Ladkin, John Fletcher. Stakeholder collaboration and heritage management. Annals of Tourism Research, 2005, 32(1):28–48.

[14] Croft T. What price access? Visitor impact on heritage in trust. In J. M. Fladmark, Cultural tourism, 1994:169-178.

[15] Curtis S. Visitor Management in Small Historic Cities. Travel & Tourism Analyst. 1998(3):75-89.

[16] Daniel M Spencer, Christian Nsiah. The economic consequences of community support for tourism: A case study of a heritage fish hatchery. Tourism Management, 2012:1-10.

[17] Daniel A Guttentag. Virtual reality: Applications and implications for tourism. Tourism Management, 2010(31):637–651.

[18] Daniel G Dorner, Chern Li Liew, Yen Ping Yeo. A textured sculpture: The information needs of users of digitised New Zealand cultural heritage resources. Online Information Review, 2007, 31(2):166–184.

[19] Daniel Y P. Tourism Dance Performances: Authenticity and Creativity. Annals of Tourism Research, 1996, (23):780-797.

[20] David B Weaver. CONTEMPORARY TOURISM HERITAGE AS HERITAGE TOURISM: Evidence from Las Vegas and Gold Coast. Annals of Tourism Research, 2011, 38(1):249–267.

[21] Donert K, Light D. Capitalising on location and heritage: Tourism and economic reorganization. In ArgentiereLa Basse, High French Alps. In L. Harrison, W. Husbands(Eds.), Practicing responsible tourism,1996:193–215.

[22] D Scott , G McBoyle, B Mills. Climate change and the skiing industry in Southern Ontario (Canada): Exploring the importance of snowmaking as a technical adaptation. Climate Research , 2003(23):171-181.

[23] E'lise Meyer, Pierre Grussenmeyer, Jean-Pierre Perrin, Anne Durand, Pierre Drap, etc. A web information system for the management and the dissemination of Cultural Heritage data. Journal of Cultural Heritage, 2007(8): 396-411.

[24] Erika J Techera. Safeguarding cultural heritage: Law and policy in Fiji. Journal of Cultural Heritage, 2011(12): 329–334.

[25] Fabien HOBLEA, Nathalie CAYLA, Pierre RENAU. The concept of "hybrid research" applied to the geoheritage of the bauges massif (french alps): when the promotion of the geoheritage helps geosciences and vice versa. GeoJournal of Tourism and Geosites, 2011, 8(2):206–211.

[26] Fischer S. Living History[M]. North Carolina,1999.

[27] Garrod Brian, Fyall Alan. Managing heritage tourism.Annals of Tourism Research, 2000(3):682–708.

[28] Glaister D. Charges Fear is Staved Off. The Guardian, 1998, 3(18):18.

[29] Holmes R M, B J Peterson, V V Gordeev, A V Zhulidov, M Meybeck, R B Lammers. Flux of nutrients from Russian rivers to the Arctic Ocean: Can we establish a baseline against which to judge future changes? Water Resour. Res, 2001(36):2309–2320.

[30] Irit Amit-Cohen. Synergy between urban planning, conservation of the cultural built heritage and functional changes in the old urban center-the case of Tel Aviv. 2004, 3(20):291–300.

[31] ISEE: Information access through the navigation of a 3D interactive environment. Journal of Cultural Heritage, 2011(12):287–294.

[32] Jennifer Harrison, Hendrik Heijnis, Graziella Caprarelli. Historical pollution variability from abandoned mine sites, Greater Blue Mountains World Heritage Area, New South Wales, Australia. ENVIRONMENTAL GEOLOGY, 1995, 43(6):680–687.

[33] J.Urry. The Tourist Gaze: Leisure and Travel in Contemporary Societies, Sage, London, 1990.

[34] J MacKinnon, Xie Yan, I Lysenko, S Chape, I May, C Brown (Eds.). CIS Assessment of the Status of Protected Areas in East Asia [M]. UK: UNEP-WCMC, UK and Switzerland: IUCN, 2005.

[35] Kamal Aldin Niknami. Iran: archaeological heritage in crisis: Developing an effective management system for archaeology. Journal of Cultural Heritage, 2005(6):345–350.

[36] Khalid S Al-hagla. Sustainable urban development in historical areas using the tourist trail approach: A case study of the Cultural Heritage and Urban Development (CHUD) project in Saida, Lebanon. Cities, 2010(27):234–248.

[37] Laura Pecchioli, Marcello Carrozzino, Fawzi Mohamed, Massimo Bergamasco, Thomas H Kolbe, Leask, A, and P Goulding. What Price our Heritage? A Study of the Role and Contribution of Revenue Management in Scotland's Heritage Based Visitor Attractions. In Managing Cultural Resources for the Tourist, M. Robinson, N. Evans and P. Callaghan, eds, Sunderland: Business Education Publishers, 1996: 239-270.

[38] Lorraine Nadia Nicholas, Brijesh Thapa, Yong Jae Ko. RESIDENTS' PERSPECTIVES OF A WORLD HERITAGE SITE: The Pitons Management Area, St. Lucia. Annals of Tourism Research, 2009, 36(2):390–412.

[39] McCarthy J. Are sweet dreams made of this? Tourism in Bali and Eastern Indonesia. Northcote, Vic.: IRIP, 1994.

[40] M Fladmark, London: Donhead Publishing, 1994, 169-178.

[41] Montserrat Jiménez-Sánchez, María José Domínguez-Cuesta, Arantza Aranburu, E. Martos. Quantitative indexes based on geomorphologic features: A tool for evaluating human impact on natural and cultural heritage in caves. Journal of Cultural Heritage, 2011(12):270–278.

[42] Nathan Bennett, Raynald Harvey Lemelin, Rhonda Kosterb, etc. A capital assets framework for appraising and building capacity for tourism development in aboriginal protected area gateway communities. Tourism Management, 2012, (33):752-766.

[43] Peter B Boorsma, Annemoon van Hemel, Niki van der Wielen. Privatization and culture: experiences in the arts, heritage and cultural. Kluwer Academic Publishers, 1998.

[44] Peacock A. Does the past have a future? The political economy of heritage. Institute of Economic Affairs, London (United Kingdom), 1998.

[45] Philip Feifan Xie. Developing industrial heritage tourism: A case study of the proposed jeep museum in Toledo, Ohio. Tourism Management, 2006(27): 1321-1330.

[46] Porter, Stacey. An Examination of Measurement Methods for Valuing Heritage Assets Using A Tourism Perspective. Qualitive Research in Accounting & Management2004, (1):68-92.

[47] Rettie, Dwight F. Our national park system: Caring for America's greatest natural and historic treasures. University of Illinois Press (Urbana), 1995.

[48] Schuster, J. Mark, Neither Public nor Private: The Hybridization of Museums. Journal of Cultural Economics, 1998, (22):2-3.

[49] Sheryl Ross. Geoffrey Wall, Ecotourism: towards congruence between theory and practice Tourism Management, 20(1):123-132.

[50] Stuart Chape, Mark Spalding, Martin Jenkins, Eds. The World's Protected Areas [M]. Berkeley: University of California Press, 2008.

[51] Swarbrooke J. Sustainable tourism management [M].Wallingford: CABI, 1999:39-40.

[52] Tazim B Jamal, Donald Getza. Collaboration theory and community tourism planning. Annals of Tourism Research, 1995, 22(1):186-204.

[53] Takamitsu Jimura. The impact of world heritage site designation on local communities A case study of Ogimachi, Shirakawa-mura, Japan. Tourism Management, 2011(32):288-296.

[54] Thomas Greiber, Simone Schiele (Eds.). Governance of Ecosystem Services. Switzerland: IUCN, 2011.

[55] Timothy Jeonglyeol Lee, Michael Riley, Mark P Hampton. CONFLICT AND PROGRESS: Tourism Development in Korea. Annals of Tourism Research, 2010, 37(2):355–376.

[56] Walle Alf. Business ethics and tourism: from micro to macro perspectives. Tourism Management, 18(4):263-268.

[57] Whetten Ross W, Kellison, Robert. Research Gap Analysis for Application of Biotechnology to Sustaining US Forests[J]. Journal of Forestry, 2010, 108(4):193-201.

[58] UNESCO World Heritage Centre. Enhancing our Heritage Toolkit: Assessing management effectiveness of natural World Heritage sites, 2008.

[59] Yaniv Poria, Richard Butler, David Airey. The Core Of Heritage Tourism.

Annals of Tourism Research, 2003, 30(1):238-254.

[60] Yi Wang, Bill Bramwell. Heritage protection and tourism development priorities in Hangzhou, China: A political economy and governance perspective. Tourism Management, 2012(33):988-998.

[61] Yuksel F, Bramwell B. Stakeholder Interviews and Tourism Planning at Parkkale, Turkey. Tourism Management, 1999(20):351-360.

[62] 白宝霞，郑耀星. 浅析中国世界遗产及其旅游发展 [J]. 沈阳大学学报，2009(5):81-84.

[63] 别金花，梁保尔. 中国非物质文化遗产保护利用研究综述 [J]. 旅游论坛，2008(6):446-450.

[64] 陈勇. 遗产旅游与遗产原真性——概念分析与理论引介 [J]. 桂林旅游高等专科学校学报，2005(8):21-24.

[65] 仇保兴. 风景名胜资源保护和利用的若干问题 [J]. 中国园林，2002(6):4-11.

[66] 邓明艳. 世界遗产旅游与社区协调发展研究 [J]. 社会科学家，2004(4):107-110.

[67] 风景名胜区条例. 中华人民共和国国务院令 (2006)474 号.

[68] 龚雪辉. 生态旅游岂能破坏生态 [N]. 光明日报，1998-5-23.

[69] 广州市人民政府办公厅文件. 转发市文化局关于明确文物保护单位管理机构请示的通知 [Z]. 1996-3-1.

[70] 苟自钧. 中国自然文化遗产要走专业化经营管理之路 [J]. 经济经纬，2002(1):64-66.

[71] 国家林业局世界银行贷款项目管理中心. 自然保护区管理手册 [M]. 北京：中国环境科学出版社，2009.

[72] 国家林业局野生动植物保护司，政策法规司. 中国自然保护区立法研究 [M]. 北京：中国林业出版社，2007.

[73] 国家文物局. 中国文物事业 60 年 [M]. 北京：文物出版社，2009:1-35.

[74] 胡杰飞，赵建玲. 中国世界文化遗产立法与管理体制初探——以北京市六处世界文化遗产为例 [J]. 法制与经济. 2011(3).

[75] 胡北明. 基于利益相关者视角剖析我国遗产旅游地管理体制的改革 [D]. 成都：四川大学，2006.

[76] 胡北明,王挺之.基于利益相关者视角的我国遗产旅游地管理体制改革[J].软科学,2010(5).

[77] 黄翔,李家清,曾群.国家文物保护区旅游开发思路探讨——以中国纪山荆楚文化旅游区为例[J].华中师范大学学报(自然科学版),2004(2):241-244.

[78] 黄山风景区到底应归谁管? http://news.sohu.com/30/97/news145319730.shtml

[79] 吉林省长白山保护开发区管理委员会官方网站.http://cbs.jl.gov.cn/

[80] 吉林省人民政府门户网站.http://www.jl.gov.cn/

[81] 姜立军,苗鸿,张菊等.自然保护区管理有效性评价指标分析[J].农村生态环境,2005(1):72-74.

[82] 蒋明康.我国自然保护区分级分区管理制度的优化[J].环境保护,2006(11):34-37.

[83] 康东伟,谭留夷,刘夏明等.四川省王朗自然保护区管理状况分析[J].河北林业科技,2010(3):21-23.

[84] 李军,王文俊.森林公园与生态旅游法律问题探析[C].林业、森林与野生动植物资源保护法制建设—2004年中国环境资源法学研讨会论文集,2004.

[85] 李松柏.风景名胜区经营管理体制研究[D].西安:西北大学,2003.

[86] 李小波.四川省风景区经营体制改革及其问题[J].四川师范大学学报(社会科学版),2002(3):113-117.

[87] 李树民,郭建有.对华山风景名胜区管理体制变革的制度分析[J].旅游学刊,2001(4):41-44.

[88] 李昕.可经营性非物质文化遗产保护产业化运作合理性探讨[J].广西民族研究,2009(1):165-171.

[89] 梁明珠,王伟.跨区域捆绑型世界遗产管理机制研究[J].经济地理,2011,31(7):1202-1206.

[90] 林幼斌.从"丽江模式"看世界遗产的保护与利用[J].中国人口资源与环境,2004,(2):132-134.

[91] 刘锋.中国旅游业发展回顾与前瞻[J].新经济导刊,2003(13):76-80.

[92] 刘理科,刘思敏.旅游概念:西部裂变碧峰峡[N].中国旅游报(C04).

[93] 刘慧媛, 赵黎明. 委托代理视域下世界遗产地实行特许经营的博弈分析 [J]. 西安电子科技大学学报（社会科学版）, 2011(3):42-45.

[94] 刘国强. 全国林业系统国家级自然保护区分析评价与发展 [J]. 林业资源管理, 2005(6):8-13.

[95] 刘义, 袁秀, 李景文等. 北京市自然保护区管理有效性评估及优先性确定 [J]. 林业资源管理, 2008(4):58-63.

[96] 栾晓峰主编. 自然保护区管理教程 [M]. 北京：中国林业出版社, 2011.

[97] 罗时平等. 三清山风景区的体制转型与模式设计 [J]. 上饶师范学院学报, 2007(5):22-29.

[98] 马明飞. 自然遗产管理体制的法律思考 [J]. 河南省政法管理干部学院学报, 2010(2):119.

[99] 毛历辛. 旅游开发与世界遗产保护 [J]. 商业研究, 2004(19):169-170.

[100] 孟华, 秦耀辰. 遗产保护与遗产旅游双赢的制度选择 [J]. 中国人口·资源与环境, 2005(2):117-121.

[101] 莫燕妮, 洪小江. 海南省林业系统自然保护区管理有效性评估 [J]. 热带林业, 2007(4):12-16.

[102] 木永跃. 世界文化遗产地政府治理问题分析——以丽江古城为例 [J]. 云南行政学院学报, 2010(5):117-120.

[103] 欧阳志云, 肖燚, 王效科. 地理信息系统与自然保护区规划和管理 [M]. 北京：化学工业出版社, 2005.

[104] 彭德成, 潘肖澎, 周梅. 我国旅游资源和景区研究的十个前沿问题 [J]. 旅游学刊, 2003(6):54-56.

[105] 彭顺生. 中、美世界自然遗产旅游资源管理的差异及其启示 [J]. 特区经济, 2009(3):150-152.

[106] 彭继宽. 民族传统文化遗产保护不能走企业化道路 [J]. 民族论坛, 2008(1):9-10.

[107] 全国重点文物保护单位 [J]. 瞭望新闻周刊, 1999(18):47.

[108] 权佳, 欧阳志云, 徐卫华, 苗鸿. 自然保护区管理有效性评价方法的比较与应用 [J]. 生物多样性, 2010, 18(1):90-99.

[109] 权佳, 欧阳志云, 徐卫华. 自然保护区管理快速评价和优先性确定方法及应用 [J]. 生物学杂志, 2009, 28(6):1206-1212.

[110] 苏金豹,王元玉,张春萍等.黑龙江山口自然保护区管理现状评价及建设对策[J].森林工程,2010(1):65-70.

[111] 阮仪三,肖建莉.寻求遗产保护和旅游发展的"双赢"之路[J].城市规划,2003(6):86-90.

[112] 四川省人民政府办公厅.关于不得随意改变文物保护单位用途和管体制的通知[Z].1998-5-6.

[113] 施惟达.论文化遗产保护与利用[J].昆明理工大学学报(社会科学版),2009(6):1-4.

[114] 苏扬.美国自然文化遗产管理经验及对我国的启示[J].决策咨询通讯,2006(6):67-69.

[115] 苏明明,Geoffrey Wall.遗产旅游与社区参与——以北京慕田峪长城为例[J].旅游学刊,2012(7):19-27.

[116] 孙业红,闵庆文,成升魁,钟林生.农业文化遗产地旅游社区潜力研究——以浙江省青田县为例[J].地理研究,2011(7):1341-1350.

[117] 沈志国.关于完善我国风景名胜区管理体制的思考[D].长春:东北师范大学,2007.

[118] 宋瑞.生态旅游:多目标多主体的共生[D].北京:中国社会科学院研究生院,2003.

[119] 宋振春.日本文化遗产旅游发展的制度因素分析[M].北京:经济管理出版社,2009(12).

[120] 孙言.宣武区文物保护单位的开发与利用[J].北京规划建设,1999(1):56-57.

[121] 苏杨.美国自然文化遗产管理经验及对我国的启示[J].世界环境,2005(2):36-39.

[122] 涂华国.我国风景名胜区管理体制研究——以浙江省瑞安市风景名胜区为例[D].上海:复旦大学,2009.

[123] 王崑,徐淑梅,石福臣.生态旅游区资源评价与保护性开发[J].东北林业大学学报,2004(6):113-115.

[124] 王琪,吴磊,伦小文等.吉林省自然保护区的管理有效性研究[J].吉林化工学院学报,2005(1):24-26.

[125] 王兴斌.中国自然文化遗产管理模式的改革[J].旅游学刊,2002,

17(2):15-21.

[126] 王延彬,乔学忠.文化遗产型旅游目的地的发展模式研究[J].经济研究导刊,2009(7):176-177.

[127] 王咏,房国坤,陆林.国内外遗产旅游地管理体制研究进展[J].资源开发与市场 2007,23(5).

[128] 王咏.遗产旅游地管理体制的初步研究[D].芜湖:安徽师范大学,2005.

[129] 王珏.论旅游风景名胜区管理体制的改革——以庐山风景名胜区为例[D].厦门大学硕士学位论文,2006.

[130] 汪明林.乐山世界自然文化遗产地管理体制建设刍议[J].乐山师范学院学报,2004(6).

[131] 汪洪涛.制度经济学——制度及制度变迁性质解释[M].上海:复旦大学出版社,2003.

[132] 魏小安.关于旅游景区公司上市的几点思考[J].旅游学刊,2000(1):73-75.

[133] 魏小安.中国旅游业投资现状[J].招商周刊,2003(49):26.

[134] 武军.风景名胜区管理体制创新的几种模式[J].长江建设,2003(6):20-21.

[135] 宋秋,易英霞.转换遗产管理与开发模式构建新型遗产地社会关系[J].特区经济,2010(5).

[136] 宋振春.日本文化遗产旅游发展的制度因素分析[M].北京:经济管理出版社,2009.

[137] 奚海鹰,黄君盈,张敬彬.对国有林区森林资源管理体制改革的思考[J].黑龙江生态工程职业学院学报.2009(9):90-91.

[138] 肖红,张学臣,刘铁顺.倡导循环经济理念实现经济发展与环境保护双赢.大庆社会科学,2005(2):1-3.

[139] 谢贵安,华国梁.旅游文化学[M].高等教育出版社,1999:358-368.

[140] 谢志红,徐永新.湖南省自然保护区管理有效性评价[J].湖南林业科技,2003(2):7-10.

[141] 解炎,汪松,Peter Schei主编.中国的保护地[M].北京:清华大学出版社,2004.

[142] 徐嵩龄.西欧国家文化遗产管理制度的改革及对中国的启示[J].清华大学学报（哲学社会科学版），2005(2):87-100.

[143] 徐嵩龄.中国文化与自然遗产的管理体制改革[J].管理世界，2003(6):63-73.

[144] 徐嵩龄.中国遗产旅游业的经营制度选择——兼评"四权分离与制衡"主张[J].旅游学刊，2003, 18(4):30-37.

[145] 徐嵩龄.中国的世界遗产管理之路—黄山模式评价及其更新（上）[J].旅游学刊，2002.

[146] 徐嵩龄.第三国策：论中国文化与自然遗产保护[M].北京：科学出版社，2005.

[147] 徐嵩龄.中国的世界遗产管理之路——黄山模式评价及其更新（下）[J].旅游学刊，2003(2):52-58.

[148] 杨锐.改进中国自然文化遗产管理状况的行动建议[J].中国园林，2003(11):42-44.

[149] 杨开忠，杨咏，陈洁.生态足迹分析理论与方法[J].地球科学进展，2000(6):630-636.

[150] 杨桂华，李鹏.旅游生态足迹：测度旅游可持续发展的新方法[J].生态学报，2005(06):1475-1480.

[151] 杨丽萍，陈晶，周伟.陕西佛坪国家级自然保护区管理现状调查与评价[J].林业经济问题，2010(5):430-434.

[152] 杨娜，王正军，张向新等.GAP分析的方法及研究进展[J].生物技术通报，2008(1):100-107.

[153] 杨琳曦，中韩世界文化遗产管理制度比较及其影响研究[D].成都：四川师范大学，2008.

[154] 姚卿善.制度创新视角下的自然与文化遗产管理体制改革[J].商业时代，2009(12):65-66.

[155] 余洁.遗产保护区的非均衡发展与区域政策研究[D].西安：西北大学，2007.

[156] 余凤龙，陆林，操文斌.行政区划调整的旅游效应研究[J].地理科学，2006(1):20-25.

[157] 余青，吴必虎.生态博物馆：一种民族文化持续旅游发展模式[J].

人文地理, 2001(6):40-43.

[158] 于自然, 李康, 闻天香. 自然保护区管理百科全书 [M]. 长春: 吉林科技出版社, 2004.

[159] 袁正新. 武陵源世界自然遗产管理体制探讨 [J]. 科技资讯, 2006(3):173-175.

[160] 张朝枝, 保继刚. 国外遗产旅游与遗产管理研究——综述与启示 [J]. 旅游科学, 2004(12):8-16.

[161] 张朝枝, 保继刚. 国外遗产旅游与遗产管理研究——综述与启示 [J]. 旅游科学, 2004, 18(4):7-16.

[162] 张朝枝, 保继刚. 美国与日本世界遗产地管理案例比较与启示 [J]. 世界地理研究, 2005(4):105-112.

[163] 张朝枝. 世界遗产地管理体制之争及其理论实质 [J]. 商业研究, 2006(8):175-179.

[164] 张朝枝. 旅游与遗产保护——政府治理视角的理论与实证 [M]. 北京: 中国旅游出版社, 2006(11):74.

[165] 张朝枝, 徐红罡. 中国世界自然遗产资源管理体制变迁——武陵源案例研究 [J]. 管理世界, 2007(8):52-58.

[166] 张朝枝. 旅游与遗产保护 [M]. 天津: 南开大学出版社, 2008.

[167] 张朝枝, 郑艳芬. 文化遗产保护与利用关系的国际规则演变 [J]. 旅游学刊, 2011(1): 81-88.

[168] 张国超, 刘双. 中外文化遗产管理模式比较研究 [J]. 福建论坛（人文社会科学版), 2011(4): 60-65.

[169] 张平, 李向东, 吴敏. 我国国家级风景名胜区管理体制现状和问题分析 [J]. 经济体制改革. 2001(5):135-136.

[170] 张凌云. 关于旅游景区公司上市争论的几个问题 [J]. 旅游学刊, 2000(3):25-27.

[171] 张晓, 张昕竹. 中国自然文化遗产资源管理体制改革与创新 [J]. 经济社会体制比较, 2001(4):65-75.

[172] 张晓. 世界遗产和国家重点风景名胜区分权化（属地）管理体制的制度缺陷 [J]. 中国园林. 2005.

[173] 张昕竹. 自然文化遗产资源的管理体制与改革 [J]. 数量经济技术经

济研究, 2000(9).

[174] 赵燕菁. 探索新思路: 历史文化名城及风景名胜区保护——借鉴世界遗产保护的经验 [J]. 国外城市规划, 2001(4):24-27.

[175] 郑易生. 自然文化遗产的价值与利益 [J]. 经济社会体制比较, 2002(2):82-85.

[176] 郑玉歆. 遗产资源管理七大问题突出 [N]. 经济参考报.

[177] 中国风景名胜区事业发展大事记 [F]. 建设部风景名胜区管理办公室: 城乡建设, 1995(08).

[178] 中华人民共和国国民经济和社会发展第十二个五年规划纲要（全文）[R]. 中国经济网. http://www.ce.cn/macro/more/201103/16/t20110316_22304698.shtml.

[179] 中华人民共和国环境保护部. 全国自然保护区名录.

[180] http://datacenter.mep.gov.cn/main/template-view.action?templateId_=8ae5e48d2670761801267088e590000b.

[181] 中国社会科学院环境与发展研究中心. 国家风景名胜资源上市的国家利益权衡 [J]. 旅游学刊, 2001(1):72-73.

[182] 钟勉. 试论旅游资源所有权与经营权相分离 [J]. 旅游学刊, 2002, 17(4):23-26.

[183] 钟泓. 从风景名胜区经营权的转让探讨风景名胜区开发和管理模式 [J]. 广西师范学院学报, 2004(1):21-24.

[184] 朱建安. 市场化与规制: 世界遗产资源管理模式可能的路径选择 [J]. 中国软科学, 2004(6):12-17.

[185] 邹统钎. 旅游景区开发与管理 [M]. 北京: 清华大学出版社, 2008.

[186] 邹统钎. 中国旅游景区管理模式研究 [M]. 天津: 南开大学出版社, 2006.

[187] 邹统钎, 徐慧君. 中国世界遗产地门票价格的特征与影响因素分析 [J]. 旅游论坛, 2011(6):71-75.

[188] 邹统钎, 李涛, 陈芸. 基于对应分析法的遗产旅游影响感知差异研究 [J]. 人文地理, 2010(4):104-108.

[189] 邹统钎, 王小方, 刘溪宁. 遗产旅游研究进展 [J]. 湖南商学院学报, 2009(1):72-76.

后 记

自 2004 年得到北京市教委高科技创新平台支持成立遗产旅游研究中心以来,我们先后考察了中国 36 处世界遗产地,对我国世界遗产管理体制有了较为系统的了解。依托中心,我们承担了一系列遗产地的规划研究课题,包括:贵州格凸河国家风景名胜区、重庆天坑地缝九盘河、绍兴越王城历史文化名城保护区、广东番禺小洲古村、环鄱阳湖生态经济圈、西藏、呀诺达等,并在《世界遗产》《旅游学刊》《旅游科学》《人文地理》等刊物发表了一系列遗产管理现代理论与方法的论文,先后取得了教育部人文社科基金、国家社科基金、联合国教科文组织基金(UNESCO-FIT Project)的资助,研究遗产旅游管理体制改革、遗产旅游资源管理战略、善行旅游标准等。目前正积极参与联合国教科文组织制定国际遗产旅游管理规则的活动。

本书是国家教育部人文社会科学研究课题规划项目"中国遗产旅游可持续发展模式创新与体制改革"(09YJA79009)的成果。课题对我国遗产旅游管理体制的历史演变做了系统的分类梳理,运用 GAP 分析法以省为单位对中国遗产旅游资源管理绩效进行了定量评估,继而对遗产旅游管理体制改革的方向进行了探讨,对遗产保护与旅游利用的协调机制做了深入的研究,最后以自然遗产地长白山、文化遗产地八达岭长城为例探讨了它们的旅游发展模式创新与管理体制改革。本书旨在建立遗产旅游资源的分类、分级与分区管理体制,以及保护与利用相协调的遗产旅游发展机制。

本书写作分工如下:邹统钎负责全书框架设计;导论:邹统钎、余繁华;第一章:邹统钎、余繁华;第二章:邹统钎、吴琼瑶、徐慧君、王浩、齐昕;

后记

第三章：邹统钎、余繁华；第四章：邹统钎、余繁华、吴琼瑶；第五章：邹统钎、张芳；第六章：邹统钎、郑亚娜；第七章：邹统钎、郑春晖。余繁华负责文字统稿。

在课题研究期间得到了加利福尼亚伯克利大学（University of California Berkeley）的纳尔逊·格拉伯恩（Nelson Graburn）教授和英国伯恩茅斯（Bournemouth）大学艾伦·法伊奥（Alan Fyall）教授的指导。我在伯恩茅斯大学访学期间，苍爽博士、徐菲菲博士在定量研究方法上提出了宝贵意见。感谢吉林省旅游局张伟副局长，长白山管委会旅游局侯长森局长、孟凡迎副局长，北京延庆县旅游局申玉民副局长，河北承德市旅游局郑文成副局长对我们调研长白山自然保护区、金山岭长城、八达岭长城给予的大力支持。

本书出版得到了北京第二外国语学院科研课题配套经费的资助。感谢旅游教育出版社赖春梅主任对本书出版、特别是图文质量的保证方面给予的大力支持。

邹统钎

2013年盛夏于北京市朝阳区定福景园

旅游教育出版社数字中心数字业务推荐

传统纸书出版，我们一如既往为作者提供精细化出版服务！
数字出版业务，我们已经起程！

数字业务

移动客户端应用APP【好玩好吃】

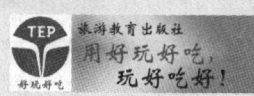

免费旅游生活类服务应用APP【好玩好吃】，被工信部电信产业研究院评选为APP优秀应用案例

用【好玩好吃】，玩好吃好。

好玩好吃：为旅行者吃、住、行、游、购、娱需求提供贴心、随时随身的服务；

为移动互联时代的旅游企业提供精准的、直达消费者的营销服务；为咨询公司、高校科研项目主持人提供项目方量身定制的落地于手机、pad宣传服务。

三种下载方式，速来享用【好玩好吃】：

 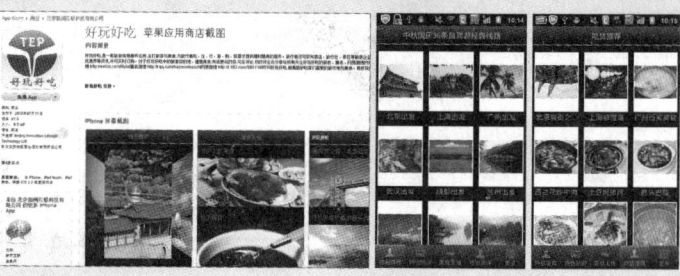

旅游社会化媒体（SNS）监测

信息聚集、传播的方式已经发生转变，旅游管理部门、企业、科研机构迎来全新的发展机会。旅游SNS监测，让使用者"耳聪目明"，掌控主动。

使用旅游SNS监测系统，我们可以做到：

引入不受干预的第三方评价，指导营销方向，衡量营销与经营成效。

——追踪口碑传播。

——定位意见领袖。

——侦测分级市场。

——评估营销效果。

——发现危机苗头。

合作联系：旅游教育出版社数字中心　　赖编辑　　mslai@foxmail.com

新浪微博：http://weibo.com/lilylai